U0083195

中國學術思想 研究輯刊

十九編

林慶彰 主編

第 13 冊

論宋季士儒之困頓與抉擇
——以殉節思想爲核心展開探討（上）

鍾永興 著

花木蘭文化出版社

國家圖書館出版品預行編目資料

論宋季士儒之困頓與抉擇——以殉節思想為核心展開探討
（上）／鍾永興 著 -- 初版 -- 新北市：花木蘭文化出版社，2014
〔民 103〕
目 2+196 面；19×26 公分
（中國學術思想研究輯刊 十九編；第 13 冊）
ISBN 978-986-322-932-2（精裝）
1.宋元哲學　2.知識分子
030.8　　　　　　　　　　　　　　　　　　103014777

中國學術思想研究輯刊
十九編　第十三冊　　　　　　　ISBN：978-986-322-932-2

論宋季士儒之困頓與抉擇
——以殉節思想爲核心展開探討（上）

作　　者　鍾永興
主　　編　林慶彰
總 編 輯　杜潔祥
副總編輯　楊嘉樂
編　　輯　許郁翎
出　　版　花木蘭文化出版社
社　　長　高小娟
聯絡地址　235 新北市中和區中安街七二號十三樓
　　　　　電話：02-2923-1455／傳眞：02-2923-1452
網　　址　http://www.huamulan.tw 信箱 hml 810518@gmail.com
印　　刷　普羅文化出版廣告事業
封面設計　劉開工作室
初　　版　2014 年 9 月
定　　價　十九編 25 冊（精裝）新台幣 42,000 元

論宋季士儒之困頓與抉擇
——以殉節思想爲核心展開探討（上）

鍾永興　著

作者簡介

鍾永興，桃園縣人，輔仁大學中國文學系博士。曾任輔仁大學全人教育課程中心兼任助理教授，銘傳大學應用中國文學系兼任助理教授，教育部全校性閱讀書寫計畫專案教師等職。研究領域以儒家思想、程朱理學為主，旁及易學、清代學術。發表過〈從「人倫」、〈事理〉、「物類」三端探討先秦儒學之發揚進路〉、〈試論《周易》「致用之變」——原典與詮釋〉、〈「經之流變，必入於史」——章實齋「史學文」之研究〉、〈從《大學》釋義析論朱子、陽明學說特質之異同〉、〈王通「中道思想」與「三教可一說」之商榷〉等文。

提　要

　　「論宋季士儒之困頓與抉擇——以殉節思想為核心展開探討」此題，乃著眼於宋季此一歷史段落，當時華夏為夷狄所欺凌，中國傳統士儒必然得面對新舊政權交替下的「仕」、「隱」問題，且必須設法在左支右絀的劣勢之中，確保中國文化傳統與思想的屹立不搖，避免它在腥風血雨的摧殘當中飄零凋謝。蒙古外族侵宋及滅宋，使故宋孤臣與士儒面臨巨大的歷史變遷與窘迫的時代境域，彼輩遭遇到內憂與外患的交併侵擾，誠然陷入了進退兩難的空前絕境，如此感受極適合以「困頓」二字來作為理解，而所謂「困頓」，不單指政治軍事等局面與情勢，亦牽涉到故宋士儒在歷經亡國事實後所呈現的心理狀態，這種心理狀態形成的背後，往往有其更龐大深邃的思想底蘊，爬梳這種困頓感所激盪出的思想體系，楬櫫出蘊藏其間的精神意志與不朽價值，是一項饒富旨趣的學術議題。士儒所遭遇的「困頓」既是無法改變的現實疑難，彼輩惟有以最堅決的信念、精神、意志做出重大的人生「抉擇」，再將林林總總的抉擇付諸具體真切的實際行動，用生命及鮮血標榜忠義、氣節、倫常等不朽真諦，宣誓不屈的意志，展現凌霜的傲骨。傳統士儒受儒家思想的教化薰陶，德性涵養深植於生命血肉之中，這樣的精神意念平日幽微不顯、若有似無，但每在歷史環境最艱困的時刻中，在政治變遷最劇烈的情況下，在個人際遇最疑難的窘態裡，卻愈是能夠淋漓盡致地體現出來。處在改朝換代的危難之中，傳統士儒服膺忠義節操等價值觀念，慷慨地憑藉一種超凡入聖的信念與思想體現道德，這股力量促使忠臣節士們在亡國之時能夠忘利趨義，看破生死大事，並不惜用犧牲性命的積極方式，證成一些文化與思想上的永恆價值，也同時揭示儒家所特有的「生死觀」。殉節者在其「捨生取義」的路途上，以大無畏的姿態，樹立起最光輝燦爛的里程碑，其性命雖然殞落，然而忠義氣節的道德典範卻可流芳百世，其一往無悔、萬夫莫敵的生命張力亦是歷久彌堅。殉節這股浩瀚的生命張力，又應坐落於融通「群」、「我」的施為上頭，而「殉節現象」與「群我」的關聯性也是本文意欲闡揚的研究範疇。另外，關於論文章節的編排方式，首章為緒論，第二章是探討宋季士儒「困頓」之肇因，第三章著手歸納影響宋季士儒抉擇方向的幾種背景因素，第四章乃逐項析論宋季士儒的「抉擇進路」及其思想憑據，第五章則闡述文天祥的忠義行誼，並析論〈正氣歌〉之思想底蘊。第六章探討宋季殉節現象之生死觀及群我內涵，第七章則總結全文。

目　次

第一章　緒　論

第一節　問題的提出

　　研究思想議題所饒富實質意義之處，在於人的思想足以決定其動機及行為，反之，人出自於有意識而發的具體行為之背後，大致存有某些思想底蘊作為其立身處世之支撐，這些思想底蘊所牽涉的層面極為博大精深，既關係到行為者畢生的生命經驗與價值觀，也關係到整個民族文化的特質，以士儒這樣的身分而論，則必然又關係到彼輩之學術取徑及思辨經歷。「論宋季士儒之困頓與抉擇——以殉節思想為核心展開探討」是一項思想性的命題，吾人研究思想議題之目標，在於探究人物及外顯的事件背後的思想呈現，而研究宋代思想，尤其不容忽視理學對整個時代環境的影響程度，以宋季這段時期而論更是如此。宋學雖不單單是理學的天下，其間尚有史學派、事功派等其他學術範疇，但眾多學派當中卻仍以理學之於宋季遺民思想的啟發較為顯而易見。

　　宋儒好談道德、德性，清儒嘗以「義理」之學指稱之。「義理」此一詞彙起源甚早，《韓非子・難言》謂：「度量雖正，未必聽也；義理雖全，未必用也。」〔註1〕董仲舒（179BC～104BC）《春秋繁露・五行順逆》稱：「動眾興師，必應義理，出則祠兵，入則振旅，以閑習之。」〔註2〕班固（32～

〔註1〕清・王先慎撰，鍾哲點校，《韓非子集解》（北京：中華書局，1998年7月），卷1〈難言〉，頁22。

〔註2〕清・蘇輿撰，鍾哲點校，《春秋繁露義證》（北京：中華書局，1992年12月），卷13〈五行順逆〉，頁375。

92）《漢書‧劉歆傳》稱：「歆治《左氏》，引傳文以解經，轉相發明，由是章句義理備焉。」〔註3〕宋代張載（1020～1077）稱：「義理之學，亦須深沈方有造，非淺易輕浮之可得也。」「天下義理只容有一箇是，無兩箇是。」「有急求義理復不得，於閒暇有時得。蓋意樂則易見，急而不樂則失之矣。」「大凡說義理，命字爲難，看形器處尚易，至要妙處本自博，以語言復小却義理，差之毫釐，繆以千理。」〔註4〕宋代程頤（1033～1107）曰：「窮理亦多端，或讀書講明義理，或論古今人物，別其是非，或應接事物而處其當，皆窮理也。」〔註5〕清代章學誠（1738～1801）稱：「儒者欲尊德性，而空言義理以爲功，此宋學之所以見譏於大雅也。……故善言天人性命，未有不切於人事者。」〔註6〕清代皮錫瑞（1850～1908）謂：「章句訓詁不能盡饜學者之心，於是宋儒起而言義理。」〔註7〕義理，在宋代以前，可作道理、理論、準則、規矩等解釋，宋代以降較多解作道德、道理，它所專指的是具有道德涵義的觀念與思想。道德、德性、心性理氣之說，宋儒自身多以「道學」稱之，元明以降嘗以「理學」稱之。

　　理學在宋代儼然成爲一門顯學，這門學說除却在宋代大放異彩，甚至可以說它在整個中國傳統學說裡頭，亦佔有一定程度的學術分量。理學異於考據的求眞與詞章的求美，求眞的考據最著重文獻知識的事實憑證，而求美的詞章極強調文章的藝術雕琢。求善的理學極講究對於道德思想的身體力行。理學雖可以用純知識、純學術的視域看待它，但這恐怕不是它所訴求的最終目標，其最終目標仍在於把道德付諸於行動，落實於現實世界，使仁義、忠孝在人倫日用之間萌發切身的效能。理學頗忌專務言論，不貼切於人事問題，如此將惟恐流於空虛無本的講談與暢議，這同時也是清儒所詬病之處。理學是一種思想理論，思想理論的作用最終必須坐落於領導行動，心性理氣之論雖可說是一種名理思辨，卻又不全然是純粹的知識理論，它反倒像是一種拿

〔註3〕東漢‧班固，撰，唐‧顏師古注，《漢書》〔百衲本二十四史〕（臺北：臺灣商務印書館，1996年12月），卷36〈劉歆傳〉，頁519。

〔註4〕宋‧張載，《經學理窟‧義理》，見氏著，章錫琛點校，《張載集》（北京：中華書局，1978年8月），頁273～278。

〔註5〕語見《近思錄‧致知》，引自宋‧朱熹編，清‧張伯行集解，《近思錄》（臺北：臺灣商務印書館，1967年5月），卷3，頁94。

〔註6〕清‧章學誠，〈浙東學術〉，引自氏著，葉瑛校注，《文史通義校注》（臺北：頂淵文化，2002年9月），卷5，頁523。

〔註7〕清‧皮錫瑞，《經學歷史》（臺北：藝文印書館，2004年3月），頁85。

來塑造人格典型，引導人們行為模式的實用教本。理學的精髓，還必須透過切於己身的身體力行，方能化抽象為具體地產生實際的功效。以宋儒或是宋遺民的行為表現而論，正是一種把思想體系貫徹於具體行動中所構築而成的現實經驗，據是可知理學未必全然是空虛飄渺、不切人事之說。

　　儒家學說是中國傳統士大夫所遵循的主流思想，在儒家重視修身與經世並重的前提下，出仕儒者意欲藉政治環境實現其淑世理想。回顧中國歷史，每逢外族入侵的改朝換代之際，時常有儒者以犧牲生命的方式，強調仁義道德遠比有限生命重要。宋儒張橫渠這麼說道：「存，吾順事；歿，吾寧也。」〔註8〕正表現出儒者把天地之性定位的比自身生命更重要的多，萬物無不愛其生命，人亦同此理，然士儒一旦將性命融合於道德，便自律性地將道德觀念視為一無限生命，有了這層覺悟，則己身之性命也已經是天地之性，這種天地之性（或稱為義理之性）是超越在有限生命之上的獨特價值。張橫渠強調天道與性命的連貫性，故在〈西銘〉云：「天地之帥，吾其性。」〔註9〕程明道（1032～1085）曰：「器亦道，道亦器。」〔註10〕如此則人與天道已無形而上、形而下的分別。在宋代理學的潛移默化之下，宋季的殉節士儒看待生命的態度蓋已與世俗殊異，儒者殉節或許在旁人看來是生命的殞滅，在其自身的認定則是一種無限價值的存有，儒者殉道是把有限生命超越成無限性命，是常存不滅的價值，然而它並不同於佛家所講的靈魂，也不是民間信仰所談的魂魄、鬼神等觀點，而是仁義道德的真實存有，亦即天地之性的無限性命。宋朝理學發達影響所及，宋季殉節士儒相當程度地將道德思想內化於性命之中，其節行操守確實令人景仰，為常人所難為之事也使人動容。夷考其實，影響儒者殉節之肇端眾多，恐怕不是單一的價值觀便足以呈現，如「傳統的夷夏之防」、「君主的知遇之恩」、「道德的價值觀念」等等，都該列為探討的因素。

　　宋亡以來，儒者所面臨的時代議題可說是坐落在殉與存、仕與隱當中，此刻的中國以領土政權而言是外族入侵，在文化意識上有夷夏隔閡，彼輩所遭遇到的生命困頓與疑難異常艱巨。宋以前的中國，雖亦有五胡亂華、金滅北宋等外族入侵之前例，然而五胡亂華後一者有南朝政權維繫衣冠文物之

〔註8〕宋・張載，〈正蒙・乾稱〉，見氏著，章錫琛點校，《張載集》，頁63。

〔註9〕同前注，頁62。

〔註10〕宋・程顥，宋・程頤著，《河南程氏遺書》卷1〈二先生語一〉，引自氏著，王孝魚點校，《二程集》（北京：中華書局，1981年7月），頁4。

舊,二者如北魏政權實行漢化政策,北魏於「周孔之道」是尊崇而非輕視。金滅北宋之後,南宋在主戰派遭受壓制的情況下日趨偏安,但依舊是自主的獨立政權。歷代中國政權全面由外族建立與掌握的首先是滅宋的蒙古族,其後是亡明的女眞族。宋儒首度遭遇異族如此大規模亡國(無法維持偏安)的局勢,這蓋是一番史無前例的時代考驗,南宋遺民在面對「殉」與「存」的掙扎時,也各自有其沉重而深蘊的抉擇動機,有如文天祥(1236~1282)以死明志者,其〈正氣歌〉云:「時窮節乃見,一一垂丹青。」〔註11〕宋季儒者的殉節意識可視爲忠君思想的積極表現,當然這種思想是上有所本,所謂:「主憂臣勞,主辱臣死。」〔註12〕儒家又重視君臣秩序的和諧,其與忠君思想的關聯性本固密切,另一方面臣子對人主又存著「知遇之恩」一類的深刻情感,是故宋季儒臣在面臨亡國後:殉國、仕敵、起義、歸隱等諸多選項與抉擇時,眞出現能坦然地以「臨難毋苟免」〔註13〕之姿態挺身赴死、慷慨成仁之儒者。綜上所述,宋季「儒者殉國」、「遺民保身」的思想動機、行爲依據,以及殉存與否?諸如此類議題確有值得開展與研究之空間。

蒙古滅宋造成中國出現儒臣殉節的獨特現象,是傳統士大夫首度面臨到外族全面入主中原(無法維持偏安局勢)的特殊情況,故宋季遺民與殉國儒者的思想與抉擇都是值得探究的議題,《宋史紀事本末》記載宋代歷史至文天祥、謝枋得(1226~1289)之殉節死事〔註14〕,以文、謝之死作爲宋代終結的定位,儼然把文天祥、謝枋得二人當成宋代終末之時極具象徵意義的典範人物。此外,清儒黃宗羲(1610~1695)在探討殉國議題時亦曾舉宋季儒者爲例,其言云:「宋之亡也,文、陸身殉社稷,而謝翱、方鳳、龔開、鄭思肖徬徨草澤之間,卒與文、陸並垂千古。」〔註15〕宋季儒者殉節現象作爲士儒

〔註11〕 宋・文天祥,〈正氣歌〉,《指南後錄》,見氏著,《文文山全集》(臺北:河洛圖書出版社,1975 年 9 月),卷 14,頁 375。

〔註12〕 先秦・左丘明撰,吳・韋昭注,《國語》〔下冊〕(上海:上海古籍出版社,1988 年 3 月),卷 21〈越語下〉,頁 658。另見漢・司馬遷撰,日本・瀧川龜太郎考證,《史記會注考證》(臺北:大安出版社,1998 年 9 月),卷 41〈越王句踐世家〉,頁 657。

〔註13〕 東漢・鄭玄注,宋・岳珂校,《禮記鄭注》〔相臺岳氏本〕(臺北:新興書局,1975 年 10 月),卷 1〈曲禮上〉,頁 3。

〔註14〕 明・馮琦編,明・陳邦瞻撰,《宋史紀事本末》(臺北:臺灣商務印書館,1956 年 4 月),卷 109〈文謝之死〉,頁 931~936。

〔註15〕 清・黃宗羲,〈余恭人傳〉,見氏著,陳乃乾編,《黃梨洲文集》(北京:中華書局,2009 年 5 月),頁 90。

群體殉節的原始型態〔註 16〕，或許有其迥異於明季儒者殉節現象的獨特意義。宋季儒者殉節現象牽涉到忠君思想，雖然忠君觀爲儒家思想所重視，但是「忠君」與「絕對忠君」二者間仍有分別。況且儒家思想中除了政治觀外亦有文化觀，治統並不全然等同於道統。明代學術上對於理學的延續，以及政治上帝王對於忠君觀念的強化，使得明季儒臣殉國現象極其壯烈，然明季士儒的殉國現象似乎頗基於一種無條件的忠君思想，如果殉國儒臣認定爲人臣者應當「無條件」地爲君主殉死，那麼彼輩「從道」的自覺惟恐有被「從君」的治統所削弱的跡象。相形之下宋季儒者在面對殉與存的抉擇時，則表現出較溫和且具思慮性的一面，黃宗羲所謂「謝翱、方鳳、龔開、鄭思肖傍徨草澤之間，卒與文、陸並垂千古」此語誠然值得深思。

　　本文之所以選擇宋季儒者作爲殉節現象的研究範圍，一者由於前人之於明季儒者殉國議題的研究成果已相當豐碩，而在學位論文方面，對「宋季遺民與殉國儒者」此一研究範疇仍存有待發展的空間，是以藉由本文的撰著，期望能補前人研究之鑄隙。二者是以往學位論文較多從文學領域上論述宋季遺民的詩文著作，或從歷史角度上考據宋遺民事跡之本眞，罕有專從儒家思想的角度切入探討的撰著，是故本文另關蹊徑，意圖由歷史變遷之困頓，士儒身處困頓時的心理因素，其抉擇方向及背後所憑藉的思想動機，殉節者看待生死的觀點等問題意識，以如上所述云云等思想議題爲闡論之軸心，進而建構出本文的結構內容。

第二節　前人研究成果之梗概

　　宋儒殉國者統計可見於《宋史・忠義傳》、《昭忠錄》等書，宋遺民寧死不仕而殺身成仁者約百餘人〔註 17〕，這情況無疑呈現了殉節意識的成熟，以

〔註 16〕稱爲原始型態的原因在於：一來、往昔被外族所覆滅的華夏政權大抵能南邊偏安，而南宋覆滅後城池土地全盤淪陷，再無從延續原有政權的運作。二來、宋季遺民亡國後所面對的似乎是一種嶄新而令人陌生的歷史環境，他們雖能回顧歷史上如伯夷、叔齊、箕子、龔勝等遺民的事跡，然上述這些遺民所面對的新政權，一方面作風偏向溫和懷柔，二方面文化隔閡的問題並不嚴重。因此宋季遺民如何在改朝換代，異族執政的處境中做出抉擇，便是一種對傳統文化的省思，更是一種個人自由意志的展現。

〔註 17〕《昭忠錄》載陸秀夫、文天祥、謝枋得等凡一百三十人，《宋史・忠義傳》載有七十七人。宋・佚名，《昭忠錄》〔清嘉慶中海虞張氏刻《墨海金壺本》〕引自《宋代傳記資料叢刊》（北京：北京圖書館出版社，2006 年 10 月），27 冊。元・脫脫等撰，《宋史》（北京：中華書局，1977 年 11 月）。

及確立殉節現象的初步規模，但對於亡國儒者殉存與否的議題，卻是待至「明末清初」始有較多的儒者深入探討，蓋由於明季士大夫殉國人數過於龐大，據《欽定勝朝殉節諸臣錄》所載，再據何冠彪先生統計明季殉節士儒至少高達三千八百八十三人左右。〔註18〕這般死節景況之悲壯莫不令後人震驚，於是乎在明末清初有如：顧炎武（1613～1682）、黃宗羲、毛奇齡（1623～1716）、全祖望（1705～1755）、張岱（1597～1679）、陳確（1604～1677）、徐枋（1622～1694）等人皆對人臣該否殉國的議題著手探討，而近當代學者對「明季儒臣殉國（節）現象」之研究成果亦蔚然可觀，例如何冠彪先生即有一系列之相關著作，其著有《生與死：明季士大夫的抉擇》該專書，及〈關於明季殉國人數的問題〉、〈明季士大夫殉國原因剖析〉、〈明清之際士大夫對應否殉國之論說〉、〈論明清之際士大夫對殉國者的評價〉等期刊論文。〔註19〕學位論文方面，如劉南琦所撰《「節」的觀念及其心理意義——以明清之際士人的分析爲例》〔註20〕叢揚所撰《明清之際遺民心態》。〔註21〕單篇論文方面有吳振漢〈明儒高攀龍的思想與殉節〉〔註22〕、吳秀玉〈南明殉節大儒黃道周學說之時代地位〉〔註23〕等等。前輩學者探究「明季」殉節議題之相關著作質量俱豐，反觀專就「宋季」殉節議題、遺民仕隱議題加以探論之專書或學位論文則稍嫌不足，猶留下諸多有待挖掘及發展的學術空間。

至於近現代的學術著作將「宋季著名之殉節士儒」（文天祥、謝枋得）、「宋遺民詩詞」之相關命題作爲研究對象者，大略有以下的專書與學位論文：周全先生所著《宋遺民志節與文學研究》，胡明先生所著《南宋詩人論》，方勇

〔註18〕 詳見何冠彪，《生與死：明季士大夫的抉擇》（臺北：聯經出版公司，1997 年 10 月），頁 16。

〔註19〕 何冠彪，〈關於明季殉國人數的問題〉，《故宮學術季刊》10 卷 1 期（1992 年 9 月），頁 97～106。〈明季士大夫殉國原因剖析〉，《漢學研究》11 卷 1 期（1993 年 6 月），頁 287～317。〈明清之際士大夫對應否殉國之論說〉，《故宮學術季刊》10 卷 4 期（1993 年 6 月），頁 53～92。〈論明清之際士大夫對殉國者的評價〉，《漢學研究》12 卷 1 期（1994 年 6 月），頁 203～239。

〔註20〕 劉南琦，《「節」的觀念及其心理意義——以明清之際士人的分析爲例》（臺北：輔仁大學應用心理學研究所碩士論文，1996 年 7 月）。

〔註21〕 叢揚，《明清之際遺民心態》（大連：遼寧師範大學歷史系，2010 年 3 月〔中國知識資源總庫網路出版項日期〕）。

〔註22〕 吳振漢，〈明儒高攀龍的思想與殉節〉，《國立中央大學人文學報》37 期（2009 年 1 月），頁 29～67。

〔註23〕 吳秀玉，〈南明殉節大儒黃道周學說之時代地位〉，《宜蘭大學學報》2 期（2004 年 3 月），頁 113～126。

先生所著《南宋遺民詩人群體研究》，楊亮先生所著《宋末元初四明文士與詩文研究》，張秋娟先生所著《宋季及元風雅詞派流變研究》，李成文先生所著《宋元之際詩歌研究》，曹利云先生所著《宋元之際詞壇格局及詞人群體研究》，王偉勇所著《南宋遺民詞初探》、《南宋詞研究》，黃孝先所著《南宋三家遺民詞人之研究》，陳彩玲所著《南宋遺民詠物詞研究》，潘玲玲所著《南宋遺民詩研究》，葉淑麗所著《論南宋詞中之寄託》，謝皓燁所著《宋元之際江西遺民詞研究》，周雪敏所著《宋元之際白鷺洲書院朱子后學的氣節和氣節修養思想研究》，丁楹所著《宋遺民詞的隱逸文化闡釋》，黃世民所著《宋末元初江西廬陵遺民詞人群體研究》，黎清所著《宋末元初江西詞人群體研究》，譚輝煌所著《宋元之際風雅詞派研究》，付志勇所著《論江西南宋遺民詞的悲情》，劉曉甜所著《宋元之際遺民散文研究》，曹利云所著《宋元之際兩浙遺民詞人群體研究》，朱明玥所著《南宋遺民詩人詩作研究》，沈雅文所著《南宋遺民道教詩歌研究》，崔倩所著《宋元之際臨安文人倡和活動研究》，李俊所著《南宋遺民詞人詞作意象研究》，周林所著《元初南宋遺民詩社「汐社」研究》。〔註24〕關於以文天祥為研究對象的專書方面有楊德恩所著《文天祥年

〔註24〕 周全，《宋遺民志節與與文學研究》（臺北：東吳大學中國文學研究所博士論文，1983 年 10 月）。該博論其後出版成專書，《宋遺民志節與文學》（臺北：東吳大學，1991 年 3 月）。胡明，《南宋詩人論》（臺北：臺灣學生書局，1990 年 6 月）。方勇，《南宋遺民詩人群體研究》（北京：人民出版社，2000 年 6 月）。楊亮，《宋末元初四明文士與詩文研究》（開封：河南大學中國古典文獻學科博士論文，2007 年 11 月）。張秋娟，《宋季及元風雅詞派流變研究》（廣州：暨南大學中國古代文學科博士論文，2007 年 11 月）。李成文，《宋元之際詩歌研究》（南京：南京大學中國古代文學科博士論文，2007 年 11 月）。曹利云，《宋元之際詞壇格局及詞人群體研究》（天津：南開大學中國古代文學科博士論文，2011 年 3 月）。王偉勇，《南宋遺民詞初探》（臺北：東吳大學中國文學研究所碩士論文，1979 年 5 月）。同氏著，《南宋詞研究》（臺北：文史哲出版社，1987 年 9 月）。黃孝先，《南宋三家遺民詞人之研究》（臺北：中國文化大學中國文學研究所博士論文，1983 年 4 月）。陳彩玲，《南宋遺民詠物詞研究》（臺北：中國文化大學中國文學研究所博士論文，1985 年 5 月）。潘玲玲，《南宋遺民詩研究》（臺北：政治大學中國文學研究所碩士論文，1986 年 5 月）。葉淑麗，《論南宋詞中之寄託》（桃園：中央大學中國文學系碩士論文，1991 年 5 月）。謝皓燁，《宋元之際江西遺民詞研究》（湘潭：湘潭大學中國古代文學科碩士論文，2002 年 8 月）。周雪敏，《宋元之際白鷺洲書院朱子后學的氣節和氣節修養思想研究》（南昌：江西師範大學教育學原理科碩士論文，2003 年 7 月）。丁楹，《宋遺民詞的隱逸文化闡釋》（桂林：廣西師範大學中國古典文學科碩士論文，2003 年 12 月）。黃世民，《宋末元初江西廬陵遺民詞人群體研究》（貴陽：貴州大學中國古代文學科碩士論文，2006 年 10 月）。黎清，

譜》，王德亮編《文天祥》，黃逸民所著《文天祥傳》，劉維崇編著《文山史話》，沈起煒編《文天祥》，李安所著《文天祥史蹟考》，張公鑑所著《文天祥生平及其詩詞研究》，林逸所著《文信國公研究》，江西省歷史學會編《浩然正氣：文天祥逝世七百周年紀念》，賴功歐所著《民族英雄與愛國詩人文天祥》，黃玉笙編著《文天祥評傳》，霍必烈所著《文天祥傳》，劉文源所編《文天祥研究資料集》，楊正典所著《文天祥的生平和思想》，夏延章主編《文天祥詩文賞析集》，萬繩楠所著《文天祥》，修曉波所著《文天祥評傳》，俞兆鵬、俞暉等人所著《文天祥研究》。學位論文方面則有朱小寧所著《試論文天祥前后期詩風的變化》，羅才成所著《文天祥哲學思想研究》，趙冰潔所著《文天祥對杜甫詩歌的繼承》，鄧曉瓊所著《論文天祥的詩歌藝術》，蔡佳琳所著《典型在夙昔：明清時期文天祥忠節典範的形塑與流傳》，趙長杰所著《文天祥集杜詩研究》等論文。〔註25〕關於對謝枋得的相關研究著作，目前尚無專書，然

《宋末元初江西詞人群體研究》（南昌：江西財經大學中國古代文學科碩士論文，2007 年 3 月）。譚輝煌，《宋元之際風雅詞派研究》（廣州：暨南大學中國古代文學科碩士論文，2007 年 4 月）。付志勇，《論江西南宋遺民詞的悲情》（撫州：南昌大學中國古代文學科碩士論文，2007 年 10 月）。劉曉甜，《宋元之際遺民散文研究》（廣州：華南師範大學中國古代文學科碩士論文，2007 年 11 月）。曹利云，《宋元之際兩浙遺民詞人群體研究》（呼和浩特：内蒙古師範大學中國古代文學科碩士論文，2007 年 12 月）。朱明玥，《南宋遺民詩人詩作研究》（上海：上海師範大學中國古代文學科碩士論文，2008 年 3 月）。沈雅文，《南宋遺民道教詩歌研究》（桃園：中央大學中國文學系碩士論文，2009 年 6 月）。崔倩，《宋元之際臨安文人倡和活動研究》（杭州：浙江大學中國古代文學科碩士論文，2009 年 7 月）。李俊，《南宋遺民詞人詞作意象研究》（長沙：中南大學中國古代文學科碩士論文，2010 年 9 月）。周林，《元初南宋遺民詩社「汐社」研究》（廣州：暨南大學中國古代文學科碩士論文，2011 年 8 月）。案：援引中國大陸學位論文乃是依據〔中國知識資源總庫網路〕電子全文的出版項（包括出版年及月份）。以下各注皆同。

〔註25〕專書方面：楊德恩，《文天祥年譜》（長沙：商務印書館，1939 年 9 月）。王德亮編，《文天祥》（上海：中華書局，1947 年 4 月）。黃逸民，《文天祥傳》（臺北：民間知識社，1956 年 5 月）。劉維崇編著，《文山史話》（臺北：中央文物供應社，1956 年 12 月）。沈起煒編，《文天祥》（北京：中華書局，1962 年 7 月）。李安，《文天祥史蹟考》（臺北：正中書局，1972 年 6 月）。張公鑑，《文天祥生平及其詩詞研究》（臺北：臺灣商務印書館，1980 年 10 月）。林逸，《文信國公研究》（臺北：臺灣商務印書館，1982 年 7 月）。江西歷史學會編，《浩然正氣：文天祥逝世七百周年紀念》（南昌：江西教育出版社，1986 年 4 月）。賴功歐，《民族英雄與愛國詩人文天祥》（南昌：江西人民出版社，1986 年 7 月）。黃玉笙編，《文天祥評傳》（臺北：黎明文化，1987 年 9 月）。霍必烈，《文天祥傳》（臺北：國際文化，1989 年 9 月）。劉文源編，《文天祥研究資料集》

而在學位論文方面有例如許文君所著《疊山詩研究》，卞威所著《謝疊山詩文論談》，李慧芳所著《謝枋得之散文及《文章軌範》研究》等論文。〔註26〕

　　此外，亦有多篇相關的學術期刊論文，臺灣方面期刊論文的研究成果，諸如：王次澄〈宋遺民福建大儒熊禾及其詩歌作品析論——兼述詩歌內容之區域文化觀照〉、〈南宋遺民詩人連文鳳及其詩析論〉，黃俊傑〈論東亞遺民儒者的兩個兩難式〉，何晉勳〈世變下的表態紀念——以南宋遺民為例〉，（美）田浩〈因「亂」而致的心理創傷：漢族士人對蒙古入侵回應之研究〉，蕭啓慶〈宋元之際的遺民與貳臣〉，賴漢屏〈遺民淚盡胡塵裡——說宋、明兩代的遺民詩〉，吳曉青〈南宋遺民林景熙詩歌初探〉，李瑞騰〈悲哀的壯歌——南宋遺民詩中的血和淚〉，林蔥〈宋遺民汪元量逸事〉，李曰剛〈宋末遺民之血淚詩〉，孫克寬〈元初南宋遺民初述〉，周全〈宋遺民詩試論〉、〈宋遺民流亡海外略探〉、〈宋遺民謝翺及其著述〉、〈宋遺民林景熙與唐珏〉等文。〔註27〕大

　　　　（北京：中國社會科學出版社，1991 年 11 月）。楊正典著，《文天祥的生平和思想》（濟南：齊魯書社，1992 年 7 月）。夏延章編，《文天祥詩文賞析集》（成都：巴蜀出版社，1994 年 12 月）。萬繩楠，《文天祥》（臺北：知書房出版社，1996 年 3 月）。修曉波，《文天祥評傳》（南京：南京大學出版社，2002 年 2 月）。俞兆鵬，俞暉，《文天祥研究》（北京：人民出版社，2008 年 10 月）。學位論文方面：朱小寧，《試論文天祥前后期詩風的變化》（撫州：南昌大學中國古代文學科碩士論文，2006 年 2 月）。羅才成，《文天祥哲學思想研究》（撫州：南昌大學中國哲學科碩士論文，2006 年 2 月）。趙冰潔，《文天祥對杜甫詩歌的繼承》（西安：陝西師範大學中國古代文學科碩士論文，2007 年 11 月）。鄧曉瓊，《論文天祥的詩歌藝術》（湘潭：湘潭大學中國古代文學科碩士論文，2008 年 4 月）。蔡佳琳，《典型在夙昔：明清時期文天祥忠節典範的形塑與流傳》（臺北：國立臺灣師範大學歷史學系碩士論文，2009 年 6 月）。趙長杰，《文天祥集杜詩研究》（重慶：西南大學中國古代文學科碩士論文，2011 年 8 月）。

〔註26〕　許文君，《疊山詩研究》（福州：福建師範大學中國古代文學科碩士論文，2007年 6 月）。卞威，《謝疊山詩文論談》（撫州：南昌大學中國古代文學科碩士論文，2007 年 10 月）。李慧芳，《謝枋得之散文及《文章軌範》研究》（桃園：中央大學中國文學系碩士論文，2009 年 1 月）。關於研究謝枋得的相關期刊論文，詳見本文之參考書目。

〔註27〕　王次澄，〈宋遺民福建大儒熊禾及其詩歌作品析論——兼述詩歌內容之區域文化觀照〉，《國立中央大學人文學報》36 期（2008 年 10 月），頁 1～56。同氏著，〈南宋遺民詩人連文鳳及其詩析論〉，《東吳中文學報》2 期（1996 年 5 月），頁 189～210。黃俊傑，〈論東亞遺民儒者的兩個兩難式〉，《臺灣東亞文明研究學刊》3 卷 1 期（2006 年 6 月），頁 61～80。何晉勳，〈世變下的表態紀念——以南宋遺民為例〉，《中國歷史學會史學集刊》37 期（2005 年 7月），頁 115～132。（美）田浩，〈因「亂」而致的心理創傷：漢族士人對蒙古入侵回應之研究〉，《臺大文史哲學報》58 期（2003 年 5 月），頁 71～93。蕭

陸方面期刊論文的研究成果，諸如：陳得芝〈論宋元之際江南士人的思想和政治動向〉，謝皓燁〈論宋元之際江西遺民詞人群之組成及群體關係〉、〈論宋元之際江西遺民詞人群的群體特徵〉、〈論宋元之際江西遺民詞的內容特質〉、〈宋元之際江西遺民詞的藝術風貌〉等文，林紅〈宋元之際民族融合下的文學轉型〉，王豔平〈進退辭受間的優雅與沉重——宋元之交的士人心態與文學創作〉、〈堅守與無奈——宋元之交的士人心態與文學創作〉等文，譚輝煌〈論宋元之際風雅詞派的居所詞〉、〈論宋元之際風雅詞派詞風的嬗變〉等文，楊亮〈從拒絕到認同——以宋元易代之際南方文士立場轉變爲中心〉，陳瑞〈試論宋遺民散文中的老莊思想〉，馬蘭〈理扁舟于五湖，對白鷗而忘機——宋元之際遺民文人騷體作品隱逸主題探析〉，劉靜〈宋末元初江南遺民群體的崛起、分化及原因尋繹〉。〔註28〕至於在宋季當時最饒富指標性意義的殉節人物

啓慶，〈宋元之際的遺民與貳臣〉，《歷史月刊》99 期（1996 年 4 月），頁 56～64。賴漢屏，〈遺民淚盡胡塵裡——說宋、明兩代的遺民詩〉，《明道文藝》214 期（1994 年 1 月），頁 30～39。吳曉青，〈南宋遺民林景熙詩歌初探〉，《中華學苑》42 期（1992 年 3 月），頁 189～212。李瑞騰，〈悲哀的壯歌——南宋遺民詩中的血和淚〉，《文藝月刊》158 期（1982 年 8 月），頁 101～108。林葱，〈宋遺民汪元量逸事〉，《浙江月刊》9 卷 1 期（1977 年 1 月），頁 7～9。李曰剛，〈宋末遺民之血淚詩〉，《中國詩季刊》5 卷 3 期（1974 年 9 月），頁 1～30。孫克寬，〈元初南宋遺民初述——不和蒙古人合作的南方儒士〉，《東海學報》15 卷（1974 年 7 月），頁 13～33。周全，〈宋遺民林景熙與唐珏〉，《臺北師專學報》12 期（1985 年 6 月），頁 45～56。〈宋遺民謝翱及其著述〉，《臺北師專學報》13 期（1986 年 6 月），頁 43～54。〈宋遺民流亡海外略探〉，《臺北師專學報》14 期（1987 年 6 月），頁 101～108。〈宋遺民詩試論〉，《臺北師院學報》1 期（1988 年 6 月），頁 427～443。

〔註28〕陳得芝，〈論宋元之際江南士人的思想和政治動向〉，《南京大學學報》〔社會科學版〕第 2 期（1997），頁 147～161。謝皓燁，〈論宋元之際江西遺民詞人群之組成及群體關係〉，《齊齊哈爾大學學報》〔哲學社會科學版〕第 6 期（2003 年 11 月），頁 72～76。。同氏著，〈論宋元之際江西遺民詞人群的群體特徵〉，《求索》第 3 期（2004），頁 192～194（接頁 224）。同氏著，〈論宋元之際江西遺民詞的內容特質〉，《南昌大學學報》〔人文社會科學版〕第 35 卷第 4 期（2004 年 7 月），頁 108～113。同氏著，〈宋元之際江西遺民詞的藝術風貌〉，《贛南師範學院學報》第 5 期（2004 年 10 月），頁 58～61。林紅，〈宋元之際民族融合下的文學轉型〉，《長春大學學報》第 13 卷第 6 期（2003 年 12 月），頁 76～78。王豔平，〈進退辭受間的優雅與沉重——宋元之交的士人心態與文學創作〉，《寧波大學學報》〔人文科學版〕第 17 卷第 4 期（2004 年 7 月），頁 75～79（接頁 107）。同氏著，〈堅守與無奈——宋元之交的士人心態與文學創作〉，《寧波廣播電視大學學報》第 5 卷第 3 期（2007 年 9 月），頁 8～20。譚輝煌，〈論宋元之際風雅詞派的居所詞〉，《咸寧學院學報》第 27 卷第 4 期（2007

——文天祥，前賢對其相關的研究，以及所累積的學術成果頗爲豐碩。〔註29〕
然而，與宋遺民或宋季殉節士儒等相關命題的學術研究著作，論及「宋遺民
事跡」，其「文集版本考證」，及其「詩詞文章特質」者皆屬豐碩，且不乏涉
及「隱逸主題」，「詩人、詞人群體研究」等範疇的研究著作，但是專就「殉
節」、「生死觀」等問題意識切入探討者相較之下卻極爲鮮少，這顯示出該議
題仍留下諸多有待拓展的學術空間。至於在殉節人物方面，雖然不乏論及文
天祥、謝枋得等人的相關論文著作，但論及宋季文、謝以外的殉節士儒者反
倒顯得匱乏。是以期盼藉由本論文的完成，得以補充前賢研究之鏤隙，並希
冀前輩學者能不吝給予指正與提點。

　　以往學者著手探論殉國儒者與遺民相關議題的研究方向，可略舉下列諸
項爲例：一、以人物事跡爲主，詩文作品爲從，表彰其忠義之心與故國之思。
如潘玲玲所著《南宋遺民詩研究》此篇學位論文，以及賴漢屏〈遺民淚盡胡
塵裡——說宋、明兩代的遺民詩〉、李日剛〈宋末遺民之血淚詩〉、周全〈宋
遺民詩試論〉、〈宋遺民謝翱及其著述〉、〈宋遺民林景熙與唐珏〉之類期刊論

年 8 月），頁 86～88。同氏著，〈論宋元之際風雅詞派詞風的嬗變〉，《長城》
第 4 期（2010 年 2 月），頁 104～105。楊亮，〈從拒絕到認同——以宋元易代
之際南方文士立場轉變爲中心〉，《贛南師範學院學報》第 4 期（2009 年 8 月），
頁 53～57。陳瑞，〈試論宋遺民散文中的老莊思想〉，《語文知識》第 4 期
（2010），頁 87～88。馬蘭，〈理扁舟于五湖，對白鷗而忘機——宋元之際遺
民文人騷體作品隱逸主題探析〉，《語文學刊》第 8 期（2011 年 4 月），頁 77
～78。劉靜，〈宋末元初江南遺民群體的崛起、分化及原因尋繹〉，《廣西社會
科學》第 5 期〔總第 191 期〕（2011 年 5 月），頁 99～101。

〔註29〕 關於文天祥之相關研究，以〈正氣歌〉爲命題範疇者有如下的期刊論文：杜
呈祥，〈關於正氣歌的內容問題〉，《中國語文》第 3 卷第 2 期（1958 年 8 月），
頁 11～14。林明乙，〈〈正氣歌並序〉析評〉，《中國語文》第 55 卷第 6 期〔總
第 330 期〕（1984 年 12 月），頁 54～58。同氏著，〈〈正氣歌並序〉析評〉〔續〕，
《中國語文》第 56 卷第 1 期〔總第 331 期〕（1985 年 1 月），頁 55～62。歐
濟霖，〈〈正氣歌〉中三個字的辨析〉，《五邑大學學報》〔社會科學版〕第 2 卷
第 1 期（1988），頁 58～62。江舉謙，〈文天祥「正氣歌並序」〉，《明道文藝》
第 164 期（1989 年 11 月），頁 15～23。傅正玲，〈「正氣歌」之思想探析〉，《孔
孟月刊》第 35 卷第 6 期〔總第 414 期〕（1997 年 2 月），頁 46～49。汪榮祖，
〈說「正氣歌」的正氣〉，《歷史月刊》第 175 期（2002 年 8 月），頁 91～96。
張敏生，〈從典故看〈和文天祥正氣歌〉的主題思想——兼與〈正氣歌〉作比
較〉，《長江師範學院學報》第 27 卷第 1 期（2011 年 1 月），頁 131～136。前
賢對文天祥之相關研究著作及成果著實不勝枚舉，對此可參見蔡佳琳所著〈近
五十年來的文天祥研究（1957～2007）：回顧與討論〉，《歷史教育》12 期（2008
年 6 月），頁 187～204。

文。二、將宋季儒者、遺民依其生平作品、性格姿態劃分成數種類型,而依各不同類型分章分節加以論述。此如周全先生所著之學位論文:《宋遺民志節與文學研究》,其分宋遺民爲「奮赴國難之志士」、「著述講學之儒士」、「嘯隱山林之隱士」、「流亡海外之遺民」諸類型。另外有蕭啓慶〈宋元之際的遺民與貳臣〉一文分宋遺民爲「激進型」、「溫和型」、「邊緣型」等類。孫克寬〈元初南宋遺民初述〉一文將宋遺民分成「文天祥抗元系列的遺民」、「遺民中的講學名儒」、「山林隱逸」、「文人詞客」各類。三、就歷史現象或人物思維樹立若干主題並詳加研究,如從「仕隱抉擇」、「生死難易」、「衣冠居處」等要項切入探討。此有何冠彪先生著《生與死:明季士大夫的抉擇》一書,以及黃俊傑〈論東亞遺民儒者的兩個兩難式〉、何晉勳〈世變下的表態紀念——以南宋遺民爲例〉等文。〔註30〕

　　近現代學者對中國歷史改朝換代之際舊朝遺民的相關析論,以宋季這個歷史斷代而言,朝文學或考據方向著手研究的學術成果尤其豐碩〔註31〕,相對而言,朝著思想方向研究者則頗爲鮮少。換言之,研究「遺民思想」的專書或博碩士論文,至少就數量上而言著實難以望研究「遺民文學」者之項背。前賢學者在專書與博碩士論文上之於「遺民思想」的相關研究,倘使就明季的歷史段落而論,尚有可觀的研究成果,但若自宋季觀之,甚至可以說是付之闕如。有感於此,本文試圖以提出問題意識的方式,對宋季士儒之處境與心境加以闡發。「論宋季士儒之困頓與抉擇——以殉節思想爲核心展開探討」此題與文學、考據等研究進路有所殊異,此命題的特徵是屬於思想性的進路,甚至可說是一項義理範疇的議題。觀宋季士儒所產生的困頓,雖與其遭遇到的外在環境息息相關,至於其面臨困頓後所做出的抉擇,則必然藉由具體行爲加以呈現,然而這些行爲背後,著實存在著思想動機,換言之,宋季士儒的抉擇方向極難不受固有義理思想所影響。宋季士儒處於困頓的泥沼,其中一種突破僵局的抉擇方向便是「殉節」,殉節現象既是行爲,亦是思想,士儒決意殉節的動機本身其實已是一種繁複多元的思辨歷程,而其思辨的成果即可成爲略具規模的義理體系。如同何冠彪先生所稱:「事實上,大多數殉國者的死因都是錯綜複雜,他們大都有一個以上的原因才決定捐軀的。」〔註32〕

〔註30〕出處詳見注釋 24、注釋 27。
〔註31〕詳見注釋 24。
〔註32〕何冠彪,《生與死:明季士大夫的抉擇》,頁 50。

每逢改朝換代之際，便不乏挺身殉難的仁人志士，而彼輩殉節捐軀的原因，往往導源於他們根深柢固的思想觀念與價值信仰，至於這些思想觀念、價值信仰的生成元素，終究和中華固有的政治環境、文化傳統、道德義理，存在著密不可分的深刻關係。

　　中國傳統士儒奠基於孔孟學說而拓展開來的學說思想，總地來說皆可稱之爲儒學，當士儒遭遇改朝換代的劇變，憑藉既有的儒家思想底蘊，進而發顯許許多多的言語觀點，及其行誼風範之種種示現，蓋可歸屬於「遺民儒學」之環節。黃俊傑先生稱：「在東亞儒學史上，儒家的『道』以最鮮明的方式體現在『遺民儒學』之中，在孤臣孽子的行誼中獲得實踐。……從儒學發展史的經驗來看，『遺民儒學』正是儒學傳統中特見精神的組成部分。」〔註33〕改朝換代之際的殉節士儒及故朝遺民，其學說思想是引領其行爲舉措的重要指標，而其學說思想之產出則又爲諸多繁複的因素所共構，因此「遺民儒學」之相關的命題無非是思想性的學術議題。此外，「遺民儒學」作爲中國傳統儒學當中極其特殊的存在，包含著諸多不勝枚舉的血淚哀慟及慷慨悲壯，更是一種思想與行動的連鎖，儒家思想向來強調的仁義道德，亦在士儒的殉節行動中獲得極具張力的實現。論及殉節者的行爲範式關係到他們對人生價值的取捨，以及在人生際遇的分歧道路上做出抉擇。因此，以「抉擇」這樣的問題意識切入探論遺民儒學之本眞，亦不失爲可行的研究方向，如同何冠彪先生所著《生與死：明季士大夫的抉擇》一書，黃俊傑先生所著〈論東亞遺民儒者的兩個兩難式〉一文〔註34〕，皆是以改朝換代之際的故朝遺民作爲研究對象，探討其從外在環境遭遇至其內在心理狀態的諸多現象與議題，其中包含了疑難、思辨、抉擇、行動等生命歷程，從這樣的視域對遺民儒學進行闡發實爲耐人尋味的研究方式，本文選題方向亦受此視域之諸多啓發。

第三節　研究步驟與方法

一、研究步驟

　　研究「論宋季士儒之困頓與抉擇——以殉節思想爲核心展開探討」此議

〔註33〕黃俊傑，〈論東亞遺民儒者的兩個兩難式〉，《臺灣東亞文明研究學刊》第 3 卷第 1 期〔總第 5 期〕（2006 年 6 月），頁 63。

〔註34〕同前注，頁 61～80。

題時，恐怕不能不顧慮到宋代理學對宋季儒者的啓迪與影響，宋儒對心性理氣細膩的思辨與闡揚，可謂創先秦以來儒家思想的另一高峰，宋儒無論在其德性涵養抑或進學目標上，皆與此時期蓬勃發展的心性之學息息相關。清儒孫奇逢（1584～1675）在評介殉節儒者時說道：「其形雖微，而有可以參天地者存焉。其時雖無幾，而有可以與天地相終始者存焉。」〔註35〕殉節義士頗受理學之浸染，進而能以犧牲性命這樣的具體行動來樹立人極，促使人倫綱常得以永續流傳，憑此心志意欲與天地並立而同參，宋代理學核心思想確實常把有限生命超越成道德的無限性命，有某種對道德的原鄉情懷。從另一方面看來，宋季儒者的殉節表現在某種程度而言，其實亦可謂是對心性之學的領略與付諸實踐。因此藉心性道德之學來論述殉節儒者的思想行爲，如此的詮釋方式不失是一條可行的研究取徑。或者也可藉宋季殉節儒者之心志、隱逸遺民的舉措來探討其於先秦儒學與宋代理學的認知與取決。故當「論宋季士儒之困頓與抉擇——以殉節思想爲核心展開探討」一題著手進行時，希冀能循上述諸方向切入探討，並且以「遭遇之困頓」、「抉擇的方向」、「生死觀點」等問題意識，藉由主題式的研究方向切入探討，期盼能兼顧到思想議題當中的內在途徑與外在途徑，勿使其偏頗失衡。茲將本文研究步驟列舉如下：

（一）考察古籍、回溯原典

從宋遺民、殉節儒者的文集取材研讀，如文天祥：《文文山全集》、謝枋得：《疊山集》、鄭思肖：《鐵函心史》、林景熙：《白石樵唱》與《霽山集》、謝翱：《晞髮集》、汪元量：《水雲集》、鄧牧：《伯牙琴》等等，探索作者於詩文中蘊藏之思想。但由於遺民詩中常有較含蓄隱晦的一面，故仍須借助史傳與後人評介之文集，以彰顯宋遺民與殉節儒者的思想作爲，此如《宋史》、《宋元學案》、《宋遺民錄》、《宋史翼》、《宋學士文集》、《宋季忠義錄》等等，期望藉此更清楚地辨明宋遺民與殉節儒者的獨特思維與時代意義。

（二）對照時代、探索背景

儒家思想源遠流長，又常爲傳統士大夫面臨時代考驗時的抉擇憑依，宋朝時代背景在政治上是尊崇儒學的文治政權，相對而言也因此文弱，其軍事力量微薄並飽受外患侵擾，南宋的主戰派與事功學派皆難有較大的伸展空

〔註35〕清・孫奇逢，〈劉文烈遺集序〉，引自氏著，朱茂漢點校，《夏峰先生集》（北京：中華書局，2004年7月），卷4，頁133。

間。學術上有朱陸兩派理學，而文天祥、謝枋得的道德學問基礎，亦不歸於此兩派學說之外。所以，論述「論宋季士儒之困頓與抉擇——以殉節思想為核心展開探討」此題時亦須參考宋末當時的時代背景，包括政治環境、學術特質等等。

（三）分析人物、辨明思想

宋季儒者面臨舊朝滅亡的抉擇，其表態方式有多元化的呈現，雖可以「殉」或「存」，或者「仕」或「隱」等區分，但如果更仔細地談，各儒者皆有其獨特的氣質以及迥異的思辨方向，即便是同為殉節儒者的文天祥與謝枋得，其以死明志的犧牲雖屬一致，但「從容不迫」與「慷慨激昂」之態度卻不無差別。文天祥是「臨刑殊從容，謂吏卒曰：『吾事畢矣。』南鄉拜而死。……其衣帶中有贊曰：『孔曰成仁，孟曰取義，惟其義盡，所以仁至。讀聖賢書，所學何事，而今而後，庶幾無愧。』」〔註36〕謝枋得臨死前的情況為「留夢炎使醫持藥雜米飲進之，枋得怒曰：『吾欲死，汝乃欲生我邪？』棄之於地，終不食而死。」〔註37〕至於宋季遺民中，有「畫蘭不畫土根」〔註38〕的鄭思肖，有如林景曦（1242～1310）這般冒死收回宋室君王骨骸移葬者。〔註39〕足見宋遺民一方面受故國之思所苦而發不平之鳴，另一方面尚能依循著不痿痺之心而有所作為。諸如上述云云，楬櫫出宋遺民在宋朝覆滅之後如何自處的現實難題，不同的歷史人物所示現出的姿態也不盡相同，其姿勢行為背後所隱藏的思想動機亦是耐人尋味的研究對象。

〔註36〕元‧脫脫等撰，《宋史》，卷 418〈文天祥傳〉，頁 12540。

〔註37〕元‧脫脫等撰，《宋史》，卷 425〈謝枋得傳〉，頁 12690。

〔註38〕清‧陸心源稱：「鄭思肖，字所南，號憶翁。……宋亡，貨其所居，得錢則周人之急。……素不娶，孑然一身，歲時伏臘輒向南野哭，矢不與北人交接，聞北語則掩耳走。人知其偏僻，不以為異也。坐臥未嘗北向，扁其室曰『本穴世界』，以本字之十置下文，則大宋也。精墨蘭，畫成即毀之，人求之甚靳。自更祚後，畫蘭不畫土根，人詢其故，則曰：『地為人奪去，汝猶不知耶？』」詳見氏著，《宋史翼》卷 34〈鄭思肖傳〉，引自《宋代傳記資料叢刊》（北京：北京圖書館出版社，2006 年 10 月），20 冊，頁 391～392。元‧夏文彥稱：「鄭思肖，字所南，福州人。工畫墨蘭，嘗自畫一卷，長丈餘，高可五寸，天真爛漫，超出物表。題云：『純是君子，絕無小人。』」引自氏著，《圖繪寶鑑》（臺北：臺灣商務印書館，1970 年 1 月），卷 5〈元朝〉，頁 97。

〔註39〕詳見元‧鄭元祐，〈林義士事跡〉，引自明‧程敏政，《宋遺民錄》卷 14〈林景曦〉，頁 1。參照《宋代傳記資料叢刊》（北京：北京圖書館出版社，2006 年 10 月），27 冊，頁 725。林景曦，其人其事，另見清‧萬斯同，《宋季忠義錄》（臺北：中國文化學院出版，1964 年 10 月），卷 11〈林德陽傳〉，頁 23～27。

二、研究方法

　　黃俊傑先生曾經就近現代學者研究中國傳統思想的取徑方向，歸納出三大流派，其一是「歷史學」流派，該流派是從「歷史學」的視域研究中國傳統思想與儒家思想，該流派之學者主要以錢穆先生（1895～1900）、徐復觀先生（1903～1982）、余英時、劉廣京、張灝等先生作為代表。歷史學流派的研究方法，頗強調歷史背景的重要性，以及講究文獻考證的真實性。黃氏稱：「這種研究立場，在縱剖面上強調中國思想的持續性與發展性；在橫切面上重視儒家思想與當時時代精神或社會文化氛圍的有機互動關係。」〔註 40〕其二是「哲學」流派，該流派擅長於援引西洋哲學理論作為研究方法，並著手建構中國哲學的體系與規模。「哲學」流派主要的代表學者，例如：唐君毅先生（1909～1978）、方東美先生（1899～1977）、牟宗三先生（1909～1995），以及勞思光、劉述先等先生。其三是「社會科學」流派，該流派關注於儒家思想在現代東亞地區的發展議題，其研究進路與問題意識是起源於對韋伯（Max Weber, 1864～1920 ）學術觀點的認識、省思、批判，黃氏稱：「這個流派所採取的，大致是以社會科學問卷及計量的方法，企圖研究儒家思想與現代東亞地區的現代化發展的關係。」〔註 41〕該流派的代表性學者有楊國樞、黃光國等先生。〔註 42〕思想議題是複雜多元的構成體，因此對思想議題著手析論的途徑頗不適合朝著單一方向前進，若顧慮到思想家個人的學說特質及其思想體系是一種觀念研究的進路，而考量到思想家所處的國族、政治、社會情況，及其受整個時代環境的影響，那麼又著實不當忽略諸多外緣因素對思想家所造成的影響。換言之，表面看似簡單的思想議題，若以近現代各人文學門分工細緻的情況來看待，或許已經牽涉到歷史學、哲學、社會學、心理學等各種視域。這情形也顯示出吾人在探討思想議題時僅著眼於思想的內在觀念，及觀念本身（ideas）〔註 43〕的演進及發展，或者是只專注於歷史、時代等外緣因素與思想之間的關聯性，似乎都容易陷入顧此失彼的窠臼之中。對此，黃俊傑先生有如下的敘述：

〔註40〕 黃俊傑，〈引言〉，引自楊儒賓，黃俊傑編，《中國古代思維方式探索》（臺北：正中書局，1996 年 11 月），頁 1。

〔註41〕 同前注，頁 2。

〔註42〕 同前注，頁 1～2。

〔註43〕 （美）洛夫喬伊（Arthur oncken lovejoy）定義「觀念史研究」為「對觀念及其在人類事務中的作用所進行的歷史研究。」見氏著，吳相譯，《觀念史論文集》（南京：江蘇教育出版社，2005 年 5 月），頁 1。

觀念史家與思想史家在研究方法上的不同。觀念史家所採取者乃係
一種「內在的研究途徑」（internal approach），所重視者係思想與思
想之間的關係，爲求對觀念的分析更趨細密，他們甚至不惜把思想
從史實的脈絡中抽離出來；思想史家所運用的是一種「外在的研究
途徑」（external approach），彼所側重者在於思想與行爲或事件之間
的關係。〔註44〕

如果研究者完全單方面採取觀念史或思想史的研究方法，即無法避
免受囿於該研究方法所引起的限制。取徑於內在研究途徑者每易忽
略思想的社會性，但反之專就外在途徑來探討思想者，對於思想的
內在結構或思想與思想之間的關係每不易作充份之解釋。〔註45〕

採取「外在途徑」之思想研究者，著重的是歷史事件、時代背景、社會環境
等因素對於思想的促成效益，其利在於宏觀普遍，其弊在於較無法突顯思想
內部之中因人而異的獨特成份。例如，同樣是亡於外族的宋代與明代，其殉
國的人數卻懸殊眾多。例如：宋遺民同樣遭遇亡國之痛楚，某部分士儒選擇
殉節，而某部分士儒卻選擇存活。即便是那些同樣決定殉節者，其殉節的方
式與姿態亦有相異之處。隱藏於彼輩殉節行動背後的思想底蘊，蓋也難以全
然一致。例如：某些人是認爲臨難不當苟免，而義無反顧地與國朝共赴危難。
某些人是領受聖賢教化，仁義道德盈滿於胸襟，進而決意「殺身成仁」及「舍
生取義」。某些人則是側重於君臣之間的綱常倫理，認定殉節既是人臣職分，
亦是一種向君主與國朝盡忠的具體行動。例如，同爲文儒身分的文天祥、鄭
思肖（1241～1318）二人，同樣遭遇過由宋入元、改朝換代的亡國痛處，二
人同樣是道德思想的信奉者，以及忠義精神的發揚者。但文天祥選擇殉節，
鄭思肖選擇存活。至於談及義理，文天祥乃獨樹一幟地從「正氣」處進行闡
釋，至於鄭思肖卻較常從「心」處展開論述。由此可證，外在途徑的思想研
究，似乎也無法全盤概括人物各自間的生命氣息及思想差異。

　　然而，採取「內在途徑」的思想研究者，亦存有其歷史視野上的侷限性。
例如，宋遺民對於蒙元的厭惡，實然涉及兩族之間文化風俗上的南轅北轍，
宋遺民看待蒙元政權的時候，何以會產生諸多的忿恨？這除卻受亡國仇恨的
情感牽連之外，誠然還關係到兩族之間政治體制與精神信仰上的大相逕庭。

〔註44〕黃俊傑，《史學方法論叢》（臺北：臺灣學生書局，1977 年 8 月），頁 184。
〔註45〕同前註，頁 185。

在政治體制上，宋代朝廷仰仗士儒執政，重文輕武。蒙元政權卻是貶抑文儒，僅懂得憑藉強勢的武力統轄天下，重武而輕文。在精神信仰上，宋代朝廷獎掖學術，崇尚儒家思想，人倫綱常與仁義道德之觀念根植人心。至於蒙元政權則是重佛輕儒，寧可浸淫於宗教與鬼神之說，也不願虛心研習博大精深的儒家治術，如此更加無法兼容源遠流長的華夏文化。諸如上述云云，勢必涉及兩族在「文化背景」、「社會環境」等面向上的截然不同，既然關係著文化特徵與風俗民情等生活經驗之範疇，無可避免地當從史事、史料之中加以觀察及掌握，吾人如果純粹從「內在途徑」的角度進行析論，那麼惟恐將失之於管窺。換言之，吾人研究某種思想議題或行爲議題時，所當顧及的面向，其實也就是吾人對某項思想議題、行爲議題的探討必然得從其「充足理由原理」、「行爲（動機）理由原理」〔註46〕等處加以闡論，而一切思想的構成大致同時兼具「內涵」、「外範」二者〔註47〕，前者指的是思想內部的元素與概念，後者指的則是思想在現象界所產生的延伸性及概括範疇。誠然由於一項思想或行爲議題它所牽涉的層面如此廣泛，是以「內在途徑」與「外在途徑」這兩種研究方向，吾人若以合則雙美、離則兩傷的治學態度著手進行闡發，似乎較爲妥當。

第四節　章節架構

　　論文第一章之首節，先對選題之源由加以論述及說明，第二節則舉出與本題直接間接相關之前賢研究成果，第三節乃陳述章節撰寫之步驟，以及採取的研究方法。第二章闡論「宋季士儒困頓之肇因」，第一節先從「士儒」此

〔註46〕關於「充足理由原理」，林本先生稱：「充足理由原理（Principle of Sufficient Reason）……，表示一切事象均各有其存在之理由。唯此乃廣義的說明，若僅就思維範圍內言之，則表示一切思維必有一定的根據或理由。」而關於「行爲（動機）理由原理」，氏稱：「行爲（動機）理由原理（Principium Rationis Sufficientis Agendi）──說明人類行爲或動機之理由──道德的理由原理。」詳見氏著，《理則學導論》〔第四版〕（臺北：臺灣開明書店，1982 年 11 月），頁 11。

〔註47〕林本先生稱：「任何概念均有兩種不同的包容，其一爲組成概念內容之本質的屬性，其二爲概念所統舉之一切的事象。前者爲概念之內含的要素，名爲內涵，亦稱內包（Intension or Connotation）。後者爲具此要素之種類，或概念適用之範圍，名爲外範，亦稱外延（Extension or Denotation）。」引書同前注，頁 14。

種特殊身分開始談起，說明此身分所擔負之重責大任，無疑是爲安治天下的承擔者，由一己之修身推向天下之平治，這自然也是士儒打從心理層面便無法拋卻的當行本色。第二節從外在因素論說，提出宋朝政權從開國之初便孱弱不振的根本性疑難，以及士儒在孱弱政權裡頭的侷限與滯礙。第三節從姦臣、叛臣誤國等人禍緣故，談及忠直之士無法黜姦止惡、力挽狂瀾的現實處境。第四節從蒙元滅宋後的歷史現實，剖析士儒面臨巨變後的情感與觀點，其中包含彼輩目睹舊朝覆滅時所難以停息的哀慟，以及對新政權的反感與嚴詞批判等等。第三章是論述「影響宋季士儒抉擇方向的背景因素」，這個章節主要列舉出「文治禮遇」、「理學勃興」、「書院發達」等三個小節，而分別從政治環境，學術背景，教育規模等方向著手進行探討。第四章的第一節與第二節乃分別由「殉節或存活」、「出仕或隱逸」的二重抉擇疑難，進而對「宋季士儒的抉擇進路及其思想憑據」該命題加以析論。第五章標舉出在宋季極具指標性的殉節人物——文天祥，闡論文氏的忠義行誼，並探討其畢生思想精要所鎔鑄之〈正氣歌〉中的思想底蘊。首節介紹文天祥的生平梗概，第二節就文氏〈正氣歌〉中的正氣論著手析論，此外亦兼論中國傳統氣論思想演進的概況，並論及儒道兩家氣論之殊異。第三節從事理的角度切入，爬梳〈正氣歌〉中所提起的十二位歷史人物，及發揚彼輩忠義氣節的具體示現。第六章則以「宋季殉節現象之生死觀及群我內涵」爲命題，首節擇取先秦至宋代的幾位儒家人物：孔子（551BC～479BC）、孟子（372BC～289BC）、荀子（約313BC～約238BC）、王充（27～97）、張載、程頤、朱熹（1130～1200）等人爲例，探究傳統儒家人物看待生死問題時的思想觀點。第二節舉出宋季如：江萬里（1198～1275）、陸秀夫（1237～1279）、文天祥、謝枋得等殉節士儒爲例，探論彼輩經由殉節赴死的實際行動，所具體示現出的生死觀點。第三節乃論述宋季殉節行爲對殉節者自身，以及對群眾所呈現出的獨特內涵。第七章是總結全文之結論，該章係探討殉節現象從宋季至明季的延續性與薪傳效應，並概述宋季與明季士儒殉節情況與殉節思想的異同。

第二章　宋季士儒困頓之肇因

　　論及「士儒的困頓」，首先必得對「儒者」或「士階層」的身分本位予以析論與定義，其次再闡述士儒心中「憂患意識」與外在的「環境處境」相互激盪而出的「困頓」〔註1〕。「儒」的身份、「士」的階層〔註2〕，實爲中國傳統社會體系當中的特殊存在，儒、士與中國數千年以來學術、文化、政治之間的關係，宛如骨肉般緊密黏附，《漢書‧藝文志》稱：「儒家者流，蓋出於司徒之官，助人君，順陰陽，明教化者也。游文於《六經》之中，留意於仁義之際，祖述堯舜，憲章文武，宗師仲尼，以重其言，於道最爲高。」〔註3〕然而「儒」之稱謂的普及似乎稍晚於「士」，儒的定義與內涵看來也比士更加繁複。至於士，原本像是一種政治屬性的管理階層，但自孔孟學說發展以來，士遵循儒家學說思想，以孔孟爲宗師、以道自任，士與儒的關係才漸次地融通。

〔註1〕此處「困頓」指的是一種人生境遇上的窘迫。

〔註2〕「儒」的概念完備於儒家思想的創生與流傳，孔孟以降「儒」的身份是知識性與道德性兼備的特殊存在，儒者若「仕」，而投身於政治場域當中，才與政治性有所結合。至於「士」，應是早於孔孟之前的存在，是封建政治中較爲低階的執政人員，雖亦側重於政治性、知識性的概念，然以道德性來論，恐未如「儒」這般專注與考究。漢‧許愼於《說文解字》曰：「士，事也。數始於一，終於十，從一十。孔子曰：『推十合一爲士。』」清‧段玉裁注云：「引申之，凡能事其事者稱士。《白虎通》曰：『士者事也，任事之稱也。』故《傳》曰：『通古今，辨然否，謂之士。』」引自東漢‧許愼撰，清‧段玉裁注，《說文解字》（臺北：萬卷樓，2000年9月），頁20。據《說文解字》的說法，士具備通古今的知識根基，辨然否的決斷能力，正因如此，方適合擔任幹事施政的政治職務。

〔註3〕東漢‧班固撰，唐‧顏師古注，《漢書》〔百衲本二十四史〕（臺北：臺灣商務印書館，1996年12月），卷30〈藝文志〉，頁442。

第一節　士儒身分及其使命

　　《禮記・王制》曰：「諸侯之上大夫卿、下大夫、上士、中士、下士，凡五等。」〔註4〕《孟子・萬章下》稱：「君一位，卿一位，大夫一位，上士一位，中士一位，下士一位，凡六等。……大國地方百里，君十卿祿，卿祿四大夫，大夫倍上士，上士倍中士，中士倍下士，下士與庶人在官者同祿，祿足以代其耕也。」〔註5〕清儒顧炎武（1613～1682）稱：「士、農、工、商謂之四民，其說始於《管子》。三代之時，民之秀者乃收之鄉序，升之司徒，而謂之士。固千百之中不得一焉。……則謂之士者大抵皆有職之人矣，惡有所謂羣萃而州處，四民各自爲鄉之法哉！春秋以後，游士日多。……，而戰國之君遂以士爲輕重，文者爲儒，武者爲俠。」〔註6〕據是可知，士原先屬於「勞心者治人」〔註7〕的管理階層，士階層憑藉豐厚的知識基礎，並且具備管理處事等執政才幹，其資質亦可謂是萬中選一。彼等雖不事農耕生產，但必須花費許多心思在幹事施政上頭，是以無愧於食人之祿。其政治位階次於大夫，而最下層的士與庶人之任官者地位大略等同。〔註8〕最初屬於政治性與知識性的士，其後與儒家的訴求合流，進而強化了道德性，內涵與層次又更進一步地提升。如孔子（551BC～479BC）曰：「士而懷居，不足以爲士矣！」「士志於道，而恥惡衣惡食者，未足與議也。」「行己有恥，使於四方，不辱君命，可謂士矣。」〔註9〕曾子曰：「士不可以不弘毅，任重而道遠。仁以爲己任，不亦重乎？死而後已，不亦遠乎？」〔註10〕子張曰：「士見危致命，見得思義，祭思敬，喪思哀，其可已矣。」〔註11〕孟子（372BC～289BC）曰：「無恆產

〔註4〕東漢・鄭玄注，宋・岳珂校，《禮記鄭注》〔相臺岳氏本〕（臺北：新興書局，1975年10月），卷4〈王制〉，頁40。

〔註5〕《孟子》卷10〈萬章下〉，宋・朱熹，《四書章句集注》（北京：中華書局，1983年10月），頁316。

〔註6〕清・顧炎武，〈士何事〉，《日知錄》（蘭州：甘肅民族出版社，1997年11月），卷7，頁374～375。

〔註7〕《孟子》卷5〈滕文公上〉，宋・朱熹，《四書章句集注》，頁258。

〔註8〕關於士的起緣與士階層的興起，余英時先生有詳實的記載，可參見氏著，《中國知識階層史論・古代篇》（臺北：聯經出版公司，1980年8月）；氏著，《士與中國文化》（上海：上海人民出版社，1987年12月）。

〔註9〕《論語》卷7〈憲問〉，宋・朱熹，《四書章句集注》，頁149。同書，卷2〈里仁〉，頁71。同書，卷7〈子路〉，頁146。

〔註10〕《論語》卷4〈泰伯〉，宋・朱熹，《四書章句集注》，頁104。

〔註11〕《論語》卷10〈子張〉，宋・朱熹，《四書章句集注》，頁188。

而有恆心者，惟士爲能。」〔註12〕到了宋代，亦有如張載（1020～1077）這般說道：「富貴福澤，將厚吾之生也；貧賤憂戚，庸玉女於成也。存，吾順事；沒，吾寧也。」〔註13〕諸如這類言論，蓋示現出士應當著重的精神層次，其生命特徵常伴隨著崇高的理想性，而非把生活的重心擺放在最基本的生存需求。

　　孔孟以降的大一統政權中，除卻以法家思想治國的秦朝以外，歷代朝廷之中的「士階層」大部分其實同時具備了「儒」的身份，故「士」、「儒」亦可並稱。士儒於中國古代政體之中擔任朝廷或地方職官，對於政治、教育、社會、經濟、風俗等等皆有相當程度的參與權或是影響力，若以儒家「君子儒」、「行己有恥」、「任重道遠」的道德訴求來論，士儒又必須潔身自愛、以身做則，上以督促君主、下以化育人民。士階層、士大夫因融入儒的概念而愈加深化，「儒」的概念除卻得以指涉爲身份，其實更蘊含了極其縝密詳備的文化涵義。從立基處來說，「儒」的概念發端於孔子的聚徒講授，以先秦時期的孔子、孟子爲代表，以孔門弟子與再傳弟子爲承傳，或旁涉荀子（約313BC～約238BC）一派。蓋孔子亡歿以後儒分多門，承傳不一，孟子該派所側重的是內藏於吾人生命的心性本體，因而對於動機層面談得較爲深刻。荀子一派則較偏重呈現於外顯行爲的禮法軌範，故大抵多從行爲層面著眼。兩派學說確有殊異，甚至產生相互爭鋒的情況。然孟荀較析議題並非本文論述之重心，此處僅略提一二〔註14〕，其餘部份不再妄加贅語。「儒」的概念相似於今

〔註12〕《孟子》卷1〈梁惠王上〉，宋・朱熹，《四書章句集注》，頁211。

〔註13〕宋・張載，《正蒙・乾稱》，見氏著，章錫琛點校，《張載集》（北京：中華書局，1978年8月），頁63。

〔註14〕唐・韓愈認爲荀子失儒家道統之傳，其於〈原道〉稱：「吾所謂道也，非向所謂老與佛之道也。堯以是傳之舜，舜以是傳之禹，禹以是傳之湯，湯以是傳之文武周公，文武周公傳之孔子，孔子傳之孟軻。軻之死，不得其傳焉。荀與揚也，擇焉而不精，語焉而不詳。」見氏著，清・馬其昶校注，馬茂元編次，《韓昌黎文集校注》（臺北：頂淵文化，2005年11月），卷1，頁10。宋・朱熹稱：「程子：『論性不論氣，不備；論氣不論性，不明。』如孟子『性善』，是論性不論氣；荀揚異說，是論氣則昧了性。」見氏著，〈孟子九・告子上・性無善無不善章〉，引自宋・黎靖德編，王星賢點校，《朱子語類》（北京：中華書局，1986年3月），卷59，頁1388。韋政通稱：「綜觀荀子評孟子語，除『略法先王而不知其統』外，其他皆無甚意義。根據我們對孟荀兩系統的了解，荀子似是察覺孟子內轉之偏，而要向外開，朝外王方向轉，但何以對孟子正面立說，若一無所知者？……此誠難以索解矣。我懷疑，荀子一生，根本未見孟子一書，所述者或多據失實之傳聞。」引自氏著，《荀子與古代哲學》（臺北：臺灣商務印書館，1992年9月），頁280。

日所謂的「知識份子」，這種身份該以承載知識文化爲本分，但畢竟時空迥異，現代「知識份子」的概念猶未能完全等同「儒」的涵義。「士」、「儒」的意義至孔子創制、孟子承傳以降，漸趨完善及詳備，亦被注入濃厚的道德意味與淑世情懷，觀《論語》、《孟子》記載如下所述：

> 子曰：「弟子入則孝，出則弟，謹而信，汎愛眾，而親仁。行有餘力，則以學文。」〔註15〕

> 子曰：「參乎！吾道一以貫之。」曾子曰：「唯。」子出。門人問曰：「何謂也？」曾子曰：「夫子之道，忠恕而已矣。」〔註16〕

> 子謂子夏曰：「女爲君子儒，無爲小人儒。」〔註17〕

> 子貢曰：「如有博施於民而能濟眾，何如？可謂仁乎？」子曰：「何事於仁，必也聖乎！堯舜其猶病諸！夫仁者，己欲立而立人，己欲達而達人。能近取譬，可謂仁之方也已。」〔註18〕

> 子曰：「志於道，據於德，依於仁，游於藝。」〔註19〕

> 士窮不失義，達不離道。窮不失義，故士得己焉；達不離道，故民不失望焉。古之人，得志，澤加於民；不得志，修身見於世。窮則獨善其身，達則兼善天下。〔註20〕

> 王子墊問曰：「士何事？」孟子曰：「尚志。」曰：「何謂尚志？」曰：「仁義而已矣。殺一無罪，非仁也；非其有而取之，非義也。居惡在？仁是也；路惡在？義是也。居仁由義，大人之事備矣。」〔註21〕

憑藉上列諸項觀之，身爲儒者的要素概略有三。其一、儒者「學文」、「游於藝」，嫻熟於六藝，增長知識見聞，使學問淵博宏達，是爲「知識之取向」。其二、儒者根據道德仁義，以君子之儒自許，勿步入小人歧途，孝弟信謹而愛眾親仁，是爲「道德之育成」。其三、遵循忠恕之道，己立立人、己達達人，依人道敏其政，憑藉博施濟眾的具體舉措，修己以安百姓，此爲「淑世之情志」。

〔註15〕 《論語》卷 1〈學而〉，宋・朱熹，《四書章句集注》，頁 49。
〔註16〕 《論語》卷 2〈里仁〉，宋・朱熹，《四書章句集注》，頁 72。
〔註17〕 《論語》卷 3〈雍也〉，宋・朱熹，《四書章句集注》，頁 88。
〔註18〕 同前注，頁 91～92。
〔註19〕 《論語》卷 4〈述而〉，宋・朱熹，《四書章句集注》，頁 94。
〔註20〕 《孟子》卷 13〈盡心上〉，宋・朱熹，《四書章句集注》，頁 351。
〔註21〕 同前注，頁 359。

　　古學出於王官，學問既是知識資源，同時也是施政治事的憑據，「儒」的身份特質如前述這般，若在兼具知識性與淑世情懷的前提下，有意願投身政治環境蓋是一種常態。政治場域裡頭，在上位者提供儒者參與朝政的契機，儒者因而面臨仕與隱的選擇，遇與不遇的因緣際會。儒者一旦步入「仕」進路，遂有機會藉由政治的實務性與拓展性，進以鞏固邦國、安頓蒼生、教化百姓，一方面既實現儒門所講究的忠恕精神，另一方面亦貫徹了推己及人的外王理想。自此「士」階層非只侷限於政治管理的屬性，這時候尚且可視作「儒」身份的一種延伸與擴展，士、儒二者的涵義也逐漸融通合流。中國知識份子從原本單純的知識取徑，進一步結合仁義禮智等道德要項，最終激發出參與政治的積極意願。對於此番歷程的演變情形，余英時先生有如下的論述：

> 知識份子的主觀憑藉在思想與學術，其客觀功能則與社會結構密不可分。祇有主客兼攝才能使我們確切地把捉到中國知識份子的傳統特性之所在。……周代封建秩序解體之後，知識份子從古代那種嚴格的身份制度中游離了出來，形成一具有社會自覺的階層。……這一階層已成爲文化傳統的承擔者，但其中個別份子的社會位分則仍具有高度的流動性。……隨著統一帝國的出現，知識階層在新的社會結構中逐漸取得明確而穩定的地位。……知識份子不再是「游士」，他們已成爲具有深厚的社會基礎的所謂「士大夫」了。〔註22〕
>
> 中國知識階層自春秋戰國初出現於歷史舞台之時即已發展了一種羣體的自覺，而以文化傳統的承先與啓後自任。這就是當時思想家所說的「道」。從此以後，「道」不但是中國知識份子批判現實的根本依據，而且也成爲中國思想史上各種理想主義的托身之所。故所謂「道尊於勢」或道統高於政統的觀念早在孔子的時代便已呼之欲出了。〔註23〕

據余先生所述云云，以承傳文化爲重心的中國古代知識份子，從孔子洙泗立教當時，就攝入道德的意向，楬櫫「道尊於勢」的自信與堅持，延伸出「不仕無義」的參政意願。換言之，「儒」的概念，至孔子當時已然與道德意義的內聖修養，以及政治導向的外王理想，做一巧妙地融合。另外，大一統政權

〔註22〕余英時，〈自序〉，詳見氏著，《中國知識階層史論・古代篇》，頁2。
〔註23〕同前注，頁3。

的產出與完備，君主大抵有綿延國祚、長治久安的實際需要，這等同替儒者設置一處「仕」與「治」的空間場域，如是亦有助於士階層的群聚和發展。錢穆先生（1895～1990）稱：「自戰國直到清代末年，中國社會都由少數的士來領導，來教化。他們不事生產，不講究私人的家庭經濟。……士應該志於道，就是從事於文化造產，再不顧慮到他私人及其家庭的物質生活。」〔註24〕士階層行事目的不單是顧念一己一家的溫飽，而是放眼國族群體，視私利爲輕、視公益爲重，以天下治亂與蒼生安寧爲留心之處。

　　黃俊傑先生指出：「中國傳統社會中的『個人』，深深地浸潤在群體的脈絡與精神之中。……『個人』與社會上其他的『個人』透過『心』或『良知』的感通而構成一種密切互動的關係。……傳統社會中的『個人』與『社會』、『國家』或『文化』之間是連續而不是斷裂的關係，『個人』爲自己的『政治認同』與『文化認同』進行定位時，常常是在群體共業的脈絡中思考。」〔註25〕黃氏此語頗適合詮釋士儒如何定位「個人／個體」對於「國家社會／群體」之間應負的責任義務，基於對群我關係的定位，士儒蓋有意識地認爲己身與國家社會存在著密不可分的關聯性，憑藉著一股以天下爲己任的熱忱及使命感，進以對於長治久安此一目標，肩負了義不容辭、死而後已的責任。這種任重道遠、臨危致命、捨我其誰的心理因素影響所及，於是乎個體的利祿、生命一旦與整體的文化、國家相比較，便顯得微不足道了。士儒的身份是國家社會的中流砥柱，是文化知識的承載，是政治教育的寄託。即使到了清代，朝廷仍不忘強調士儒之於群體的領導地位，茲引清仁宗嘉慶皇帝（1760～1820）與清儒辛從益（1760～1828）所述如下：

> 士爲四民之首，士習端，則人心正而風俗厚。夫農工商賈，各出穀帛通財貨以養人，竭力以供上。而士獨無所從事，徒以讀書明理，志聖賢之志，行聖賢之行，他日居公卿大夫，可出所學以乂安眾庶。即使窮而在下，亦能以其道表率鄉里，使熏德善良，化成仁俗。此士所以尊於四民，而國家養士選士，典所由隆也。〔註26〕

〔註24〕錢穆，《從中國歷史來看中國民族性及中國文化》（臺北：聯經出版公司，1979年8月），頁133。

〔註25〕黃俊傑，〈論東亞遺民儒者的兩個兩難式〉，《臺灣東亞文明研究學刊》第3卷第1期〔總第5期〕（2006年6月），頁76～77。

〔註26〕清・辛從益，〈通飭山東士子文〉，《寄思齋藏稿》〔咸豐元年江西集文齋刻本〕，卷2，頁61～63。

> 士也者，民之坊也，亦官之樸也。士而端心術，治性情，砥礪廉隅，
> 不虧儒行，則其鄉人薰而善良，不入於奇衺，不蹈於匪僻，否則，
> 民何型焉？一旦出而服官，士廉則不為貪夫，士良則不為酷吏，士
> 勤則不為曠官，皆以章縫為圭臬也。〔註27〕

士儒作為社會的領導，萬民之表率，因此在大時代的動亂當中，以及大環
境的變遷之下，士儒所抱持的態度以及所表現的立場，對於整個國族群體
而言，都將是一種極其重要的示範與指標。士儒面臨國破家亡這番歷史困
境的當下，之所以願意犧牲生命進而「殉道」，這著實突顯出此「道」的彌
足珍貴與不容置喙。改朝換代前後儒者所殉的「道」，是道德綱常，道德綱
常既是中國傳統文化的核心價值，而在中國傳統的政治環境裡頭，這樣的
價值觀又是維繫國家社會、鞏固群體生活所難以欠缺的要項。正因如此，
君子之儒遂願意不惜一切代價地使其延續，一些人甚至還願意為了「道」
喪失自身的寶貴性命。談到了士儒所堅持的理想層面的「道」，往往可以把
現實層面的「勢」一併提出來討論。在中國傳統的政治體制當中，士儒居
於「道」的領導地位，然君主的權柄與生殺之能卻是「勢」的代表。在政
治不甚清明的情況下，「道」與「勢」的對壘將愈趨極端。每逢改朝換代之
時，新政權倘若無法獲得士儒的肯定及認同，便會流於所謂的無道政權，
「道」與「勢」一旦呈現嚴重衝突，士儒不願意和無道妥協的情形蓋可以
被觀察出來，彼輩若堅持自己心中理想的「道」，便極難與對立的「勢」的
那一方取得共識，是故寧願殉道、殉節以維護「道」的超然與尊嚴，另一
方面更是藉此與現實環境的「勢」相對抗。

　　儒者以道為尊，以群體為重，若在道與勢不甚違背的情況下，彼輩通
常仍願意投身於政壇，其用意在於欲藉由政治的力量，確切而有效率地達
到安治天下的最終目標，進以把「道」的理想性與「治」的政治性相互連
鎖。換言之就是把內聖的「道」與外王的「治」相互融通，使得內聖外王
相輔相成。如此一來遂能夠推己及人，修己以安百姓，修己與安人俱全，
亦不失為泱泱大儒。然而，士儒身處政治環境當中，用事於朝廷，不意味
著必須唯君主之意向是從，士儒猶然秉持其「道尊於勢」的堅定立場，保
留住其凌駕在政治權柄之上的道德圭臬，以道統的理想原則規範政統的客

〔註27〕清・嘉慶皇帝，《清仁宗實錄（二）》（北京：中華書局，1986年影印本），卷
　　　　97〈嘉慶七年四月辛酉〉，頁299。

觀現實。〔註 28〕換句話說，外王的可能性既然關係到外在的客觀條件，必須講求契機，一旦獲取外王志業的拓展機緣，亦必須在內聖的規範下加以落實，如此方可做爲「道尊於勢」、「從道不從君」的具體實現。

　　儒者的理想性與政治使命時常面臨外在環境的諸多限制，政治環境的複雜性、君臣之間的緊張感、天下情勢的劇烈變遷等等，儒者一方面處於疑難與瓶頸之中，二方面又不願無所作爲地放任世道沉淪，每當內在情志的理想與外在現實的情勢相互交涉，困頓之感亦由此竄生。南宋末年，內憂外患交侵。內憂者，君主懈怠朝政，姦佞把持大權。外患者，蒙元雄師鐵騎踐踏中原國境。方此之時，既是南宋朝廷政權不保的危機，亦是人民生命財產上的災殃。儒者、士階層受命於國族危難之際，蓋有某種程度的困頓之感，困頓之因就外部而言雖是來自於現實情勢的傾軋與窘迫，然就內部而言遂可連結至儒者的一種心理狀態，這種心理狀態被稱爲怵惕憂患之感。如孔子所謂「仁者安仁」、「於女安乎？…安則爲之」〔註 29〕，如孟子所謂「不忍人之心」、「怵惕惻隱之心」〔註 30〕。儒家思想講究推己及人的忠恕之道，職是之故，儒者所關懷的絕非侷限於一己，而是留心於治亂，關懷蒼生疾苦以及國族興廢，持存人溺己溺、人饑己饑的入世精神，擁有以天下爲己任的遠大胸懷。宋儒范仲淹（989～1052）所云：「居廟堂之高，則憂其民；處江湖之遠，則憂其君。是進亦憂，退亦憂。然則何時而樂耶？……先天下之憂而憂，後天下之樂而樂乎！」〔註 31〕這般悲天憫人的精神，誠可做爲儒者入世情懷及憂患意識的最佳寫照。對於憂患意識的闡述，徐復觀先生（1903～1982）與張灝先生所說如下：

　　　　憂患心理的形成，……主要發現了吉凶成敗與當事者行爲的密切關
　　　　係，及當事者在行爲上所應負的責任。憂患正是由這種責任感來的

〔註 28〕余英時先生稱：「『道』需要具備某種架構以與『勢』相抗衡。道統是沒有組織的，『道』的尊嚴完全要靠它的承擔者──士──本身來彰顯。」、「『道』缺乏具體的形式，知識分子只有通過個人的自愛、自重才能尊顯他們所代表的『道』。此外便別無可靠的保證。中國知識分子自始即注重個人的內心修養，這是主要的原因之一。」見氏著，《士與中國文化》，頁 101、頁 107。

〔註 29〕《論語》卷 2〈里仁〉，宋・朱熹，《四書章句集注》，頁 69。同書，卷 9〈陽貨〉，頁 181。

〔註 30〕《孟子》卷 3〈公孫丑上〉，宋・朱熹，《四書章句集注》，頁 237。

〔註 31〕宋・范仲淹著，〈岳陽樓記〉，見氏著，李勇先，王蓉貴校點，《范仲淹全集》〔第 1 冊〕（成都：四川大學出版社，2007 年 11 月），卷 8，頁 195。

要以己力突破困難而尚未突破時的心理狀態。所以憂患意識，乃人
類精神開始直接對事物發生責任感的表現，也即是精神上開始有了
人地自覺的表現。……只有自己擔當起問題的責任時，才有憂患意
識。這種憂患意識，實際是蘊蓄著一種堅強地意志和奮發的精神。
〔註32〕

在儒家傳統中，幽暗意識可以說是與成德意識，同時存在，相爲表
裡的。……細繹《論語》中「天下無道」這一觀念，可以看出憂患
意識已有內轉的趨勢，外在的憂患和內在的人格已被聯結在一起。
這內轉的關鍵是孔子思想中「道」的觀念。……孔子所謂的道，已
不僅指外在超越的天道，它也意味著人格內蘊的德性。透過這一轉
化，孔子已經開始把外在的憂患歸源於內在人格的昏闇。〔註33〕

儒者憂患意識的生成蓋歷經複合式的過程及遭遇，僅只外在情勢的艱困未足
以促成憂患意識，然而儒者若以外在情勢之艱困爲己任，便會產生憂患意識。
內在人格的破損與失德亦未足以促成憂患意識，倘使儒者對失德悖道的動機
行爲萌發羞恥，便會產生憂患意識。國族的危急存亡也不足以構成憂患意識，
儒者一旦對國族存有休戚與共的情感，把救亡圖存當作自身的使命與責任，
便會產生憂患意識。宋遺民鄭思肖（1241～1318）稱：「又是江空歲晚時，痛
思國事獨行遲；青山無語青天遠，吐出丹心把向誰？」〔註34〕像這種把自己
的情感與國家的處境緊密聯繫所發出的憂心與痛楚，這樣子的心理因素也就
是憂患意識。換言之，仁心、不忍之心即是憂患意識的源頭，覺得國事、天
下事無關乎己的人遂不容易產生憂患意識。

就中國改朝換代時候的歷史經驗觀之，「憂患」的來源可更進一步地從兩
個方向探論，一者是「內憂」，另一者是「外患」。如宋代末年朝廷君主昏闇
及權臣亂政是謂「內憂」的部分，蒙古鐵騎的開疆拓土及爭戰殺戮是謂「外
患」的部分。宋儒臨危受命地輔翼朝廷，無懼兵禍地挺身護國，若非將天下
興廢視爲一己之責任與使命，進以激發出極強烈的憂患意識，實難如此赴湯

〔註32〕 徐復觀，《中國人性論史·先秦篇》（臺北：臺灣商務印書館，1969 年 1 月），
頁 20～22。

〔註33〕 張灝，《幽暗意識與民主傳統》（臺北：聯經出版公司，2006 年 1 月），頁 19
～20。

〔註34〕 宋·鄭思肖，〈六礪三首·其二〉，引自《心史·中興集》，詳見氏著，陳福康
校點，《鄭思肖集》（上海：上海古籍出版社，1991 年 5 月），頁 75。

蹈火地共體艱難。就憂患的內部而言，品德是項重要的指標，這是精神性的
取向。如徐復觀所謂的「責任感」、「心理狀態」、「堅強意志」、「奮發精神」
等等，也如張灝所謂的「成德意識」、「道的觀念」、「人格內蘊的德性」。朝廷
之內憂者，大致而言便是某些君臣欠缺上述的道德特質與精神力量，圖謀個
人利益，享樂貪婪與懈怠放縱，坐視弊端的叢生以及荒廢於政務事功。就「內
憂」來論，意欲挽救國族的儒者憑藉著「道尊於勢」的理想性，一則用以砥
礪君王，另一則用以「罷黜奸佞」，然而君主是否能廣納雅言，奸佞是否能被
罷黜驅逐，都充滿著未知之數。就「外患」來論，蒙元大軍的武力強悍，同
時更是震鑠歐、亞兩洲的善戰種族，方時罕聞有與其旗鼓相當者，觀金、夏
況且不敵，宋朝武備向來薄弱，宋末朝廷即使上下一心、君臣奮起，是否誠
可與蒙元兵馬相互抗衡，也確實難有絕對的把握。據《左傳》記載，史墨謂
趙簡子曰：「社稷無常奉，君臣無常位，自古以然。」〔註35〕由此可知改朝換
代、江山易手既是歷史的常態局面，那麼宋末抗元的義士們，何以要違抗時
代的趨勢與潮流，寧願抱持著微乎其微的渺茫與蒙元為敵？這仍必須從「責
任感」、「堅強意志」、「成德意識」、「道的觀念」等視域進行理解。宋遺民鄧
牧（1247～1306）對「士」的訴求與期許，嘗有如下的闡述：

> 天下有至寶，貴甚夜光，重甚垂棘，而未易識者，一介之士是已。……
> 天無日月星辰，空然氣耳；地無山河草木，莽然塊耳；人無一士之
> 道德仁義文章學問，蠢然萬物耳。……一士之道德仁義文章學問，
> 乃不得常為人類所宗，何人類不幸。……要之，道德仁義文章學問，
> 亦未嘗一日不與日月星辰山河草木，竝立不悖。〔註36〕

就鄧牧的觀點來看待，「士」似乎像是時代之先驅，文化的承載，是憑藉道德、
仁義、文章作為人類繼往開來、承先啟後的重要指標。這就好像天若無日月
星辰，則不足以稱天；地若無山河草木，則不足以稱地；人若不具備道德、
仁義、文章、學問等條件，便沒有稱作「士」的資格。中國傳統知識份子懷
抱著使命與責任感，是以夙夜匪懈地追求著長治久安的永恆價值，這種永恆
的價值謂之不朽，而在立德、立功、立言等三不朽當中，惟獨立功最需要依
賴外在情勢的配合方能奏效，至於立德、立言則非由外鑠我也，故大略得以

〔註35〕 晉・杜預注，《春秋經傳集解》（臺北：七略出版社，1991 年 9 月），卷 26〈昭
　　　　公・傳三十二年〉，頁 371～372。

〔註36〕 宋・鄧牧，《伯牙琴・寶說》，頁 5～6。引自《叢書集選》（臺北：新文豐出版
　　　　公司，1984 年 6 月），525 冊。

自體具足。援引三不朽的概念加以論述，鄧牧所云的道德、仁義其實就是屬於立德的領域，至於文章、學問者，乃適宜歸屬於立言之範疇。立功猶待外在契機，固然難以強求，然在儒家思想的定義之中，士既志於道、據於德，那麼以仁義潤身、以文章載道，遂是士人之當行與儒者之本色。宋季儒者面臨內憂外患交侵的局面而萌發憂患意識，引發此憂患意識的其中一部分原因是來自於對未知變數的不確定感，這林林總總的變數所影響的絕不僅是儒者的個人遭遇，而是包含著對國族蒼生的迫害與衝擊，儒者因其悲憫之心、入世情懷所牽引出的責任感及使命感，對天下動亂蓋不可能坐視不理，憂患意識便油然而生。憂患意識產出的後續動作，便是義無反顧地扛下時代的艱難議題。能以事功應對則以事功應對，事功若不成亦須以道德為原則，從容地面對與處理。道德意志與外界的干涉或者與成敗得失不全然相干，這股精神力量的驅使，使得某些宋儒遭遇蒙軍壓境時能不畏與不降，使得如文天祥、謝枋得等人這般無懼於與蒙元政權對立的亡命危機。蓋因這股精神力量決諸於儒者自身的篤定與堅持，是故能不屈不撓、永垂不朽。要之，士儒的憂患意識因與外在的情勢環境強烈而緊密地聯結，形成一種憂國憂民、以天下無己任的慣性，遂執著地想把天下帶往自身理想中太平治世的圖像裡頭，時常會意圖去改變現實上已無法被動搖的既定局勢，會竭力地去突破命限上的諸多滯礙與阻力，這也將無可避免地吞下接踵而至的挫敗感。這種無法置身事外的慣性頗像是一種「天刑之，安可解」〔註37〕般無解的「困頓」處境。然在「知其不可而為之」〔註38〕這樣的入世情懷的驅動下，儒者於國危之際蓋不可無救援之舉。於國亡以後，亦難以無悲慟之情，更激進者甚至會做出殉節犧牲的壯烈舉動。

第二節　宋朝政權的孱弱

一、「聖王美政」訴求的幻滅

　　士大夫是「仕」的代表，處在政治的複雜場域當中。士大夫的舉措施為大體而言皆屬政治事務，是以難免飽受君主或官僚體系的管束與制約，這是

〔註37〕晉・郭象註，《莊子》（臺北：藝文印書館，2000 年 12 月），卷 2〈德充符〉，頁 118。

〔註38〕《論語》卷 4〈憲問〉，宋・朱熹，《四書章句集注》，頁 158。

常態而現實的處境，然在士儒的心理層面上卻又存有一種極富理想性的，長治久安的企盼。據《禮記・禮運》稱述：「孔子曰：『大道之行也，與三代之英，丘未之逮也，而有志焉。』」〔註39〕便揭櫫出孔子對太平治世的嚮往。又由於有著「堯舜美政」、「三代之治」這類的期盼與訴求，因此儒家特別關注君、國、治、亂等相關範疇的議題。《荀子・君道》稱：「有亂君，無亂國；有治人，無治法。」「明主急得其人，闇主急得其勢。急得其人，則身佚而國治，功大而名美，上可以王，下可以霸；不急得其人而急得其勢，則身勞而國亂，功廢而名辱，社稷必危。」〔註40〕政治的清濁，人世的禍福，國朝的興廢，大抵皆由人自招，荀子之語可謂中其癥結。中國政體的統治核心簡略來講是以君臣關係爲主體，君與臣具有相當緊密的連帶關係，但這樣的君臣結構容易衍生出許多問題，明君親賢臣、識忠義，闇主親小人、寵姦佞。惟有先得其明君，方可使俊傑在位；反之則群小營私，讒言充斥，最終使得君子陵夷、仁人貶謫、忠義蒙難。問題在於即位君主人選的賢明能斷、雄才大略與否？這壓根兒就無法被確保。而中國君主專制的政治型態綿延了數千年之久，歷代君主任命方式大抵皆採取「世襲制」，也就是所謂「家天下」的政治體制。然而殊別於「世襲」與「家天下」的另一種政治體制，據聞便是「公天下」的禪讓制度。唐堯、虞舜政權的轉移方式便開出「天下爲公」的先例，天下非私人所有，是以政權不應私佔，君位也不該私傳。傳賢不傳子的「禪讓制」雖象徵著公天下的理想政治，輝映著大公無私的宏偉精神。但就事實現況來看，唐堯、虞舜的「禪讓制度」幾乎沒有眞正被重現過。〔註41〕

　　惟德是依的禪讓政治，其作用有概略有三：一、確保「有德者在位」這種崇高理想的永續性。二、將天下視爲公有，而非一家一姓之私產，此觀念有助於當權者以理性和平的方式轉移政權。三、在上位者無私的執政態度，足堪替臣、民樹立良好的品德典範，以身作則、風行草偃，能讓君臣民三者

〔註39〕東漢・鄭玄注，宋・岳珂校，《禮記鄭注》，卷7〈禮運〉，頁77。

〔註40〕清・王先謙撰，沈嘯寰，王星賢點校，《荀子集解》（北京：中華書局，1988年9月），卷8〈君道〉，頁230。

〔註41〕錢穆稱：「唐、虞時代的情形，決不能如《尚書》〈堯典〉所記之美盛。……大抵堯、舜、禹之禪讓，只是古代一種君位推選制，經後人之傳述而理想化。唐、虞當爲今山西南部之兩部落。……而夏人則起於今河南省中部，正是所謂中原華夏之地。……當時未有國家之組織，各部落間互推一酋長爲諸部落之共主。」引自氏著，《國史大綱》〔上冊〕（臺北：臺灣商務印書館，1995年7月），頁11～12。

相安，於美政美俗的迄達亦不無裨益。然而，禪讓政治的虛無化卻是中國傳統政體的一大疑難。懷存私心乃人之常情，是以兄終弟及、父死子繼的世襲制始終凌駕在禪讓制之上，成為中國政治環境中難以被動搖的常態。相較之下，堯傳舜、舜傳禹的公心與美政便顯得彌足可貴，也就因為如此地難能可貴，所以儒家《論語》、《孟子》等經典皆對堯舜美政極其稱頌，如下所述：

> 子曰：「大哉，堯之為君也！巍巍乎，唯天為大，唯堯則之！蕩蕩乎，民無能名焉！巍巍乎，其有成功也！煥乎，其有文章！」〔註42〕

> 堯曰：「咨！爾舜！天之曆數在爾躬，允執其中！四海困窮，天祿永終。」舜亦以命禹。〔註43〕

> 滕文公為世子，將之楚，過宋而見孟子。孟子道性善，言必稱堯舜。
> 〔註44〕

禪讓政治是公天下的理想政局，在上位者摒除私心以天下為公的政治觀，最得儒家思想之讚譽，是以《論語‧泰伯》稱：「巍巍乎，舜、禹之有天下也，而不與焉。」〔註45〕《呂氏春秋‧貴公》稱：「昔先聖王之治天下也，必先公，公則天下平矣！平得於公。嘗試觀於上志，得天下者眾矣，其得之以公，其失之必以偏。凡主之立也生於公。……天下非一人之天下也，天下之天下也。」〔註46〕聖王之治，必以公，而公的概念必以天下為共有，統治權未能憑一家一姓加以壟斷。但就現實而言，兄終弟及、父死子繼的世襲制度方能得到歷代在上位者的愛好，公天下的禪讓政治反倒成了中國政治史上的海市蜃樓。但世襲制的傳位政策的確也有其弊端。世襲制頗難保證繼任者的資質，無論繼任者賢明或是愚庸，一旦即位便是天下共主，既能掌握刑德二柄，其對天下治亂的影響力不言而喻。賢明者在位則治、治則吉，垂拱而天下安。愚庸者在位則亂、亂則凶，惡政當道，蒼生難以免於苛政如虎、率獸食人的禍患。如清儒黃宗羲（1610～1695）如此說道：「古之人君，量而不欲入者，許由、務光是也；入而又去之者，堯舜是也；初不欲入而不得去者，禹是也。……後之為人君者不然，以天下利害之權皆出于我，我以天下之利盡歸于己，以天

〔註42〕　《論語》卷4〈泰伯〉，宋‧朱熹，《四書章句集注》，頁107。
〔註43〕　《論語》卷10〈堯曰〉，宋‧朱熹，《四書章句集注》，頁193。
〔註44〕　《孟子》卷5〈滕文公上〉，宋‧朱熹，《四書章句集注》，頁251。
〔註45〕　《論語》卷4〈泰伯〉，宋‧朱熹，《四書章句集注》，頁107。
〔註46〕　先秦‧呂不韋編，東漢‧高誘註，《呂氏春秋》（臺北：藝文印書館，1974年1月），卷1〈貴公〉，頁33～34。

下之害盡歸于人，亦無不可。使天下之人不敢自私，不敢自利，以我之大私為天下之公。始而慚焉，久而安焉，視天下為莫大之產業，傳之子孫，受享無窮。」〔註47〕家天下政權與世襲制度所衍生出的問題是：一來無法保證聖王在位的必然性，二來頗難保障政權的和平轉移的可能性。況且在上位者既將天下視為一家一姓的私產，這般濃厚的家天下觀念往往伴隨著私心與利欲，掌權者倘若不願摒棄這種想法的話，便會盡可能地集權於一身或一家，進而佔據天下絕大部分的權力與資源，又為了打算長久地擁有這些尊貴與利益，勢必得以軍事力量作為長期執政的後盾。他姓他族若欲取而代之，勢必得以更強大的軍事力量挑起戰端、進行顛覆，如此則攻守爭奪興焉，禮義文理亡焉！至於《禮記‧禮運》亦對於「公天下」與「家天下」的區分做了如下的敘述：

> 大道之行也，天下為公。選賢與能，講信修睦，故人不獨親其親，不獨子其子，使老有所終，壯有所用，幼有所長，矜寡孤獨廢疾者，皆有所養。男有分，女有歸。貨惡其棄於地也，不必藏於己；力惡其不出於身也，不必為己。是故謀閉而不興，盜竊亂賊而不作，故外戶而不閉，是謂大同。〔註48〕

> 今大道既隱，天下為家，各親其親，各子其子，貨力為己，大人世及以為禮。城郭溝池以為固，禮義以為紀：以正君臣，以篤父子，以睦兄弟，以和夫婦，以設制度，以立田里，以賢勇知，以功為己。故謀用是作，而兵由此起。〔註49〕

上古美政，崇尚「公」的概念，「公」則以賢為任，故能治平，私則恃力為霸，故而爭戰紛亂。觀中國歷朝政權大抵以天下為私有，改朝換代的經過，或憑藉武力征戰，或是以奪權篡竊等方式遞嬗政權，這頗有可能是在上位者私心作祟，傳子不傳賢所承擔的惡果。公天下之禪讓制度縱然宏偉超然，似乎較能避免許多政權移轉上的紛爭動亂，無奈堯舜以下的君主竟無人有此公心勝任與採用。或有如宋儒陳亮（1143～1194）直言認為上古的堯舜禪讓制度，或是三代的理想政局都太過於天馬行空，無法切合政治環境的現實面，而與朱熹（1130～1200）專對此類議題展開論辯。朱夫子與陳亮分別陳述如下：

〔註47〕清‧黃宗羲，〈原君〉，《明夷待訪錄》（臺北：臺灣中華書局，1965 年 11 月），頁 1～2。
〔註48〕東漢‧鄭玄注，宋‧岳珂校，《禮記鄭注》，卷 7〈禮運〉，頁 77。
〔註49〕同前注。

今之爲國者，論爲治則曰，不消做十分底事，只隨風俗做便得；不必須欲如堯舜三代，只恁地做天下也治。爲士者則曰，做人也不須做到孔孟十分事，且做得一二分也得。盡是這樣苟且見識，所謂「聽天所命」者也。〔註50〕

一生辛勤於堯舜相傳之心法，不能點鐵成金而不免以銀爲鐵，使千五百年之間成一大空闕，人道泯息而不害天地之常運，而我獨卓然而有見，無乃甚高而孤乎！〔註51〕

亮大意以爲本領閎闊，工夫至到，便做得三代；有本領無工夫，只做得漢唐。而祕書必謂漢唐並無些子本領，只是頭出頭沒，偶有暗合處，便得功業成就，其實則是利欲場中走。〔註52〕

朱子對中國歷代政治的評價，惟獨推尊堯舜與三代等美政，自此而下的各個朝代，若與堯舜或三代的功績相互比較，皆可說是望塵莫及，在朱子眼裡，如漢唐這般霸業亦無法望堯舜或三代之項背。陳亮卻認爲漢唐霸業仍有些本領，未必全無是處，此番看法遂與朱子的觀點相左。牟宗三先生（1909～1995）曾說道：「我們的歷史，除了歷史的必然性以外，一定要講一個道德的必然性。照這個意思，講歷史就要有兩個判斷，一個是道德判斷，一個是歷史判斷。中國以前也有這個問題，南宋的時候朱夫子和陳同甫兩個人相爭論，就是這個問題。」〔註53〕陳亮著眼於歷史現實，認爲堯舜與三代政治雖是後人所遙望與追慕的理想政局，然欲施行公天下的政體著實有其難度。雖然孔子、孟子對堯舜美政如此景仰，同屬儒家的荀子卻對禪讓政治抱持異議。《荀子・正論》記載：「世俗之爲說者曰：『堯、舜擅讓。』是不然。天子者，埶位至尊，無敵於天下，夫有誰與讓矣？道德純備，智惠甚明，南面而聽天下，生民之屬莫不振動從服以化順之，天下無隱士，無遺善，同焉者是也，異焉者非也，夫有惡擅天下矣？」〔註54〕先秦時期孔子、孟子對政治體制的理想是法先王，到了荀子卻已稍微妥協於現實的政體，朝向法後王的方向邁進，禪讓政治甚

〔註50〕宋・朱熹，〈孟子六・離婁上・天下有道章〉，宋・黎靖德編，王星賢點校，《朱子語類》，卷56，頁1328。

〔註51〕宋・陳亮，〈又乙巳春書之二〉，《陳亮集》（臺北：鼎文書局，1978年11月），卷20，頁290。

〔註52〕宋・陳亮，〈又乙巳秋書〉，引書同前注，頁292。

〔註53〕牟宗三，《中國哲學十九講》（臺北：臺灣學生書局，1983年10月），頁13。

〔註54〕清・王先謙撰，沈嘯寰，王星賢點校，《荀子集解》，卷12〈正論〉，頁331。

至被荀子一派稱爲「世俗之爲說者」，堯舜禪讓政治的式微由此可見。另一方面，禪讓政治這種大公無私的體制，必先破除人的私心與佔有慾，是故實難被那些世襲得位而坐擁江山的君主所接受與採納。

「聖賢在位」的美政爲中國傳統士儒所殷勤企盼，然這樣的美政在「人」方面必須訴諸於具備完善人格的「聖人」，在「政治環境」上則恐怕得寄託「禪讓制度」把帝位傳給聖王，但由聖王與禪讓共構而成的公天下政體〔註 55〕，在中國歷史上幾乎難見其蹤跡，大行其道的卻是君主世襲的家天下政體。因爲這樣的現實困境，使得賢明的人格修養不完全能與政治環境產生聯結，個人的「修身」與政治環境的「治國」、「平天下」之間，也時常存在著某種程度的距離與斷裂。〔註 56〕遠古禪讓制度的美政即使獲得先聖先儒的推尊與肯定，然而就現實情況而言卻始終無法與世襲制度分庭抗禮，影響所及，使得中國歷代政權在世襲制的侷限底下，其轉移方式大抵有以下三點：

其一、就封建體制的諸夏而言，只要舊政體的實權有弱化的跡象，在無法依靠禪讓制度讓有德、有能者繼任的情況下，政治權柄勢必被外部的諸強環伺與問鼎。例如東周的春秋五霸與戰國七雄，各國權威皆遠遠大於周天子的實權，這正是儒家所稱的禮崩樂壞。這樣的政治局面，即是由諸強相互爭鋒，最終以獨強者獲得勝利。

其二、就大一統政權的內部而言，各諸侯勢力顯然較不具備威脅性，或是以採取郡縣制度的中央集權政體觀之，雖已無須憂慮分封諸侯的二心及箝制，然而政局的紛擾卻反倒來自於蕭牆之內，每當朝廷內政浮現出弊端，例如：外戚、宦官的專政，權臣誤國，朋黨爭鬥等等，促使君臣互信互助的基礎動搖，進而使朝野難以相安共處。陷溺於這樣惡劣的政治環境

〔註 55〕陳弱水先生稱：「儒家政治思想主流中的烏托邦性質對於中國歷史產生了極其深遠的影響。這種思想所涵蘊的理想以及對如何實現理想的指示，普遍地溶入了歷代儒者的意識深處，成爲他們批評現實世界的起點與超脫現實世界的終點。」引自黃俊傑編，《理想與現實》（臺北：聯經出版公司，1982 年 10 月），頁 214。

〔註 56〕陳弱水先生稱：「人的生命有內在之善，內在之善擴充至極的境界是人格發展的最高目標，實現此一目標的人格謂之『仁』或『聖』。理想的社會乃是合乎倫理原則的人際秩序（以生活豐足爲前提），此一理想之完成端賴政治領導者個人底道德資質。因此，『仁』、『聖』執政是眞正解決政治、社會問題的有效途徑，治國平天下的關鍵在於個人底道德修養。」引書同前註，頁 218～219。

裡頭，卻又無法借助禪讓制度讓有德者在位，在無法選賢舉能、肅清朝政、匡正天下的情況下，耗日既久所造成實權的旁落，甚者乃至於權臣的僭越與篡位皆是在所難免的局面。例如：王莽篡前漢、曹氏父子篡後漢、司馬氏父子篡曹魏等等，中國歷史上篡竊舊朝之位而建立的新朝代，誠然可說是不勝枚舉。

其三、就神州政權的外部而言，外族的威脅性由始自終都存在著，從春秋時代齊桓公（？～643BC）、管仲（？～645BC）的尊王攘夷，免除華夏受披髮左衽之害，到秦始皇修建萬里長城以抵禦匈奴。從漢武帝（156BC～87BC）派遣衛青（？～106BC）、霍去病（140BC～117BC）、李陵（？～74BC）等武將經營西域、北伐匈奴，到蜀漢丞相諸葛亮（181～234）深入不毛、親征位於南方的蠻族。從西晉的五胡亂華，到北宋的靖康之變。從蒙古族亡宋後所建立了元朝，到滿族滅明後所建立的清朝。

如上所述，外族環伺的情況既不容小覷，其武力上的強勢更是一股不言而喻的壓迫與威脅，但是外族勢力的坐大往往又與華夏政權自身的腐敗息息相關，君主的愚昧昏庸、權臣的奸佞誤國、文士的結黨營私、外戚宦官的干政弄權等等情形，無疑常促使華夏陷入捉襟見肘、自身難保的窘態之中，如此一來又怎能好整以暇地抵擋住外族的進犯。華夏政權亡於外族之原由，一來雖該歸咎於惡政、昏君、佞臣、黨爭等等，二來或許也該痛定思痛地省思世襲政體本身存在的盲點與弊病，那就是在「兄終弟及、父死子繼」的前提底下，繼承君位的人選是極其有限的，如此又怎麼能夠確保繼任君主的賢明與才幹呢？倘若摒棄根深柢固的世襲制度，改行上古堯舜的禪讓制度，或許較能解決此一懸而未決的歷史疑難。不過就中國傳統的政治現實，先不論如海市蜃樓般的禪讓制度可行與否，即便是要見到一如文景之治、貞觀之治般的良好治績都已難如登天，所謂的聖王在位、明君賢主這樣的訴求恐怕也是可遇不可求。若檢視宋代末年的朝廷風氣，亦不難發現此類的訴求著實宛如水中撈月般徒勞無功。如下所述：

> （王）應麟繳奏曰：「囊與夢炎同鄉，有私人之嫌；萬石廳庚無學，南昌失守，誤國罪大。今方欲引以自助，善類爲所搏噬者，必攜持而去。吳浚貪墨輕諜，豈宜用之？況夢炎舛令慢諫，讜言弗敢告，今之賣降者，多其任用之士。」疏再上，不報。出關俟命，再奏曰：「因危急而紊綱紀，以偏見而咈公議，臣封駁不行，與大臣異論，

勢不當留。」疏入，又不報，遂東歸。〔註57〕

開慶初，大元兵伐宋，宦官董宋臣説上遷都，人莫敢議其非者。天
祥時入爲寧海軍節度判官，上書「乞斬宋臣，以一人心」。不報，即
自免歸。後稍遷至刑部郎官。宋臣復入爲都知，天祥又上書極言其
罪，亦不報。〔註58〕

理宗在位久，内侍董宋臣、盧允昇爲之聚斂以媚之。引薦奔競之士，
交通賄賂，置諸通顯。又用外戚子弟爲監司、郡守。作芙蓉閣、香
蘭亭宮中，進倡優傀儡，以奉帝爲遊燕。竊弄權柄。臺臣有言之者，
帝宣諭去之，謂之「節貼」。〔註59〕

理宗朝朝政腐壞，理宗沉淪於遊燕，昏闇愚庸，所舉用的對象多爲外戚、內
侍、姦臣，朝廷遂爲群小把持，書奏不報、言路壅塞的情況嚴重，竟有「節
貼」這般荒謬之舉。從理宗在位的歷史事實，便可觀察出欲讓聖王在位這種
訴求的高度困難性，聖王的現世與否既然已經不可預期，而讓闇主在位定將
使得朝政日益腐敗式微，式微的政權就常態而言終究有被更替的時候。朝代
政權的更替並無不妥，問題只在於新政權取代舊政權的方式是否能瑕不掩
瑜，以及新政權樹立後的施政表現是否能收服民心。對於已經腐敗僵化的舊
政權的更替方式，若不用禪讓，就只能用篡位謀奪，或者憑恃武力加以顛覆，
中國傳統的政治體制早就不把禪讓視爲選項，但陰謀篡位或武力進犯這兩種
方式卻又都不夠冠冕堂皇。武力進犯、掀起戰端的方式對百姓的荼毒尤其嚴
重，蓋爲有識者所不樂見。如孟子稱：「春秋無義戰，彼善於此，則有之矣。
征者上伐下也，敵國不相征也。」〔註60〕便具有反對不義之戰的思想。戰禍
既被挑起，奪城掠地，短兵相接乃至於血流漂杵，殃及無辜百姓，殘酷慘烈
的情景不難想見。仁人不喜戰事，於心有不忍焉；有道者不處佳兵，知其不
祥者也。〔註61〕唐代曹松（828～903）〈乙亥歲二首・其一〉血淋淋地描繪出
戰爭的殘酷面貌，此詩稱：「澤國江山入戰圖，生民何計樂樵蘇；憑君莫話封

〔註57〕元・脱脱等撰，《宋史》（北京：中華書局，1977 年 11 月），卷 438〈儒林八・
　　　　王應麟傳〉，頁 12991。

〔註58〕元・脱脱等撰，《宋史》，卷 418〈文天祥傳〉，頁 12533～12534。

〔註59〕元・脱脱等撰，《宋史》，卷 474〈姦臣四・賈似道傳〉，頁 13782。

〔註60〕《孟子》卷 14〈盡心下〉，宋・朱熹：《四書章句集注》，頁 364。

〔註61〕《老子・第三十一章》：「夫佳兵者不祥之器，物或惡之，故有道者不處。」
　　　　詳見魏・王弼註，《老子註》（臺北：藝文印書館，2001 年 5 月），頁 63。

侯事，一將功成萬骨枯。」〔註62〕由於戰爭的後果是如此地悲慟與不堪，中
國傳統各家思想對於戰事大多秉持反對的態度，例如：道家企盼小國寡民、雞
犬相聞的寧靜生活，自當不樂於兵家之事。墨家闡揚「兼相愛、交相利」〔註63〕
「繁爲攻伐，此實天下之巨害也」〔註64〕等概念，更是直截了當地以「兼愛」、
「非攻」作爲學說思想的重心。令人遺憾的是只要「家天下」的觀點仍在，
霸者意圖把天下據爲己有，進而以武力奪取政權的情況便會一再上演。就儒
家的觀點來講，要發動戰爭必得先符合其先決條件，只要不是像商湯放桀、
武王伐紂那樣名正言順、順天應人的仁義之師，就完全不具備發動戰爭的權
利。此外，用兵者若非立足於「以有道討伐無道」的大前提下便輕易挑起戰
端，也不容易使人民心悅誠服。 要之，中國傳統政權更替的方式極具侷限性，
因禪讓政治的幻滅，治權私傳，天下往往被視爲一家一姓的私產而爭奪不休，
間接削弱了長治久安與聖王在位的可能性。例如宋太祖（927～976）爲保障
帝位私傳，不旁落於外姓，甚至不惜箝制武臣實權，導致邊防能力被大舉削
弱。這樣的舉動對整個宋朝在軍事、財政方面的負面影響確實是頗爲嚴峻。

　　此外，在家天下的政權體制之中，透過世襲制所產生的君主，其賢能與
否變得頗難去確定與保證。相對而言的公天下，君主繼任的人選不限制於一
姓一家，可挑選的範圍自然比世襲制來得更寬廣些，再者必須如堯對舜這般
長期觀察與檢視，如此一來由賢能的人來承接君位的機會似乎也較高。「君主」
在中國政治體制裡所呈現出的意象伴隨著權威與顯赫，「君位」亦是眾所覬覦
的特殊位置。《荀子・禮論》嘗稱：「君師者，治之本也」〔註65〕、「君者，儀
也，儀正而景正；君者，槃也，槃圓而水圓；君者，盂也，盂方而水方。……
君者，民之原也，原清則流清，原濁則流濁。」〔註66〕君主作爲一國一朝之
統領，對於臣民來講，即隱然存在著一種領導與示範的特性。君與臣民之間，
常有著「上好是物，下必有甚者」〔註67〕的連帶效應，君主對天下影響之大
遂也不難想見。另外，中國傳統的帝制政體中，只要是在大權不旁落的情形

〔註62〕清・彭定求等編，《全唐詩》（延邊：人民出版者，1999年4月），卷717，頁
　　　 4462。
〔註63〕清・孫詒讓撰，孫啓治點校，《墨子閒詁》（北京：中華書局，2001年4月），
　　　 卷4〈兼愛中〉，頁103。
〔註64〕清・孫詒讓撰，孫啓治點校，《墨子閒詁》，卷5〈非攻下〉，頁157。
〔註65〕清・王先謙撰，沈嘯寰，王星賢點校，《荀子集解》，卷13〈禮論〉，頁349。
〔註66〕清・王先謙撰，沈嘯寰，王星賢點校，《荀子集解》，卷8〈君道〉，頁234。
〔註67〕東漢・鄭玄注，宋・岳珂校，《禮記鄭注》，卷17〈緇衣〉，頁196。

之下，君主的權力通常頗難被箝制，君主既能統馭百官，又執刑德二柄。君主的賢能或昏庸、精進或懈怠、納諫或剛愎，與國族命脈著實具有直接或間接的關聯。職是之故，荀子嘗再三強調「君主」與「君位」的重要性，而有如下的陳述：

> 道者何也？曰：君道也。君者何也？曰：能羣也。能羣也者何也？曰：善生養人者也，善班治人者也，善顯設人者也，善藩飾人者也。善生養人者人親之，善班治人者人安之，善顯設人者人樂之，善藩飾人者人榮之。四統者俱而天下歸之，夫是之謂能羣。不能生養人者人不親也，不能班治人者人不安也，不能顯設人者人不樂也，不能藩飾人者人不榮也。四統者亡而天下去之，夫是謂匹夫。故曰：道存則國存，道亡則國亡。〔註68〕

君主的崇高性以及對治權的實際掌握，成爲中國傳統政體的軸心，君主若不賢明，任用姦臣、親近群小，要締造出良好的政績自是不易，但在君臣共治天下這種政治結構幾乎無法被動搖的前提之下，朝廷便是一種由明君、昏君、賢臣、姦臣交錯而成的紛擾與複雜的政治環境，不同人物、迥異立場之間的傾軋與角力，都容易對朝政的健全運作造成阻礙。明君在位，同時擁有實權，固然能舉直錯枉，使俊傑在位、姦佞罷黜。明君在位，但實權若已旁落於姦臣群小，惟恐也是捉襟見肘地難以有所建樹及施爲。昏君在位，無識人之明，放縱姦佞恣意妄爲，政治局面只得日益敗壞與沉淪。人臣投身政治場域頗容易遇到上述這些難處，然而君臣共處、君臣共治這樣的政治結構又極其堅固，難以被摧毀，「君臣之義」這樣的綱常觀念也成爲人臣所難以避免的思想議題。黃宗羲云：「小儒規規焉，以君臣之義，無所逃于天地之間。」〔註69〕便是沉重地對君臣關係重新加以省思，甚至是產生某種批判的意味。君臣結構在中國傳統政體當中之所以如此堅固，其間存在著微妙的供需關係，畢竟君主單憑一人或其宗室著實不足以處理繁重的政務，因此要借助士儒的知識與長才，士儒所習得的典章經術等知識恰可作爲施政之依循，朝廷供給利祿與職權招攬士儒，君與臣的供需結構便由此組成，結構既定，卻無法保證君主、朝臣的純良端正與才華見識，於是乎這種政治結構所隱藏的複雜度與變數，便時常令人束手無策。儒家人物對「聖王美政」的期盼也終歸幻滅。

〔註68〕清・王先謙撰，沈嘯寰，王星賢點校，《荀子集解》，卷8〈君道〉，頁237。
〔註69〕清・黃宗羲，〈原君〉，《明夷待訪錄》，頁2。

二、抑武政策的利弊得失

　　「公天下」理想政體不被付諸實行的現實情況下，中國傳統的政治體制只能定位於家天下的政體，自此中國數千年的政治史，「家天下」便成爲絕難被變更的既定形態，然這情況將使中國各個朝代的掌權者難以不顧忌外姓勢力的坐大，朝廷爲鞏固家天下私有政權的穩固性，軍備是不可或缺的必要存在，但令掌權者疑慮的是，軍備的拓展常如兩面之刃，雖可克敵，亦可傷己。對外而言，軍備雖是足以抵禦外患的利器，但對內而言，軍事將領的武裝勢力若是過於龐大，朝廷政權無疑將存在著被外姓勢力篡竊的可能性。這意謂家天下政權的存在，一方面必須擔憂外族的侵襲，另一方面猶得顧忌國朝內部的武官勢力，如此等於是同時面臨了內憂與外患的交互威脅，其疑難與困窘可想而知。上述這種情形，在唐末、五代時尤其顯而易見。據《新唐書‧方鎮表序》所云如下：

> 高祖、太宗之制，兵列府以居外，將列衛以居內，有事則將以征伐，事已各解而去。兵者，將之事也，使得以用，而不得以有之。及其晚也，土地之廣，人民之衆，城池之固，器甲之利，舉而予之。……方鎮之患，始也各專其地以自世，既則迫於利害之謀，故其喜則連衡而叛上，怒則以力而相幷，又其甚則起而弱王室。唐自中世以後，收功弭亂，雖常倚鎮兵，而其亡也亦終以此，可不戒哉！〔註70〕

宋太祖爲矯治武人跋扈囂張的惡習，並意欲杜絕鎮兵擁主篡謀的可能性，是故採取相當徹底的集權策略與抑武手段，實際地削弱地方軍備勢力，集權於中央禁軍與護衛。〔註71〕此舉影響宋代軍事甚爲劇烈，然而各有其利弊，其利在於成功地防範了地方勢力之於中央政體的野心與威脅，其弊則是地方軍隊守備能力孱弱的疑難從此開啓，全然喪失了抵擋外患的軍事實力。宋代君主爲貫徹集權於朝廷的開國宗旨，終究使得中央政體過於龐大臃腫，難以靈活地應對各式各樣的時變與亂局。宋代皇帝從始至終地忌憚著武臣威勢，抑制武臣權柄遂成爲宋朝建國之初的既定法則，宋太祖趙匡胤「杯酒釋兵權」

〔註70〕宋‧歐陽修，宋‧宋祁等撰，《新唐書》（臺北：鼎文書局，1976年10月），卷64〈方鎮一〉，頁1759。

〔註71〕葉坦，蔣松岩稱：「中央集權的強化，是宋王朝政治統治的突出特點。以『陳橋兵變』起家的宋統治者，爲穩固統治防止兵亂分裂，採取了一系列集中權力『強幹弱枝』的政策。集中兵權主要以皇帝親統禁軍，命將出征使兵將分離，……以防止武將分裂割據。」引自氏著，《宋遼夏金元文化史》（上海：東方出版中心，2007年5月），頁31。

的故事便是極爲著名的實例，其詳情如下所述：

> 乾德初，帝因晚朝與守信等飲酒，酒酣，帝曰：「我非爾曹不及此，然吾爲天子，殊不若爲節度使之樂，吾終夕未嘗安枕而臥。」守信等頓首曰：「今天命已定，誰復敢有異心，陛下何爲出此言耶？」帝曰：「人孰不欲富貴，一旦有以黃袍加汝之身，雖欲不爲，其可得乎。」守信等謝曰：「臣愚不及此，惟陛下哀矜之。」帝曰：「人生駒過隙爾，不如多積金、市田宅以遺子孫，歌兒舞女以終天年。君臣之間無所猜嫌，不亦善乎。」守信謝曰：「陛下念及此，所謂生死而肉骨也。」明日，皆稱病，乞解兵權，帝從之，皆以散官就第，賞賚甚厚。〔註72〕

清儒王夫之（1619～1692）對此現象說道：「夫宋豈無果毅趫馳之材，大可分閫而小堪奮擊者乎？疑忌深而士不敢以才自見，恂恂秩秩，苟免彈射之風氣已成，……嗚呼！斯其所以爲弱宋也歟！」〔註73〕武人勢力受到壓制，對於抵禦外侮，捍衛國族等能力上無非已是大打折扣，而連帶延伸出來的問題是文人勢力的正當性與公義性是否真能完善無缺？從整個宋朝來講，武官勢力極難和文官勢力平起平坐，宋代朝廷雖成功地把宋朝建構成一種以文儒爲核心的政治體系，文官的決策權通常遠遠凌駕於武官之上，所以文官的道德人品對政治的清明與否而言必有莫大之影響。考究其實，文官道德操守之優劣卻常常因人而異，例如南宋朝的丞相秦檜（1090～1155）雖任文官，但卻是一名道德敗壞的文官，秦檜與岳飛（1103～1142）相較，孰忠孰姦？孰善孰惡？蓋不難分曉。宋朝末年的賈似道（1213～1275）、留夢炎（1219～1295）也都是文官，卻同時也是姦佞之人。是以善惡忠姦、道德操守從來就是因人而異，未可依文職、武職作爲區分，惜乎宋朝政體文武失衡的情況過於嚴重，武將當中雖不乏忠誠大器者，卻惟恐陷於捉襟見肘的泥淖當中。

宋高宗（1107～1187）與秦檜二人狼狽爲奸，執意與金人議和以換取苟安，促使當時首屈一指的抗金名將岳飛見誅，岳飛既亡，議和奏效，主戰派勢力難逃湮沒的命運，加諸秦檜仗勢專權與逼害忠賢，朝廷一時之間風聲鶴唳、人心惶惶，最終導致無人敢再多言恢復。迨及孝宗（1127～1194）之時，終究

〔註72〕元・脫脫等撰，《宋史》，卷250〈石守信傳〉，頁8810。

〔註73〕清・王夫之著，舒士彥點校，《宋論》（北京：中華書局，1964年4月），卷2〈太宗〉，頁35。

能洗刷岳飛冤屈，並詔告天下，褒揚岳飛的忠義精神。〔註74〕孝宗遠比高宗有作爲，頗負中興之志，惜乎當朝再無像岳飛這般忠勇雙全的將帥，上雖持恢復之心，下卻力有不逮，滅金壯舉終成明日黃花之憾恨。〔註75〕清代趙翼（1727～1814）《二十二史箚記·和議》云：「宋遭金人之害，擄二帝，陷中原，爲臣子者固當日夜以復讎雪恥爲念，此義理之說也。然以屢敗積弱之餘，當百戰方張之寇，風鶴方驚，盜賊滿野。……欲乘此偏安甫定之時，即長驅北指，使強敵畏威，還土疆而歸帝后，雖三尺童子，知其不能也。」〔註76〕宋朝軍力屢弱而邊防情勢緊張，北宋時期況且無法抵擋外患，及至南宋，國土河山又被剝削大半，加諸名將岳飛見殺，軍心大挫，北伐壯志已無處施爲。

　　據《朱子語類》記載：「『高宗初，張魏公奏事，論恢復，中外皆言上神武不可及，後來講和了便休。壽皇初年要恢復，只要年歲做成。』……問：『岳侯若做事，何如張韓？』曰：『張韓所不及，却是它識道理了。』又問：『岳侯以上者，當時有誰？』曰：『次第無人。』」〔註77〕朱熹對岳飛有極高的評價，認爲張俊（1086～1154）、韓世忠（1089～1151）皆無法望其項背，乃至於環顧整個高宗、孝宗兩朝，論及統御與軍事能力，能在岳飛以上者絕無半人。南宋朝得一名將岳飛，誠是千載難逢的北伐契機，岳飛見殺，宋朝對外戰事自此回天乏術而屢吞敗果。〔註78〕宋朝無論是北宋抑或南宋，大致都深陷在武備不振的窘態當中，事功薄弱異常，動輒面臨覆巢危機，文天祥（1236～1282）嘗稱：「宋懲五季之亂，削藩鎮，建郡邑，一時雖足以矯尾大之弊，

〔註74〕　據《宋史·岳飛傳》載曰：「檜死，議復飛官。……太學生程宏圖上書訟飛冤，詔飛家自便。……中丞汪澈宣撫荊、襄，故部曲合辭訟之，哭聲雷震。孝宗詔復飛官，以禮改葬，賜錢百萬，求其後悉官之。建廟鄂，號忠烈。」引自元·脫脫等撰，《宋史》，卷124〈岳飛傳〉，頁11395。

〔註75〕　錢穆稱：「岳飛見殺，正士盡逐，國家元氣傷盡，再難恢復。……人才既失，士氣亦衰。高宗不惜用嚴酷手段，壓制國內軍心士氣，對外屈服，……孝宗頗有意恢復，然國內形勢已非昔比。前有將帥，無君相。今有君相，無將帥。」見氏著，《國史大綱》〔下冊〕，頁618～619。

〔註76〕　清·趙翼著，王樹民校證，《二十二史箚記校證》（北京：中華書局，2005年1月），卷26〈和議〉，頁552。

〔註77〕　宋·朱熹，〈本朝一〉，宋·黎靖德編，王星賢點校，《朱子語類》，卷127，頁3059～3060。

〔註78〕　《宋史·岳飛傳》云：「方指日渡河，而檜欲盡淮以北棄之，風臺臣請班師。飛奏：『金人銳氣沮喪，盡棄輜重，疾走渡江，豪傑向風，士卒用命，時不再來，機難輕失。』檜知飛志銳不可回，乃先請張俊、楊沂中等歸，而後言飛孤軍不可久留，乞令班師。一日奉十二金字牌，飛憤惋泣下，東向再拜曰：『十年之力，廢於一旦。』」引自元·脫脫等撰，《宋史》，卷365〈岳飛傳〉，頁11391。

然國亦以寖弱。故敵至一州則破一州，至一縣則破一縣，中原陸沈，痛悔何及。」〔註79〕文天祥一語道盡了宋代立朝之初就已存在的根本弊端，那就是強幹弱枝的抑武政策，一旦枝節被敵方消滅殆盡，那麼皇族主幹又有何能耐獨存。宋朝外敵環伺，加諸武備不振，始終無法解決外患的問題，故屢次以納幣和議的外交政策應對，意圖以此換取國朝安寧。納幣之辱始於宋眞宗（968～1022）時候的「澶淵之盟」，其事如下所述：

> （契丹）撻覽死，乃密奉書請盟。準不從，而使者來請益堅，帝將許之。……準不得已許之。帝遣曹利用如軍中議歲幣，曰：「百萬以下皆可許也。」準召利用至幄，語曰：「雖有敕，汝所許毋過三十萬，過三十萬，吾斬汝矣。」利用至軍，果以三十萬成約而還。〔註80〕

宋代抑武太過，對外戰事屢嚐敗果，敗則和議苟安、納幣呑辱，仍不願放棄過份忌憚武臣的心理狀態，或是從制度面徹底改變軍隊的編制方式。宋朝武備的薄弱率先衍生出第一個棘手的問題，那就是喪失地利與天險，喪失地利天險也等同是削弱了抵禦外患的力量。清儒王夫之所述如下：

> 宋當理宗之世，豈其必亡哉？棄險以自亡，……余玠死而川蜀之危不支，劉整叛而川蜀之亡以必，呂文煥之援絕而陽邏之渡不可復過。……江、淮之塹，不足以固江東，勢所不趨，非存亡之紐明矣。故知險者，知天下之大險也，……以南無守，而失漢中、巴、蜀，以孤江、湘；以北爲守，而失朔方、雲中，以危河朔。北倚南之資糧，而徐、泗無銜尾之運；南恃北之捍蔽，而相、魏無屯練之兵。……故險者，非可恃也，尤非可棄也；此千秋之永鑒也。〔註81〕

武力軍備過於孱弱不振，明知罩門卻不肯亡羊補牢，這是宋朝屢戰而屢敗於外患，終至國朝覆滅的主要因素。王夫之不諱言地指出：「宋之亡，亡於屈而已。澶淵一屈矣，東京再屈矣，秦檜請和而三屈矣。至於此，而屈至於無可屈。以哀鳴望瓦全，弗救於亡，而徒爲萬世羞。」〔註82〕宋代軍備孱弱所衍生出的第二個問題，就是財政的漸次貧乏。蓋冗兵問題已成爲耗費國家財用的要素。宋代因武備孱弱而廣募兵卒、擴增廂軍、禁軍，然體制無法建全，軍隊的質與量遂以反比的方式呈現，兵卒愈多兵力反倒是愈弱，加諸朝廷提

〔註79〕元・脫脫等撰，《宋史》，卷418〈文天祥傳〉，頁12535。
〔註80〕元・脫脫等撰，《宋史》，卷281〈寇準傳〉，頁9531。
〔註81〕清・王夫之著，舒士彥點校，《宋論》，卷14〈理宗〉，頁254～255。
〔註82〕清・王夫之著，舒士彥點校，《宋論》，卷15〈恭宗端宗祥興帝〉，頁260。

防武將的政策從來就不願稍稍鬆綁，雖千兵易得，卻是一將難尋，然兵卒既多，對於錢糧的消耗自是不容小覷，最終成為不斷損耗國家財用的一大漏洞。錢穆先生考稱：「據英宗時統計，……廂禁軍共費五千萬，而此時天下所入財用，大約只有緡錢六千餘萬。養兵費占了全部歲入之六分五。」〔註 83〕冗兵問題已經積重難返，宋朝還有冗官的問題，雖說宋代文治鼎盛，然官僚體系亦隨之龐雜，加上朝廷以祿利、厚賞禮遇士大夫的情況相當普遍，財務問題的嚴重程度亦不難窺知一二。〔註 84〕宋代冗員難題倘若無法徹底地了結，那麼國家財務收支就很難取得真正的平衡。清代趙翼稱：「宋開國時，設官分職，尚有定數，其後薦辟之廣，恩蔭之濫，雜流之猥，祠祿之多，日增月益，遂至不可紀極。」〔註 85〕依照如此的情況，朝廷內部的財務耗費已是萬般艱難，而對外戰爭失利，動輒以和議與納幣的方式收場，因此常須多負擔贈予遼夏等國的外交開銷〔註 86〕，如此對朝廷財務而言，無異於雪上加霜，冗員、納幣等問題早使得宋朝財政屢陷困境。至於南宋朝國土又喪失泰半，山川田賦等資源更加難以與北宋時期相提並論，南宋朝財政方面的拮据與困窘可想而知。綜上所述，吾人不難想見，南宋朝憑藉如此先天不良的政治體質偏安一隅，勢必不可能在日後的宋元戰爭中佔有軍事與地利上的優勢。

三、輕武王朝中的文臣處境

　　宋代理學家每每強調存天理、去人欲的重要性，便是讓人以大公無私的精神面對世間事物，如果把這觀點擺在帝王傳位方式來講，那麼「公天下」的「禪讓制」仍舊優越於「家天下」的「世襲制」，朱熹與陳亮的王霸之辯當中，朱熹認為堯舜或三代以下的歷代政體皆不足為觀，漢唐盛世與霸業亦不足為人所道，堯舜政局與漢唐彼此間的差異處，傳位方式的殊別亦佔其一，

〔註 83〕錢穆，《國史大綱》〔下冊〕，頁 539。

〔註 84〕錢穆稱：「當時是冗官冗兵的世界。冗官耗於上，冗兵耗於下，財政竭蹶，理無幸免。雖國家竭力設法增進歲入，到底追不上歲出的飛快激增。」見氏著，《國史大綱》〔下冊〕，頁 547。

〔註 85〕清·趙翼著，王樹民校證，《二十二史箚記校證》，卷 25〈宋冗官冗費〉，頁 538。

〔註 86〕清·趙翼，《二十二史箚記》稱：「高宗與金熙宗和議成，歲幣銀、絹二十五萬兩、匹。孝宗再與金世宗議和，改為銀、絹二十萬兩、匹。開禧用兵既敗，寧宗再與金章宗議和，增為銀、絹三十萬兩、匹。……按宋之於金，歲幣外，每金使至又有餽贈，大使金二百兩，銀二千兩，副使半之，幣帛稱是。」引自氏著，王樹民校證，《二十二史箚記校證》，卷 26〈歲幣〉，頁 551。

漢唐皆以世襲傳位，同姓親屬私相授受皇位，無異於將天下視爲己姓之私產，
既然抱存私心當政，無論其施政功績如何，在動機上已無法遙契唐堯虞舜之
治，換言之，就朱熹的觀點而論，公天下政體或許猶然凌駕在家天下政體之
上。觀歷代君王懷有私心，把天下與治權當成己姓之私產的情況實爲普遍，
這般想法根植於君王內心當中由來已久，甚至可以說是屹立不搖。例如《史
記・秦始皇本紀》有以下的記載：

> 丞相綰、御史大夫劫、廷尉斯等皆曰：「昔者五帝地方千里，其外侯
> 服夷服，諸侯或朝或否，天子不能制。今陛下興義兵，誅殘賊，平
> 定天下，海內爲郡縣，法令由一統，自上古以來未嘗有，五帝所不
> 及。臣等謹與博士議曰：『古有天皇，有地皇，有泰皇，泰皇最貴。』
> 臣等昧死上尊號，王爲『泰皇』，命爲『制』，令爲『詔』，天子自稱
> 曰『朕』。」王曰：「去『泰』著『皇』，采上古『帝』位號，號曰『皇
> 帝』。他如議。」……制曰：「朕聞太古有號毋諡，中古有號，死而
> 以行爲諡。……自今已來，除諡法。朕爲始皇帝，後世以計數，二
> 世三世至於萬世，傳之無窮。」〔註87〕

唐虞治世以後，公天下的理想政治觀已是蕩然無存，極少數儒者雖疾呼堯舜
德治的美政，卻始終無法改變殘酷的政治現實。君王意欲鞏固家天下政權的
延續性，無不竭盡所能地集權於一身，開國的君主尤其常將這種心態表現在
施政策略之中，目的是確保其子孫能夠順利地承接帝王之位。北宋朝的開國
君主趙匡胤在建國立朝時，因忌憚開國元勳坐擁兵權，因而有「杯酒釋兵權」
的歷史典故。此舉無疑決定了宋朝武力不振的悲劇性命運，宋太祖以後，軍
備體制日漸浮現弊端，先是使得邊防薄弱難守，不足以抵禦遼、夏、金、元
等外族侵擾，甚至淪落到必須與進犯的外族結盟、議和、納幣〔註 88〕，終至

〔註87〕 漢・司馬遷撰，（日本）瀧川龜太郎考證，《史記會注考證》（臺北：大安出版
社，1998 年 9 月），卷 6〈秦始皇本紀〉，頁 110。

〔註88〕 《宋史・寇準傳》曰：「帝厭兵，欲羈縻不絕而已。……帝遣曹利用如軍中議
歲幣，曰：『百萬以下皆可許也。』準召利用至幄，語曰：『雖有敕，汝所許
毋過三十萬，過三十萬，吾斬汝矣。』利用至軍，果以三十萬成約而還。……
準頗自矜於澶淵之功，雖帝亦以此待準甚厚。……欽若因進曰：『陛下敬寇準，
爲其有社稷功邪？』帝曰：『然。』欽若曰：『澶淵之役，陛下不以爲恥，而
謂準有社稷功，何也？』帝愕然曰：『何故？』欽若曰：『城下之盟，《春秋》
恥之；澶淵之舉，是城下之盟也。以萬乘之貴而爲城下之盟，其何恥如之！』
帝愀然爲之不悅。」引自元・脫脫等撰，《宋史》，卷 281〈寇準傳〉，頁 9531
～9532。

徽欽二宗被女眞族俘虜北上的靖康之恥。〔註 89〕宋太祖即使竭盡所能地削弱了異姓軍權，表面雖說欲使君臣之間無所嫌疑，其背後動機仍是爲了鞏固趙姓江山，杜絕武臣憑恃兵權奪位的可能性。「杯酒釋兵權」雖成功地削弱武臣的兵權，卻也弄巧成拙地造成宋朝的軍備頹壞、邊防薄弱。

　　南宋朝的宋高宗趙構包藏私心，阻撓岳飛、韓世忠等人的北伐行動，甚至不惜與秦檜以「莫須有」的罪狀誅殺忠心耿耿的岳飛，也不願意眼見北伐功成而使徽欽二宗回歸。〔註 90〕當時朝廷士大夫大致主張恢復故土，又有岳飛、韓世忠等名將屢屢北伐告捷，光復之舉大有可爲。順應朝野臣民「主戰」之共識方爲天理、公道、人心，然而高宗與秦檜卻無法摒除私心，君臣二人排斥眾議，倒行逆施地一味「主和」，這便是人欲。宋高宗對同姓父兄況且難容至此，君主意欲穩坐江山、獨攬大權的私心可見一斑。宋代理學家動輒倡言「存天理、去人欲」〔註 91〕，由此觀來恐非是無的放矢的高談闊論，若把這六字拿來影射高宗、秦檜的私心，蓋是最能道盡其間癥結的眞知灼見。宋朝開國之初爲確保趙姓天下的穩固，大舉排除異姓武職勢力，造成宋代自始自終的武力疲弱。宋朝君主過於忌憚武臣的後果，便是喪失了與外患抗衡的軍備。宋朝武力薄弱的積重難返，時常又必須由儒臣概括承擔，故而有范仲淹駐守西夏，有文天祥勤王抗元，武力兵事蓋非儒者所熟稔，范、文所爲，皆已是艱難勉強、萬不得已的舉措，陷於左支右絀的處境也是得以被設想的情況。爲人君者，爲鞏固家天下政權的延續，竭力壓抑武人，迫使文人不得不挺身而出地執兵用事，一則難免有越俎代庖的嫌疑，二則亦難奏事功之大效，以文代武的情形，對整個國族命脈的負面影響終至難以挽救。據《宋史・文天祥傳》記載文天祥召兵勤王之事如下所述：

〔註89〕　《宋史・欽宗本紀》曰：「（靖康二年三月）丁酉，金人立張邦昌爲楚帝。庚子，金人來取宗室，開封尹徐秉哲令民結保，毋藏匿。丁巳，金人脅上皇（徽宗）北行。夏四月庚申朔，大風吹石折木。金人以帝及皇后、皇太子北歸。凡法駕、鹵簿、，皇后以下車輅、鹵簿，冠服、禮器、法物，大樂、教坊樂器，祭器、八寶、九鼎、圭璧，渾天儀、銅人、刻漏，古器、景靈宮供器，……官吏、內人、內侍、技藝、工匠、娼優，府庫畜積，爲之一空。」引自元・脫脫等撰，《宋史》，卷 23〈欽宗本紀〉，頁 436。

〔註90〕　趙鼎言：「士大夫多謂中原有可復之勢，請召諸大將問計，恐他時議論，謂朝廷失此機會。」帝曰：「不須恤此。」引自宋・李心傳撰，《建炎以來繫年要錄》〔第 3 冊〕（北京：中華書局，1988 年 4 月），卷 118，頁 1900。

〔註91〕　宋・朱熹稱：「君子小人趨向不同，公私之間而已」又稱：「義者，天理之所宜。利者，人情之所欲。」引自氏著，《四書章句集注》，頁 71、頁 73。

德祐初，江上報急，詔天下勤王。天祥捧詔涕泣，使陳繼周發郡中
豪傑，……使方興召吉州兵，諸豪傑皆應，有眾萬人。……其友止
之，曰：「今大兵三道鼓行，破郊畿，薄內地，君以烏合萬餘赴之，
是何異驅群羊而搏猛虎。」天祥曰：「吾亦知其然也。第國家養育臣
庶三百餘年，一旦有急，徵天下兵，無一人一騎入關者，吾深恨於
此。故不自量力，而以身徇之，庶天下忠臣義士將有聞風而起者。」
〔註92〕

文天祥召兵勤王，乃是明知其不可而為之的舉動，其忠義之心著實令人感佩。
然兵須千日之養，方得一時之用，臨陣磨槍誠為徒勞，天祥亦知其不自量力，
他在決意召兵勤王的同時，實則業已做好力戰至死的心理建設，惜乎最終仍
是難成戰績。文氏有詩曰：「渺渺中原道，勞生歎百非；風雨吹打人，泥濘飛
上衣。目力去天短，心事與時違；夫子昔相魯，侵疆自齊歸。」〔註93〕該詩
當中，文天祥一來憶起孔夫子在夾谷之會所建立的輝煌功績，二來哀己之企
盼無法如願以償。透過詩文所描繪出孤臣無力可回天的實況，蓋知文天祥對
於事功難成的無限感嘆。宋末武功戰績之所以難有成就，探究其實猶得歸咎
於宋朝武備的薄弱非常，而宋朝武備的疲弱蓋非一朝一夕之故，最終竟還淪
為以文臣執掌兵事這樣的困境與窘態。宋朝文武失衡的疑難之所以病入膏
肓，誠然是趙宋皇室過度忌憚武臣勢力，打壓太甚、矯枉過正所遺留下的嚴
重後果。

　　倘若論及趙宋皇室忌憚武臣的背後動機，即是為人君者抱存私心，以
天下為一家一姓之獨有，乃至無所不用其計地鞏固其江山，如此情況在家
天下的世襲政體裡，也已是司空見慣、屢見不鮮的現實情況。「堯舜美政」、
「天下為公」、「禪讓政治」也許看似天馬行空、不著邊際，甚至是有幾分
迂闊，不須諱言地若要付諸實行定有其困難度，但亦不須諱言地惟有「公
天下」政體，才是真正清明無偏私的理想政體，「公天下」政體看似較能避
免君臣猜忌的情況發生，也較能終止叛亂顛覆、篡位奪權等歷史慘劇。《宋
史・瀛國公本紀》說道：「瀛國四歲即位，而天兵渡江，六歲而羣臣奉之入
朝。漢劉向言：『孔子論《詩》至「殷士膚敏，祼將于京。」喟然嘆曰：大

〔註92〕元・脫脫等撰，《宋史》，卷418〈文天祥傳〉，頁12534。
〔註93〕宋・文天祥，〈自汶陽至鄆〉，《指南後錄》，見氏著，《文文山全集》（臺北：
　　　　河洛圖書出版社，1975年9月），卷14，頁365。

哉天命，善不可不傳於後嗣，是以富貴無常。』至哉言乎！」〔註94〕此段道出「世襲制」所遭遇到的難處，其優點雖是把帝位傳予後嗣，但是同時也是「富貴無常」的肇端。是故，歷代帝王時常以私心立朝，最終亦因私心而亡國，冥冥之中已譜出「家天下」政權與「世襲制度」所造就的歷史悲歌。「世襲制」既無法確保繼位者的賢德，那麼一旦是愚昧的儲君繼位，對整個官僚體制的安排或是運行而言，都可能產生負面的影響，更甚者足以成為國朝滅絕亡廢的遠因或肇端。世襲制的屹立不搖，從此逼使禪讓政治虛無化以及邊緣化，同時也更難保證繼承君主的賢能與德行，這的確是牽制著中國傳統政體的一大疑難。

第三節　姦邪誤國與朝政腐壞

一、姦臣與叛臣

　　宋代覆滅，志士殉節、潔者遁隱，自此中原河山全盤淪陷於蒙元的統轄，後人回顧與省思這段國族興廢的歷史，遂知謀事既在人，凡事皆屬人為。後人對宋季諸多歷史人物的評價與褒貶，一來既不忍不讚佩文天祥、謝枋得（1226～1289）等人的忠義精神；二來也不能不髮指姦臣的禍國殃民。南宋朝的四大姦臣，除卻秦檜、韓侂冑（？～1207）、賈似道等三人見載於《宋史·姦臣傳》以外，尚有史彌遠（1164～1233）一人，彼雖未錄進〈姦臣傳〉之中，然其擅權姦惡，與姦臣已略無二致。宋朝滅亡的主因在於喪失足以抵禦外患的強勢武備，故北宋亡於金、南宋亡於元。南宋朝軍力薄弱的遠因之一，又與岳飛見殺難脫關係，在岳飛被謀害以後，主和與偏安局面既定，姦佞當道、忠義見逐，北伐與武備再難有所成就。岳飛見殺，追究元兇，宋高宗與秦檜實是一丘之貉，借刀殺人者是高宗趙構，持刀殺人者乃姦人秦檜。秦檜誅殺岳飛的前夕，韓世忠發不平之鳴欲白其冤，是故質問秦檜，探問岳飛謀反的真實證據，秦檜竟言：「飛子雲與張憲書雖不明，其事體莫須有。」韓世忠說道：「『莫須有』三字，何以服天下？」〔註95〕援此例觀之，則不難窺見秦檜此人的奸險與無恥。除此之外，《宋史·姦臣三·秦檜傳》又對秦檜的惡形惡狀秉筆直書，而有下列的陳述：

〔註94〕元·脫脫等撰，《宋史》，卷47〈瀛國公本紀〉，頁939。
〔註95〕元·脫脫等撰，《宋史》，卷365〈岳飛傳〉，頁11394。

檜兩據相位，凡十九年，劫制君父，包藏禍心，倡和誤國，忘讎斁
倫。一時忠臣良將，誅鋤略盡。其頑鈍無恥者，率爲檜用，爭以誣
陷善類爲功。其矯誣也，無罪可狀，不過曰謗訕，曰指斥，曰怨望，
曰立黨沽名，甚則曰有無君心。……察事之卒，布滿京城，小涉譏
議，即捕治，中以深文。又陰結內侍及醫師王繼先伺上動靜。〔註96〕

檜立久任之説，士淹滯失職，有十年不解者。附己者立與擢用。自
其獨相，……易執政二十八人，皆世無一譽。……檜陰險如崖穽，
深阻竟叵測。同列論事上前，未嘗力辨，但以一二語傾擠之。李光
嘗與檜爭論，言頗侵檜，檜不答。及光言畢，檜徐曰：「李光無人臣
禮。」帝始怒之。凡陷忠良，率用此術。晚年殘忍尤甚，數興大獄，
而又喜諛佞，不避形迹。〔註97〕

高宗在位與秦檜當權期間，群小用事、俊傑見逐，朝廷風氣驟然腐壞。如廝
腐敗的朝政當然無法容納賢良忠義的臣民，是故觀文則難望清明之吏治，論
武則不見軍心之奮起，君子遭受謗害，小人得寵在位，朝廷聲望自是大打折
扣。高宗的私心包庇，秦檜的擅權無恥，皆是萬夫所指，也注定了他們遺臭
萬年的歷史評價。秦檜以外，韓侂冑、史彌遠亦以專擅跋扈得奸險之污名，
其梗概如下所述：

侂冑用事十四年，威行宮省，權震宇內。嘗鑿山爲園，下瞰宗廟。
出入宮闈無度。孝宗疇昔思政之所，偃然居之，老宮人見之往往垂
涕。顔棫草制，言其得聖之清。易祓撰答詔，以元聖襃之。四方投
書獻頌者，謂伊、霍、旦、奭不足以儗其勳，有稱爲「我王」者。……
侂冑皆當之不辭。〔註98〕

彌遠既誅韓侂冑，相寧宗十有七年。迨寧宗崩，廢濟王，非寧宗意。
立理宗，又獨相九年，擅權用事，專任憸壬。理宗德其立己之功，
不思社稷大計，雖臺諫言其姦惡，弗恤也。……濟王不得其死，識
者羣起而論之，而彌遠反用李知孝、梁成大等以爲鷹犬，於是一時
之君子貶竄斥逐，不遺餘力云。〔註99〕

〔註96〕元・脱脱等撰，《宋史》，卷473〈姦臣三・秦檜傳〉，頁13764～13765。
〔註97〕同前注，頁13765。
〔註98〕元・脱脱等撰，《宋史》，卷474〈姦臣四・韓侂冑傳〉，頁13777。
〔註99〕元・脱脱等撰，《宋史》，卷414〈史彌遠傳〉，頁12418。

姦臣秦檜死後，在宋寧宗（1168～1224）開禧二年時被朝廷追奪王爵名位，更改諡號曰「謬醜」，突顯其敗德無恥，然而在嘉定元年時，史彌遠竟然奏請恢復秦檜王爵，復贈其諡號。〔註100〕史彌遠與秦檜既然同為姦人，亦不忘姦人惜姦人，著實讓人貽笑大方。秦檜品德低劣，誣陷忠良，向來為有識者所不齒。孝宗朝嘗一度洗滌朝廷裡奸佞不潔的風氣，惜乎之後又有韓侂冑、史彌遠等權臣專擅用事，不識國族存亡之大體，朱熹、彭龜年（1142～1206）等正派人士，皆因為攻訐韓侂冑而遭受池魚之殃。〔註101〕回顧北宋朝臣雖有朋黨爭端，司馬光（1019～1086）、程頤（1033～1107）、蘇軾（1037～1101）、王安石（1021～1086）等人，分別屬於朔學、洛學、蜀學、新學，彼此學術特質不同，見解要相謀本就存有難處〔註102〕，再者因熙寧變法引發紛爭，更加深彼此的磨擦與衝突，最終不免流於意氣之爭，導致黨同伐異的情況。仁宗朝的范仲淹更是堂堂正正的君子，其砥礪士風、興辦學校、獎掖後進，能以天下為己任，范氏種種的作風與施為，儼然替士大夫階層樹立出最優秀的模範。〔註103〕觀上述諸君子，行皆正派光明，不屑為暗箭傷人之舉，然宋末姦臣卻行跡鄙陋，一遇異己者，必欲置之於死地而後快，彼等與北宋諸儒相較起來實可謂賢愚立判，南宋姦臣誤國的嚴重性亦絕不亞於北宋朝的朋黨傾

〔註100〕詳見元・脫脫等撰，《宋史》，卷473〈姦臣三・秦檜傳〉，頁13765。

〔註101〕元・脫脫等撰，《宋史》，卷474〈姦臣四・韓侂冑傳〉，頁13772～13773。

〔註102〕錢穆先生稱：「諸君子洛、蜀、朔三派分裂，後面也帶有政治意見之不同。其中洛派所抱政見，大體上頗有與王安石相近處。他們都主張將當時朝政徹底改革。……程顥嘗言：『治天下不患法度之不立，而患人材之不成。人材不成，雖有良法美意，孰與行之？』此乃洛派與安石根本差異處。……朔派是正統的北方派。他們與洛陽的中原派不同。一主理想，而一重經驗。一主徹底改革，而一則主逐步改良。故一為『經術派』，而一則為『史學派』。……蜀派的主張和態度，又和洛、朔兩派不同。他們的議論，可以蘇氏兄弟為代表。上層則為黃老，下層則為縱橫。尚權術，主機變，其意見常在轉動中，不易捉摸。……他們的學術，因為先罩上一層極厚的釋老色采，所以他們對於世務，認為並沒有一種正面的、超出一切的理想標準。」見氏著，《國史大綱》〔下冊〕，頁589～599。亦可參見吳雁南，秦學頎，李禹階等主編，《中國經學史》（臺北：五南圖書出版公司，2005年8月），頁242～255。

〔註103〕李存山先生說道：「慶曆新政的改革科舉、興辦學校，即使儒學得以復興，成就了宋元明時期的新儒學。」「慶曆新政的成功處，是扭轉了宋代以詞賦、墨義為先的學風，在各州縣普遍建立了郡學，『經義』與『治事』併進，『明體達用之學』成為朝野士人共同的追求。」引自氏著，〈范仲淹與宋代儒學的復興〉，《哲學研究》第10期（2003年10月），頁40。同氏著，〈慶曆新政與熙寧變法〉，《中州學刊》第1期（2004年1月），頁121。

軋，兩方品德的落差尤其懸殊，已不可同日而語。宋末除了韓侂胄以外，丁大全（1191～1263）、董宋臣（？～1260）等亦屬姦人，然而賈似道則是最直接導致宋朝傾覆的禍首，其卑鄙之操行，誠如下列所述：

> 元世祖皇帝登極，遣翰林侍讀學士、國信使郝經等持書申好息兵，且徵歲幣。似道方使廖瑩中輩撰《福華編》稱頌鄂功，通國皆不知所謂和也。似道乃密令淮東制置司拘經等於眞州忠勇軍營。時理宗在位久，內侍董宋臣、盧允昇爲之聚斂以媚之。引薦奔競之士，交通賄賂，置諸通顯。又用外戚子弟爲監司、郡守。作芙蓉閣、香蘭亭宮中，進倡優傀儡，以奉帝爲遊燕。竊弄權柄。〔註104〕

> 似道雖深居，凡臺諫彈劾、諸司薦辟及京尹、畿漕一切事，不關白不敢行。李芾、文天祥、陳文龍、陸逵、杜淵、張仲微、謝章輩，小忤意輒斥，重則屏棄之，終身不錄。一時正人端士，爲似道破壞殆盡。〔註105〕

> 時襄陽圍已急，似道日坐葛嶺，起樓閣亭榭，取宮人娼尼有美色者爲妾，日淫樂其中。惟故博徒日至縱博，人無敢窺其第者。……酷嗜寶玩，建多寶閣，日一登玩。……人有物，求不予，輒得罪。自是，或累月不朝，帝如景靈宮亦不從駕。……似道旣專恣日甚，畏人議己，務以權術駕馭，不愛官爵，牢籠一時名士，又加太學餐錢，寬科場恩例，以小利啗之。由是言路斷絕，威福肆行。〔註106〕

> 王爚入見太后曰：「本朝權臣稔禍，未有如似道之烈者。縉紳草茅不知幾疏，陛下皆抑而不行，非惟付人言於不恤，何以謝天下！」始徙似道婺州。婺人聞似道將至，率眾爲露布逐之。監察御史孫嶸叟等皆以爲罰輕，言之不已。又徙建寧府。翁合奏言：「建寧乃名儒朱熹故里，雖三尺童子粗知向方，聞似道來嘔惡，況見其人！」〔註107〕

> 邊報愈急，似道占湖山之勝作半閑堂，延羽流塑己像於其中，內殖貨利，蠱聲色，……建多寶閣，日一登玩其間，門客朝士，稱功頌

〔註104〕元・脫脫等撰，《宋史》，卷474〈姦臣四・賈似道傳〉，頁13782。
〔註105〕同前注，頁13783。
〔註106〕同前注，頁13784。
〔註107〕同前注，頁13786。

德，頌說太平，誇咸淳爲元祐，尊似道曰周公，諛言溢耳，不復加意邊事。〔註108〕

賈似道自幼便不學無術、行跡猥瑣，《宋史・姦臣傳》稱他：「少落魄，爲游博，不事操行。」〔註109〕及任官受職，又把國家大事當成兒戲，先是假傳軍情以欺蠻朝廷，實爲講和納幣，卻佯言克敵而報捷，憑此僞功騙取顯貴。後則縱博淫樂、曠日不朝、壟斷言路，蠻上欺下而作威作福。賈似道的人格行爲固然毫無可觀之處，亦是時人所怨懟與唾棄的眾矢之的。然而追究其坐大主因，仍與皇帝、后妃脫離不了關係，賈似道之所以能入宮任職，乃是「其姊入宮，有寵於理宗，爲貴妃，遂詔赴廷對，……擢太常丞、軍器監。」〔註110〕謝太后當權的時候，國族已如覆巢危卵，賈似道的專擅弄權、荒誕不經更是難息眾怨，但朝廷對賈似道的態度仍是再三地姑息與縱容。史曰：「陳宜中請誅似道，謝太后曰：『似道勤勞三朝，安忍以一朝之罪，失待大臣之禮。』止罷平章、都督，予祠官。」、「高斯得乞誅似道，不從。」、「黃鏞、王應麟請移似道鄞州，不從。」、「時國子司業方應發，……乞竄似道廣南；中書舍人王應麟、給事中黃鏞亦言之，皆不從。」〔註111〕據上所述，足以見在上位對賈似道的恣意袓護。除卻《宋史・姦臣傳》對姦佞權臣的書法不隱以外，王夫之《宋論》對這些姦人的撻伐亦不惶多讓，王夫之有以下的闡述：

當國大臣擅執魁柄者，以姦相傾而還以相嗣，秦檜、韓侂冑、史彌遠、賈似道躡迹以相剝，縣辨及膚，而未嘗有一思效於國者間之也。……秦檜者，其機深，其力鷙，其情不可測，其願欲日進而無所詫止。故以俘虜之餘，而駕耆舊元臣之上，以一人之力，而折朝野眾論之公。……韓侂冑、賈似道狹邪之小人耳。託宮闈之寵，乘閒以竊權，心計所營，不出納賄、漁色、驕寒、嬉遊之中。上不知有國之瀕危，下不知有身之不保。……秦檜之陷殺人宗族，而盡解諸帥之兵，大壞軍政，粉飾治平，延及孝宗而終莫能振也。……彌遠者，自利之私與利國之情，交縈於衷，而利國者不如其自利，是以成乎其爲小人。……秦檜擅，而趙鼎、張浚

〔註108〕元・佚名，《宋季三朝政要》（臺北：文海出版社，1981 年 6 月），卷 4，頁 165～166。
〔註109〕同注 104，頁 13779。
〔註110〕同前注，頁 13780。
〔註111〕同前注，頁 13786。

不能過；侂胄專，而趙汝愚、留正不能勝；似道橫，而通國弗能
詰；君子之窮也。〔註112〕

除了身處朝廷核心的權臣與奸邪對於國族的覆亡有著最直接的關聯以外，其次
握有軍事或船舶資源之人，或嫻熟戰略知識的將領，彼等降元叛宋的選擇，以
及降元之後幫助元軍攻打宋朝的實際措施，無非也是造成南宋朝無力回天的重
要因素。劉整（1212～1275）、呂文煥皆同屬於此類例證。其叛亂經過如下所述：

（劉整）乃籍州之十五群，戶二十萬降于元。……整每為元主言：「宋
可圖，宜益屯兵，廣儲積。」又曰：「臣願效犬馬勞，先攻襄陽，撤
其捍蔽。」元之羣臣沮之。整又曰：「自古帝王，非四海一家，不為
正統，今何置一隅不問，自棄正統邪！」於是元主意決，遣整同阿
朮督兵圍襄陽城。……既而築實心臺於漢水中流，多置戰具，又築
外圍，以斷援兵。造戰艦習水軍，以奪中國長技，皆整謀也。〔註113〕

時襄陽拒守已五年，整計襄樊唇齒，宜先攻樊城。九年，樊守將范
天順、牛富，俱戰死，……文煥遂降。元主賜整田宅、金幣、良馬。
整謂元主曰：「襄陽破，則臨安搖矣，若將所練水軍，乘勝長驅，長
江必皆非宋有。」……整乘蒙古方張之勢，而效其知能，以圖富貴。
宋之亡，皆整為之，忍矣哉！〔註114〕

樊城陷，文煥遂納筦鑰，與其子俱降元，且為畫攻鄂策，請身為先
鋒，元主即以文煥為襄陽大都督。恭帝即位，文煥引元兵攻破沙洋
城。……伯顏引天祥與同坐，天祥面斥餘慶賣國，且讓伯顏失信，
文煥從旁諭解，天祥幷斥文煥及師孟謂：「父子兄弟受國厚恩，不能
以死報國，乃合族為逆。」文煥大慙恚。〔註115〕

此外，再如蒲壽庚（1205～1290），其叛亂行為見載於《宋史・瀛國公本紀》、
《同安縣志・人物錄・儒林》，蒲壽庚初以經營船舶謀利致富，逢宋元交戰，
張世傑（？～1279）急需舟船輜重，強制徵收蒲壽庚的舟舶財貨，孰料商人
重利輕義、為富不仁，蒲壽庚竟怒殺皇族宗室與士大夫洩忿。詳情如下所載：

〔註112〕清・王夫之著，舒士彥點校，《宋論》，卷13〈寧宗〉，頁235～237。
〔註113〕明・柯維騏，《宋史新編》（臺北：文海出版社，1974年12月），卷189〈叛
臣下・劉整傳〉，頁15。
〔註114〕同前注。
〔註115〕明・柯維騏，《宋史新編》，卷189〈叛臣下・呂文煥傳〉，頁15。

招撫蒲壽庚有異志。初，壽庚提舉泉州舶司，擅蕃舶利者三十年。（趙）昰舟至泉，壽庚來謁，請駐蹕，張世傑不可。或勸世傑留壽庚，則凡海舶不令自隨，世傑不從，縱之歸。繼而舟不足，乃掠其舟幷沒其貲，壽庚乃怒殺諸宗室及士大夫與淮兵之在泉者。〔註116〕

蒲壽庚率知州田子眞降元捕圭叔署降表，不署將殺之。適門人有爲管軍總管者，扶出至家，乃以平生著作泥封一室，遂變服逃海島中。壽庚遣兵追之，將逼授之官，追者及問其姓名，不答，壽庚怒而殺之，年四十九。圭叔著書盡燬於賊。〔註117〕

根據明代陶宗儀（1329～1410）《輟耕錄》之記載：「何公巨川者，京師長春宮道士也。會世皇將取宋，乃上疏抗言宋未有可伐之罪。遂命副國信使翰林學士郝文忠公（經）使江南，歿於眞州。……有人作詩悼之云：『奇才不洩神仙事，抗疏曾干世祖知。每恨南邦本無罪，比留北使欲何爲？忠魂久掩孤城館，褒詔新鑴二品碑。地上若逢奸似道，爲言故國黍離離。』」〔註118〕身處在蒙古統轄範圍裡的道士何巨川，況且不惜抗命上疏，以期避免兵燹人禍，並聲稱伐宋之舉惟恐師出無名。與南宋那些權臣、叛徒相較之下，豈不是忠奸即顯、賢愚立判？然而，若要追究朝政敗壞的肇端，權臣與反叛者固然難辭其咎，而君主亦無權置身於事外。

二、理宗的昏庸

蓋明君眼底，姦人難以遁形；闇主麾下，君子無處容身。皇帝與后妃倘若欠缺識人之明，那麼就無法辨別忠姦善惡，同理可證亦無法舉直而錯枉。政治權柄一旦被姦臣把持，清明的朝政遂成難收之覆水，澄澈的吏治亦將一去不返。〔註119〕宋理宗（1205～1264）愚昧昏庸，其在位期間著實難以禮賢

〔註116〕元・脫脫等撰，《宋史》，卷47〈瀛國公本紀〉，頁942。

〔註117〕林學增等主修，吳錫璜總纂，《同安縣志》（臺北：福建省同安縣同鄉會，1986年10月），卷26〈人物錄・儒林〉，頁944。

〔註118〕明・陶宗儀，《輟耕錄》（北京：京華出版社，1998年10月），卷6〈抗疏諫伐宋〉，頁1191。

〔註119〕《宋史・文天祥傳》云：「理宗在位久，政理浸息，天祥以法天不息爲對，其言萬餘，不爲稿，一揮而成。……考官王應麟奏曰：『是卷古誼若龜鑑，忠肝如鐵石，臣敢爲得人賀。』」、《宋史・姦臣傳》云：「（賈似道）恃寵不檢，日縱游諸妓家，至夜即燕游湖上不反。理宗嘗夜憑高，望西湖中燈火異常時，語左右曰：『此必似道也。』明日詢之果然，使京尹史嚴之戒敕之。嚴之曰：『似道雖有少年氣習，然其材可大用也。』」宋理宗未聽王應麟之言舉用文天

才、黜邪佞，是故朝政廢弛不振，小人當權用事。《宋史》稱其「在位久，政理浸怠」〔註 120〕，理宗朝政大抵皆被權臣與奸佞所把持佔據，如《宋史》所記載：「理宗德其（史彌遠）立己之功，不思社稷大計，雖臺諫言其姦惡，弗恤也。」〔註 121〕朝廷既充斥著史彌遠、賈似道、丁大全、董宋臣、盧允昇等一干小人，足見理宗執政時候的荒誕懈怠以及用人的草率不當，終至姑息養奸地釀成禍患。對此，王夫之嘗謂：「會女直以滅契丹，會蒙古以滅女直，旋以自滅，若合符券。懸明鑑於眉捷而不能知，理宗君臣之愚不可瘳，通古今天下未有不笑之者也。」〔註 122〕又稱：「理宗晚多內寵，宦寺內熒，姦臣外擁，……河山虛擲，廟社邱墟，豈似道之所置諸懷抱者乎？則甚矣理宗之愚以召亡也。」〔註 123〕宋末朝廷礙於權臣奸佞的把持及佔據，理宗身爲一國之君，無法匡正朝綱、黜姦舉賢，自當爲南宋朝敗壞的朝政負擔罪責。

姦佞權臣把持朝政的另一項弊端，便是進言道路常見封閉塞堵，南宋末年的理宗朝當時，無論是忠臣賢良的上疏，抑或有識之士的策論，時常無法順利地上達，這般「書奏不報」的情況如《宋史・文天祥傳》之記載：「元兵伐宋，宦官董宋臣說上遷都，人莫敢議其非者。天祥時入爲寧海軍節度判官，上書『乞斬宋臣，以一人心。』不報，即自免歸。」〔註 124〕、「天祥陛辭，上疏言：『朝廷姑息牽制之意多，奮發剛斷之義少，乞斬師孟聲鼓，以作將士之氣。』……時議以天祥論闊遠，書奏不報。」〔註 125〕如文天祥等忠臣所獻的策論、疏文，況且難以如實地呈報至朝廷高層或是君主的手中，更遑論能被朝廷予以貫徹及施行。言路堵塞這項嚴重的政治弊病，對國族興亡而言，確實有百害而無一益。宋末朝政敗壞的肇端，亦不止權臣、闇主兩項，觀理宗朝以後，后妃干政的情況亦爲普遍，如賈貴妃的專寵、謝太后的聽政〔註 126〕，其間又以賈貴妃引薦賈似道入宮一事遺禍最爲深遠。綜上所述，在上無明君，下有奸佞的情勢當中，宋代的覆滅也僅是遲與早的區別罷了！

祥，卻依史嚴之意見用賈似道，足見理宗欠缺知人善任之明。引自元・脫脫等撰，《宋史》，卷 418〈文天祥傳〉，頁 12533。同書，卷 474〈姦臣四・賈似道傳〉，頁 13780。

〔註 120〕元・脫脫等撰，《宋史》，卷 418〈文天祥傳〉，頁 12533。
〔註 121〕元・脫脫等撰，《宋史》，卷 414〈史彌遠傳〉，頁 12418。
〔註 122〕清・王夫之著，舒士彥點校，《宋論》，卷 14〈理宗〉，頁 242。
〔註 123〕清・王夫之著，舒士彥點校，《宋論》，卷 15〈度宗〉，頁 256～257。
〔註 124〕元・脫脫等撰，《宋史》，卷 418〈文天祥傳〉，頁 12534。
〔註 125〕同前注，頁 12535。
〔註 126〕元・脫脫等撰，《宋史》，卷 243〈后妃下・謝皇后傳〉，頁 8659。

第四節　改朝換代下的歷史哀慟

一、宋代遺民的亡國之痛

　　蒙元以大軍壓境的方式進犯中原並奪得統治天下之權柄，本屬以武力凌人之舉，這與儒家思想強調以德服人的王道文化有所悖逆，勢必不為仁人義士所苟同，而蒙古人統治中國時期，又幾乎伴隨著強烈的種族歧視以及階級意識，許多光怪陸離的不平等現象亦是由這些根深蒂固的觀念所積累及引發，林林總總的執政弊端必然招致怨憤，自中國綿延長久的歷史經驗觀之，朝廷統馭天下的方法，武力的高壓終究難以勝過文德的懷柔，人世間豈有馬上治天下之理，是以漢高祖（247BC～195BC）猶未敢輕乎儒術治政的效益。〔註127〕蒙元卻過度倚仗武功，不屑文治與儒術，終亦不免重蹈強秦之覆轍，暴政速亡遂是可以被預見的景況。蒙元政權既是建立在兵燹之上，時以武力威脅故宋臣民，將人們一些關係重大的基本權利予以剝奪，復以區分階級的方式統治天下，或輕蔑儒生、或貶低南人，厚此薄彼之情形屢見不鮮，在在呈現其不公道、不平等的跋扈姿態。蒙古政權無法受到大多數故宋士儒的認同其實是必然的現象，蒙族對故宋子民的施為已然產生無可挽回的傷害，這種傷害既在性命髮膚上，同時也在心理與情感上，其破壞性甚至波及到中國傳統文化，這不勝枚舉的嚴重創傷，既呈現於蒙古侵宋期間，亦延伸至蒙古政權統治中國的歷史階段。（美）田浩嘗稱：「蒙古入侵之所以特別具有創傷性，是因為它偏離或超出了東亞國家曾經發生過的傳統模式。」「創傷的另一個症兆是那些既不能戰又不能逃的人，所表現出來的暴力與非理性行為。在南宋的那些忠臣義士中，暴力通常都是往內指向自己的；南宋的傷亡很多是在蒙古兵攻破宋的防線後發生的大規模自殺行為。」「蒙古入侵的持續時間、暴力程度、死傷之眾、攻擊平民的地域規模這幾項，都是史無前例的，就此而言，蒙古入侵對漢人來講，特別是一個重大的心理創傷。……從未有過的

〔註127〕據《史記・酈生陸賈列傳》記載：「陸生時時前說稱《詩》、《書》。高帝罵之曰：『迺公居馬上而得之，安事《詩》、《書》。』陸生曰：『居馬上得之，寧可馬上治之乎？且湯、武逆取而以順守之，文、武並用，長久之術也。……鄉使秦已并天下，行仁義、法先聖，陛下安得而有之。』高帝不懌，而有慙色，迺謂陸生曰：『試為我著秦所以失天下，吾所以得之者何？及古成敗之國。』陸生迺麤述存亡之徵，……每奏一篇，高帝未嘗不稱善。」漢・司馬遷撰，（日本）瀧川龜太郎考證，《史記會注考證》，卷97〈酈生陸賈列傳〉，頁1075～1076。

死亡和破壞氣氛的彌漫，對漢人的影響也達到了前所未有的深度。」〔註128〕我們姑且不論宋季烈士「殉節自殺」的行爲理性或不理性，據田氏所提出的觀點，認爲彼輩在蒙古入侵下理應承受了許多的「創傷」〔註129〕，這確實是語中其癥結的論證。換言之，這許許多多因蒙古入侵而造成華夏民族在性命、心理、文化等方面的創傷，無非也都是使士儒產生困頓之感的重要因素。

　　蒙古侵宋之舉直接地波及到百姓的安樂生活，主動燃起戰火實乃禍及蒼生。誠如清代趙翼《二十二史箚記》之記載：「兵火之餘，徧地塗炭，民之生於是時者，何以爲生耶！」〔註130〕此語便是哀嘆兵禍對百姓生存權利所造成的莫大損害。蒙古本爲游牧民族，武勇善騎，加諸元世祖忽必烈（1215～1294）嗜利黷武，貪取無厭，非但主導攻宋，滅宋之後仍屢掀戰端，人們意欲安樂度日的微薄心願竟成緣木求魚。趙翼對元世祖嘗這麼描述：「其嗜利黷武之心則根於天性，終其身未嘗稍變，《元史》紀傳所載可見也。……當其初視宋爲敵國，恐不能必克，尚有愼重之意，遣使議和。及既平宋，遂視戰勝攻取爲常事，幾欲盡天所覆悉主悉臣，以稱雄於千古。……此其好大喜功，窮兵黷武，至老而不悔者也。」〔註131〕兵禍肆虐，人民朝不保夕，骨肉離散、生離死別，生命財產飽受威脅，是以征伐之事乃仁君所不忍見，亦是仁人所不樂見。關於元軍滅宋的歷史悲劇，文天祥〈集杜詩〉、〈胡笳曲〉所云如下：

　　　結髮爲妻子，倉皇避亂兵；生離與死別，回首淚縱橫。〔註132〕

〔註128〕（美）田浩，〈因「亂」而致的心理創傷：漢族士人對蒙古入侵回應之研究〉，《臺大文史哲學報》第58期（2003年5月），頁74、頁76、頁78。

〔註129〕（英）凱洛琳·格蘭（Caroline Garland）稱：「『創傷』（trauma）亦爲一種傷痛『創傷』（traumatic）一字源自於希臘文，意思是『刺破或撕裂的皮膚』；在醫學上所指的是『細胞組織受到損傷』。Freud（1920）隱喻性的使用『trauma』這個字比喻人類的心靈就如同皮膚一般，亦會遭受意外事件的傷害。」「創傷喚起了不安，而在其他狀況，不安也引出了創傷，這樣的情況是很常見的。因其人格，人們顯然會透過隨後發生的結果，將其所從事的任務予以複雜化。隨著創傷事件的發生，個人必須重新定位自我的歷史。」見氏等著，許育光等譯，《創傷治療：精神分析取向》（臺北：五南圖書公司，2007年1月），頁10、頁67。

〔註130〕清·趙翼著，王樹民校證，《二十二史箚記校證》，卷30〈元初諸將多掠人爲私戶〉，頁703～704。

〔註131〕清·趙翼著，王樹民校證，《二十二史箚記校證》，卷30〈元世祖嗜利黷武〉，頁684～686。

〔註132〕宋，文天祥，〈妻第一四三〉，《集杜詩》，見氏著，《文文山全集》，卷16，頁431。

風塵澒洞昏王室，天地慘慘無顏色；而今西北自反胡，西望千山萬
山赤。歎息人間萬事非，被驅不異犬與雞；不知明月爲誰好，來歲
如今歸未歸。〔註133〕

胡人來歸血滿箭，白馬將軍若雷電；蠻夷雜種錯相于，洛陽殿宮燒
焚盡。干戈兵革鬥未已，魑魅魍魎徒爲爾；慟哭秋原何處村，千村
萬落生荊杞。〔註134〕

文天祥筆下描繪出的亡國情景，何其悲慘淒涼，況乎又是亡於蠻橫凌弱的
異族外患。「歎息人間萬事非」、「被驅不異犬與雞」、「蠻夷雜種錯相于」諸
語，顯示出亡國遺民處於外族統治下的世態，便是充斥著尊嚴掃地的無奈
與感慨。「天地慘慘無顏色」、「慟哭秋原何處村」、「千村萬落生荊杞」諸語，
嘆息著故土慘遭蒙古鐵騎的踐踏摧殘，舉目盡是斷垣殘壁、荒煙蔓草，文
天祥雖明瞭逐虜驅賊已無指望，卻仍能以詩歌滿載悽愴之情懷，蓋知其思
念故國的情感實爲濃郁醇厚。宋遺民的思想情感動輒透過詩歌如實地呈現
發顯，正因爲詩歌頗具承載人類情感與意志的絕妙功能，如〈詩大序〉所
云：「詩者，志之所之也。在心爲志，發言爲詩，情動於中而形於言。言之
不足，故嗟嘆之，嗟嘆之不足，故永歌之，永歌之不足，不知手之舞之，
足之蹈之也。」〔註135〕至於鍾嶸（468～518）〈詩品序〉則謂：「氣之動物，
物之感人，故搖蕩性情，形諸舞詠，照燭三才，暉麗萬有。靈祇待之以致
饗，幽微藉之以昭告。動天地，感鬼神，莫近於詩。」〔註136〕如前述云云，
蓋知詩歌能夠發顯情志、搖蕩性情、昭告幽微、暉麗萬有，也由於這層緣
故，古人每每以詩歌表情達意，文氏亦常藉詩歌陳述己身遭逢戰禍的悲痛
與哀愁，例如以下的記載：

有妻有妻出糟糠，自少結髮不下堂。亂離中道逢虎狼，鳳飛翩翩
失其凰，將雛一二去何方？豈料國破家亦亡，不忍舍君羅襦裳。
天長地久終茫茫，牛女夜夜遙相望。嗚呼一歌兮歌正長，悲風北

〔註133〕宋，文天祥，〈胡笳曲・其一〉，《指南後錄》，見氏著，《文文山全集》，卷14，
頁370。

〔註134〕宋，文天祥，〈胡笳曲・其六〉，出處同前注。

〔註135〕漢・毛亨傳，東漢・鄭玄箋，唐・孔穎達疏，《毛詩正義》〔清・阮元校勘，《十
三經注疏》第2冊〕（臺北：藝文印書館，2007年8月），〈詩大序〉，頁13。

〔註136〕南朝梁・鍾嶸，〈詩品序〉，《詩品》（上海：上海世紀出版集團，2007年1月），
頁1。

來起傍徨。〔註137〕

有妹有妹家流離，良人去後携諸兒。北風吹殺塞草淒，窮猿慘淡將安歸。
去年哭母南海湄，三男一女同歔欷，惟汝不在割我肌。汝家零落母不知，
母知豈有瞑目時。嗚呼再歌兮歌孔悲，鶺鴒在原我何爲？〔註138〕

家國傷水泮，妻孥歎陸沉；半生遭萬劫，一落下千尋。各任如曹命，
那知吾輩心；人誰無骨肉，恨與海俱深。〔註139〕

諸如此類詩作，皆刻劃出身逢戰禍，顛沛流離，妻子兒女與兄妹骨肉生離死
別的人間悲劇，睹此人倫夢斷之詩句，怎不令人同感歔欷。宋遺民詩中常以
北風吹襲指涉蒙族南侵，痛斥蒙人帶來殘酷的殺戮以及無端的禍患，在此國
仇家恨與骨肉離散的沉重心思底下，宋遺民看待蒙元政權的觀感，其間的仇
恨與怨憤，恐怕永世難以化消，只得把痛楚和哀慟寄託於詩文之中，以求短
暫的抒懷與宣洩。宋遺民憶起國家淪陷之經過，動輒哀慟流淚、涕泗縱橫。
或如宋遺民林景曦（1242～1310）以「萍隨風去渺流水，人生無根亦如此」、
「驚風吹雨過，歷歷大槐蹤；王氣銷南渡，僧坊聚北宗。」〔註140〕等詩句，
感嘆趙宋王跡已銷，子民宛若無根浮萍。宋遺民謝翱（1249～1295）亦藉由
「寒風吹鬢影，客淚濕衣塵；千里見積水，滿城無故人」、「魂夢來巴峽，衣
冠老代州；平生仗忠義，心自與身仇」〔註141〕等詩句描繪出亡國之後人事全
非的悲慟景況，並書寫出遺民對故朝仍抱存著忠義之心。另如清代萬斯同
（1638～1702）《宋季忠義錄》所記載：「宋亡，（方）鳳自是無仕志，益試爲
汗漫遊，北出金陵京口，南過東甌海上，類皆悼天壍不守，翠華無從，顧盼
徘徊，老淚如霰。」〔註142〕由此足見宋遺民對故國的深刻情懷，以及經歷亡
國事件後內心所萌發出的哀戚與痛處。此外，陶宗儀《輟耕錄》引汪元量（1241

〔註137〕宋·文天祥，〈六歌·其一〉，《指南後錄》，見氏著，《文文山全集》，卷14，頁364。

〔註138〕同前注。

〔註139〕宋·文天祥，〈感傷〉，《吟嘯集》，見氏著，《文文山全集》，卷15，頁391。

〔註140〕宋·林景曦，〈春感〉，《霽山文集》卷1〈白石樵唱一〉，頁8。引自清·永瑢，
紀昀等編，《景印文淵閣四庫全書》（臺北：臺灣商務印書館，1986年3月），
1188冊，頁695。同氏著，〈故宮〉，《霽山文集》卷2〈白石樵唱二〉，頁12。
同書，1188冊，頁710。

〔註141〕宋·謝翱，〈呈王尚書應麟〉，《晞髮集》卷7，頁4。引自清·永瑢，紀昀等
編，《景印文淵閣四庫全書》，1188冊，頁310。同氏著，〈懷峨眉家先生〉，《晞
髮集》卷7，頁6。同書，1188冊，頁311。

〔註142〕清·萬斯同，《宋季忠義錄》（臺北：中國文化學院出版，1964年10月），卷
11〈方鳳傳〉，頁31。

～1317）之詩，記載如下：

> 汪元量先生，號水雲。天兵平杭日，詩曰：「西塞山邊日落處，北關
> 門外雨來天。南人墮淚北人笑，臣甫低頭拜杜鵑。」又曰：「錢塘江
> 上雨初乾，風入端門陣陣酸。萬馬亂嘶臨警蹕，三宮灑淚濕鈴鸞。
> 童兒剩遣追徐福，癘鬼須當滅賀蘭。若說和親能活國，嬋娟應是嫁
> 呼韓。」此語尤悲哽。〔註143〕

「南人墮淚北人笑」、「萬馬亂嘶臨警蹕」、「三宮灑淚濕鈴鸞」諸語，深刻地
描繪出兵禍場景，無論是馬嘶之聲響、人涕泣之情境，皆歷歷在目。戰況的
慘烈，經由詩人筆下所描繪，宛如一幅幅腥風血雨的圖畫，戰禍的蔓延、生
民之流離，誠如親眼所見、親耳所聞，雖未身處其間，仍能同感這般悲慟及
怨懟。自古以來，詩歌便具備言志表情的功效，孔子嘗稱：「詩，可以興，可
以觀，可以群，可以怨。」〔註144〕詩歌反映出人們最深刻的體驗，透露出人
們最真切的情感，人民安樂，其詩歌風格便顯得恬靜自然；人民苦痛，其詩
歌風格便顯得哀怨忿然。蒙族憑恃強勢武力進犯宋朝，使南宋黎民受戰火荼
毒，此番暴行何能不招致民怨。孟子嘗稱：「以力服人者，非心服也，力不贍
也；以德服人者，中心悅而誠服也，如七十子之服孔子也。」〔註145〕蒙元窮
兵黷武，雖憑藉優越戰力覆滅宋朝，故宋士大夫略具節操者皆以降元為恥辱，
至於黎民百姓則頻頻受難於兵燹，對蒙人的掠奪行徑想必也是深惡痛絕，絕
非是心悅誠服地屈膝在蒙古鐵騎之下。

二、蒙元統治的紊亂乖張

蒙元以武力進犯的方式奪取趙宋政權，爭戰期間使得生靈塗炭、民不聊
生。無端地興兵啟戰，蒙族實是難辭其咎的罪魁禍首。宋遺民隱恨於心中，
書之於詩文，以抒發胸中鬱悶與怨忿。如方鳳（1241～1322）〈仙華招隱〉所
云：「冉冉將終老，冥冥不可招；無書寄青雀，有恨在中條。」〔註146〕，而據

〔註143〕明・陶宗儀，〈汪水雲〉，《輟耕錄》，卷5，頁1167。原詩見宋・汪元量著，〈送
　　　　琴師毛敏仲北行〉，《湖山類稿》卷1，頁5。同氏著，〈北師駐皋亭山〉，《水
　　　　雲集》卷1，頁19。引自清・永瑢，紀昀等編，《景印文淵閣四庫全書》，1188
　　　　冊，頁225。同書，頁260。
〔註144〕《論語》卷9〈陽貨〉，宋・朱熹，《四書章句集注》，頁178。
〔註145〕《孟子》卷3〈公孫丑上〉，宋・朱熹，《四書章句集注》，頁235。
〔註146〕宋・方鳳，〈仙華招隱〉，《存雅堂遺稿》卷1，頁11。引自清・永瑢，紀昀等
　　　　編，《景印文淵閣四庫全書》，1189冊，頁532。

〈故宮怨〉所云：「白日欲落何王宮，腥雲頹樹生烈風；獼猱幾年爭聚族，饑蟒獰狰攫人肉。熊豨肆毒夜橫行，刺蛆刲血多飛鼃；螢尻吐燄大如鷖，照見女鬼迎新故。寒更鴟吻空哀哀，誰能化鶴還歸來；山都冶夷總難記，妖狐吹火月墮地。」〔註147〕知宋遺民對蒙元滅宋的殘酷行徑，誠懷有無限的怨恨，此不共載天之仇難消難解，故而以詩言志、以詩譏諷，直把蒙元比喻成魑魅魍魎、飛禽走獸，以宣洩心中怒火。蒙人開啓戰端，使兵燹延燒，已然招致民怨之沸騰。宋遺民無不疾言厲色地加以口誅筆伐，苦不能報仇雪恥，除之而後快。蒙人以外族身份入侵中原，在族類上與華夏本屬扞格，風俗民情與中原大相逕庭，不易與華夏民族取得文化上的共識。在政治上，蒙元對趙宋的爭伐亦無正大光明的理由，單純是恃強凌弱、以力服人而建立成的政權，故宋臣民稍有氣節廉恥者皆不願信服之。蒙古鐵騎在兵事殺戮上所向披靡，此雖屬趙宋所不敵之強項，但在禮樂衣冠、儒術文治、征服民心等方面，卻只能淪為徹頭徹尾的失敗者。觀蒙元得天下以後的執政姿態，仍不知痛改前非地亡羊補牢，既不思索勤政愛民的至德要道，亦不懂得慈愛懷柔以及廣被恩澤，反倒是恣意地放縱妄為，頻頻增添社會弊病，煩擾人民的事件層出不窮、罄竹難書，誠可謂率獸食人之惡政。蒙元惡政所引發的民怨，宋遺民鄭思肖指證歷歷，他對蒙元的統治提出了不滿與控訴，筆者茲略舉一二，如下所述：

> 諸州僭置平準庫，抑買金銀歸北，私賣買金銀皆重罪破家。又包銀則論民屋間架，歲納銀良重，⋯⋯排門受苦，及擒勒溫暖之家，充重難陪費之役，直破家鬻子女，苦猶不止。凡與韃主有貨利相絓者，本人或逃或死，直殃及子孫、宗族、親戚，償足乃止；不然，年深其事亦發，攤及無辜陪納。一切以不恤不忍行之，苛酷嚴密，難以言譬。〔註148〕

> 怯憐口戶為名隸籍，州縣鄉村、深山窮谷，各分地面打勘勾當，悉莫逃其害。新自汴河開河直達幽州，諸路役民開掘，深嗛怨苦。根刷弊倖曰「打勘」，實假名苦虜酋、行騙財之術也。州州上下司務，歲一二次打勘。任此責虜酋，支蔓根窮，賄賂歸韃，州縣酋長甚苦。⋯⋯譬酋吏苛取民財，復為韃酋脅取歸韃之苦，良善。更縷數

〔註147〕宋‧方鳳，〈故宮怨〉，《存雅堂遺稿》卷2，頁3。引書同前注，頁535。
〔註148〕宋‧鄭思肖，〈大義略敘〉，見氏著，陳福康點校，《鄭思肖集》，頁185。

其事，詳言其故，實不勝苦。此皆大宋不忍行之事，一旦盡見之！
〔註149〕

元初起兵朔漠，尚以畜牧爲業，故諸將多掠人戶爲奴，課以游牧之
事，其本俗然也。及取中原，亦以掠人爲事，并有欲空中原之地以
爲牧場者。……阿里海牙行省荊湖，以降民三千八百戶沒入爲家奴，
自置吏治之，歲收其租賦，有司莫敢問。……蓋自破襄樊後，伯顏
領大兵趨杭州，留阿里海牙平湖廣之未附者。兵權在握，乘勢營私，
故恣行俘掠，且庇逃民，占降民，無不據爲己有。〔註150〕

元太宗八年，始造交鈔。世祖中統元年，又造中統元寶交鈔。……
行之既久，物重鈔輕。至元二十四年，乃改造至元鈔，……終元之
世，常用中統、至元二鈔。每年印造之數，自數十萬至數百萬不等，
亦見〈食貨志〉。鈔雖以錢爲文，而元代實未嘗鑄錢也。……古者以
米絹爲民生所須，謂之二實，銀錢與二物相權，謂之二虛。銀錢已
謂之虛，乃又欲以紙鈔代之，虛中之虛，其能行之無弊哉！……既
造交鈔，欲其流通，則賦稅不得不收鈔，而民間自用金銀，則實者
常在下，而虛者常在上，於國計何補哉。〔註151〕

蒙元執政時期，游牧習性與漢族農耕文化頗有乖違之處，文化層面的隔閡亦
使得兩族人民難以融洽共處，時有摩擦與衝突。蒙人之中位高權重者，或者
變相地索賄取財，或者強逼南人爲其家奴。趙宋以百姓爲子民，蒙元卻以百
姓爲奴隸，宋元兩朝對待子民的態度誠有天淵之別，試想百姓經過戰禍波及
已然是傷痛欲絕，又在一夕之間淪爲外族之奴僕，此番遭遇怎不令人哀嘆與
鼻酸。再者，元代法令苛刻護短，所優先考量的通常是蒙人自身的利益，漢
人、南人則是飽受欺凌的弱勢族群，無論如何地隱忍苟活或是含恨吞辱，卻
始終無法獲得較爲人道的公平對待。另外，蒙人以游牧爲業，雖以能騎善戰
著稱，不過在治政理財等領域卻是相形見絀，蒙元理財最好濫印紙鈔，最終
使得幣制紊亂不堪，並產生嚴重的通貨膨脹問題，治政與理財能力的拙劣，
加諸社會弊端的層出不窮，元代政治的敗壞與社會的動盪不安，相較於南宋

〔註149〕同前注，頁186。
〔註150〕清・趙翼著，王樹民校證，《二十二史箚記校證》，卷30〈元初諸將多掠人爲
　　　　私戶〉，頁703。
〔註151〕清・趙翼著，王樹民校證，《二十二史箚記校證》，卷30〈元代專用交鈔〉，
　　　　頁693～694。

末年，著實是有過之而無不及。蒙古人具有強烈的種族歧視，而沒有溫文高貴的文化素養〔註152〕，蒙族從未知書達禮地善待漢人或是儒生，反倒因擁有強大的武力而自尊自大，對文儒多所輕蔑。如鄭思肖〈大義略敘〉所云：「韃法：一官、二吏、三僧、四道、五醫、六工、七獵、八民、九儒、十丐。」〔註153〕以及汪元量〈自笑〉云：「釋氏掀天官府，道家隨世功名。俗子執鞭亦貴，書生無用分明。」〔註154〕藉此便可對蒙人輕視儒生的情況窺知一二，處在如此惡劣的政治背景之中，崇尚儒家思想的傳統士人，幾乎不可能對蒙元這樣的蠻橫政權抱持任何的好感。

蒙族本為北方游牧民族，與中原文化雅俗有別，蒙元統治中國期間，兩族的衝突與隔閡亦是屢見不鮮。自從蒙古覆滅南宋統治中原以來，不尚文治、不重儒術，更加深了兩族在文化上的裂痕。中國傳統政治一向仰仗士大夫執政與議事的慣例，更因此大舉地變更及動搖。這般政治體制與宋代文治鼎盛的情況相較，簡直可謂是天壤之別。遑論元世祖連年興兵，窮兵黷武，無論是侵宋時期或是滅宋以後，天下皆無安寧之日，怎能不讓故宋遺民痛心疾首地嗤之以鼻！清儒黃宗羲嘗稱：「蓋天下之治亂，不在一姓之興亡，而在萬民之憂樂。是故桀、紂之亡，乃所以為治也；秦政、蒙古之興，乃所以為亂也。」〔註155〕錢穆先生說道：「（元）世祖的三十餘年，幾於無歲不用兵。甫定南宋，又規海外。內用聚斂之臣，外興無名之師，嗜利黷武，並不能在文治上樹立基礎。且蒙古恃其武力之優越，……其來中國，特驚羨其民物財富之殷阜，而並不重視其文治。故元諸帝，多不習漢文，甚至所用官吏，有一行省之大而無人通文墨者。因此其政治情態，乃與中國歷來傳統政治，判然絕異。」〔註156〕

〔註152〕錢穆先生稱：「蒙古人既看不起漢人、南人，因此也不能好好的任用漢人、南人，而只用了他們中間的壞劣分子。要之，他們欠缺了一種合理的政治理想，他們並不知所謂政治的責任，因此亦無所謂政治的事業。他們的政治，舉要言之，只有兩項：一是防制反動，二是徵斂賦稅。」「蒙古人的統治，在大體上說來，頗有一些像古代貴族封建的意味。只是春秋時代的貴族階級，自身有一種珍貴的文化修養，而蒙古人無之。他們在武力的鎮壓與財富的攫佔之外，缺少一種精神生活的陶冶。」見氏著，《國史大綱》〔下冊〕，頁642～643。同書，頁654。

〔註153〕宋‧鄭思肖，〈大義略敘〉，《鄭思肖集》，頁186。

〔註154〕宋‧汪元量，〈自笑〉，《湖山類稿》卷2，頁9。引自清‧永瑢，紀昀等編，《景印文淵閣四庫全書》，1188冊，頁231。

〔註155〕清‧黃宗羲，〈原臣〉，《明夷待訪錄》，頁3～4。

〔註156〕錢穆，《國史大綱》〔下冊〕，頁637～638。

元代朝廷高位大體上由蒙古人自處及壟斷，蒙人慣於惟我獨尊、歧視漢人，漢人或僅能為幹事之小吏，對朝廷政事絕無過問的權利，對法令政策的制定或是變更也是無從施為，幾乎都得無條件地服從蒙古人之專擅與決定。

另據《元史》所記載：「各道廉訪司必擇蒙古人為使，或闕，則以色目世臣子孫為之，其次以色目、漢人。」「官有常職，位有常員，其長則蒙古人為之，而漢人、南人貳焉。」〔註157〕趙翼《二十二史劄記》稱：「朝廷大臣亦多用蒙古勳舊，罕有留意儒學者」「終元之世，非蒙古而為丞相者，止此三人，哈散尚係回回人，其漢人止史天澤、賀惟一耳。丞相之下，有平章政事，有左、右丞，有參知政事，則漢人亦得為之。其時亦稱宰職。然中葉後，漢人為之者亦少。」〔註158〕中國傳統士儒之從政者，尤其可貴之處，在於具備以天下為己任的理想性與使命感，其參與政治之目的蓋含有濟世上的實際訴求，但在蒙元這樣的政體裡頭任官，士儒幾乎無法擁有絲毫實質上的決策與施為，既然無權理事施政，那麼「個人理想」與「天下治平」間便存在著難以跨越的鴻溝。換言之，參與政治若不再存有任何實現理想的契機，這樣的政權便喪失了儒者極其重視的淑世意義。士人若無法藉由政治的媒介，使天下愈趨完善，那麼這樣的「仕途」無非已流於一種謀取個人利祿與溫飽的手段，如此恐將為仁人君子所不齒。「仕」者，身居高位、受人俸給，故憑藉政治以實現淑世的理想，理當是責無旁貸的天職，否則寧可遠遁山林田野，亦不做尸位素餐之徒。

總地來說，宋季士儒的困頓是無可避免的現實處境。這些困頓的起因，泰半來自於內憂外患，宋朝的內憂問題，從開國立朝當初就已存在，過度地重文輕武使得文武失衡的情況甚為嚴重，終至武備薄弱，從北宋到南宋，皆不敵外族之侵擾，故北宋亡於金人，南宋亡於蒙族，這無非是華夏子民所同感之悲憤，對嚴華夷之防的宋代士儒而言更是難以容忍的奇恥大辱。宋代的外患問題時常牽引出朝廷內部的不協調性，此為國朝之內憂，內憂的負面影響，恐怕不亞於外患。北宋覆滅，遂可窺見秦檜之缺德；南宋傾頹，則不難知曉賈似道之姦佞。此外，韓侂冑、史彌遠、丁大全、董宋臣等姦佞亦難辭其咎。然單有姦佞之臣亦是孤掌難鳴，權臣常須憑恃君主為靠山，方能呼風

〔註157〕明‧宋濂等撰，《元史》，卷19〈成宗本紀二〉，頁410。同書，卷85〈百官志一〉，頁2120。

〔註158〕清‧趙翼著，王樹民校證，《二十二史劄記校證》，卷30〈元諸帝多不習漢文〉，頁687。同書，卷30〈元制百官皆蒙古人為之長〉，頁689。

喚雨，顛倒是非。例如，秦檜背後有與宋高宗達成的默契，賈似道之上有宋理宗的寵幸與縱容，是以朝政的敗壞，乃至國族整體之覆滅，除了當怪罪姦臣權臣的誤國，更該歸咎於昏君與群小的狼狽為奸。內憂難解與外患叢生的交互侵擾，天下豈有安寧之日，天下無法長治久安，國朝頹勢難挽，百姓顛沛疾苦，士儒的憂慮與困頓便相應而出。

　　人身處亂世之中，難免遭遇接踵而來的挫折和困頓，遭遇困頓之時貴在能於其中果敢地做出抉擇，而抉擇背後便是訴諸於思想或行為上的明確表態。黃俊傑，吳光明先生嘗這麼說道：「在人生的旅途上，我們必須瞭解到生活裡存有許多兩難的價值困境。……這些價值困境構成了人類的存在意義，人其實就是生活在這些兩難之中。人生的意義就是這種困境中彰顯。……我們經歷生命中的道德困境的方式、型態及其過程，決定了我們的人格型態，並且告訴我們作為真正的人的意義之所在。」〔註159〕蓋人生於世，雖遭逢蹇滯，仍須尋其出路，然士儒的出路非啻侷限於確保自然生命的延續與存活，而是包含著更高階的精神境域與更深層的文化內涵。彼輩處在憂患之中，自覺與天下國族有所關聯，於國朝興廢亦有不容推諉的職責，縱使國難當頭，危機四伏，面臨如此困頓的局勢，士儒仍然願意義無反顧地實現其理想，做出人生的重大抉擇。觀宋季忠臣義士於宋元之際，其抉擇之終極目標大抵有三，一者，「德業」；二者，「功績」；三者，「文章」。其抉擇姿態的具體呈現概略有二，一者，「殉節或存活」；二者，「出仕或隱逸」。抉擇是突破困頓最直接的解決之道，抉擇的當下是對生活經歷的回顧和省思，是對生命價值的定位與衡量，是對人生理想的貫徹及實現。宋遺民於改朝換代時所做出的抉擇，其抉擇的當下便已彰顯出強韌的生命張力，此外，每項重大抉擇的背後，蓋有其縝密的思想底蘊，以及深邃的文化傳統。因此，若以「抉擇」的方向與姿態做為出發點，進而挖掘宋季士儒在其抉擇背後所蘊含的諸多的心理因素，試圖領略彼輩的忠義精神與道德理想，料想會是一項饒富意義的思想議題。對此議題，茲將列於之後的章節中加以探討。

三、華夷共處的文化衝突

　　華夷之辨、夷夏之防，導源於彼此居處區域的地理隔閡，迥異的文化圈，

〔註159〕詳見黃俊傑，吳光明著，〈古代中國人的價值觀：價值取向的衝突及其解消〉，引自沈清松編，《中國人的價值觀：人文學觀點》（臺北：桂冠圖書公司，1994年8月），頁21。

截然不同的生活習俗等因素。據《春秋公羊傳・成公十五年》所稱：「《春秋》內其國而外諸夏，內諸夏而外夷狄。」〔註160〕華夷之辨，「華」指的是華夏民族，居中國。「夷」指的是相對於中國周圍的其他地域的民族。《尚書・大禹謨》稱：「無怠無荒，四夷來王」〔註161〕，已透露出四夷與中國在居處區域上的差異性。《禮記・王制》更詳盡地記載道：「東方曰夷，被髮文身，有不火食者矣。南方曰蠻，雕題交趾，有不火食者矣。西方曰戎，被髮衣皮，有不粒食者矣。北方曰狄，衣羽毛穴居，有不粒食者矣。中國、夷、蠻、戎、狄，皆有安居、和味、宜服、利用、備器。五方之民，言語不通，嗜欲不同。」〔註162〕中國與位於其東西南北四個方位之夷、蠻、戎、狄等異族，一方面有著地理區域上的差別，另一方面在服飾穿著，飲食習慣，居住方式，言語與嗜欲等多方面，也都存有南轅北轍的差異性。據是可知，華夏中國與四方異族的隔閡緣故，不僅是地理區域的距離問題，實則也包含著文化習俗上的疏離感。這兩層因素，使得華夏與夷敵之間形成一種隱約的緊張關係，華夏與異族間時常得透過外交途徑來處理彼此的糾紛，在更嚴重的情況下甚至還必須訴諸軍事行動。

孔子曰：「管仲相桓公，霸諸侯，一匡天下，民到于今受其賜。微管仲，吾其被髮左衽矣。」〔註163〕孔子盛讚管仲尊王攘夷，尊王攘夷這項事功積極地捍衛著華夏文化，使外族無法侵犯中國，聖王所創建的典章制度以及衣冠禮俗也因此穩健無虞。就孔子觀之，尊王攘夷行動所側重的目的並不是以壓倒性的軍事力量驅逐異族，而是以堅強的戰備實力積極地維護華夏的衣冠禮樂，使中華文化不受異族勢力之顛覆與欺凌，同時更讓華夏子民免除了被髮左衽的憂患。管仲「一匡天下」，其間亦隱含著鞏固華夏文化的深遠意味，以孔子看來，攘夷之目的蓋仍須以尊王為前提，文化層面的意義著實大過軍事與政治層面的意義，這便是管仲尊王攘夷行動背後的卓越貢獻。孔子又稱：「夷狄之有君，不如諸夏之亡也。」據程頤注云：「夷狄

〔註160〕 東漢・何休注，唐・徐彥疏，《春秋公羊傳注疏》〔清・阮元校勘，《十三經注疏》第 7 冊〕（臺北：藝文印書館，2007 年 8 月），卷 18〈成公十五年〉，頁231。

〔註161〕 漢・孔安國傳，唐・孔穎達疏，《尚書正義》〔清・阮元校勘，《十三經注疏》第 1 冊〕（臺北：藝文印書館，2007 年 8 月），卷 4〈大禹謨〉，頁 53。

〔註162〕 東漢・鄭玄注，宋・岳珂校，《禮記鄭注》，卷 4〈王制〉，頁 45。

〔註163〕 《論語》卷 7〈憲問〉，宋・朱熹，《四書章句集注》，頁 153。

且有君長，不如諸夏之僭亂，反無上下之分也。」﹝註164﹞中國傳統政權是
在君臣共治的基礎下發展與延續，而君臣關係在華夏政治體系當中，可說
是極爲重要的環節。君臣倫理是一種華夏政治文化的呈現，君臣關係若是
維繫得宜，亦有助於穩定政權內部的運作發展，相對而論，長治久安的願
景也較有被付諸實行的機會。華夏抵制異族最重要的因素與其說是統治權
上的排外，更可說是肇因於彼此在禮俗文化上的懸殊落差，張端穗先生嘗
稱：「漢朝以下，自武帝罷黜百家，獨尊孔子後，儒家思想就成了朝廷正統
之學，儒家所宣傳的禮教也成了政府頒定的人生規範。禮的影響更廣泛而
牢固了。……中國人很早就自覺是禮教的民族，並且以此自傲。周人自稱
『華夏』，稱周遭不懂禮教的蠻、荊、戎、狄爲『頑民』。華夷之別在於禮
教，而非血緣。」﹝註165﹞儒家自認爲比夷狄異族尊貴的主要因素，並非起
源於種族血統上的優越感，而是來自於衣冠禮樂、政治倫理等制度文化上
的既定慣性。同理可知，士儒所關注的華夷之分，主要是專就文化層次的
隔閡與差異而論，至於地域區別與族類差異等因素僅是其次的問題，尚不
足以成爲華夏與夷狄兵戎相見的肇因。然而觀宋朝立國期間，從始自終皆
存在著嚴重的外患問題，宋朝飽受西夏、遼、金、元等外族的環伺與侵擾，
面對如此窘局，傳統華夷之辨的議題於是乎再度受到宋儒的正視。北宋劉
敞（1019～1068）所云如下：

> 夫夷狄者，至賤也，至亂也，至不肖也。中國者，至貴也，至治也，
> 至義也。……夫夷狄、中國，其天性固異焉。﹝註166﹞

> 中國者，禮讓之所出，仁義之所治，道德之所懷也。是雖有鬥爭，
> 不過以其禮責無禮，以其義責無義，以其道責無道，非有利其貨之
> 心，非有病其民之意。是故結日而後陣，成列而後出，不以詐取勝，
> 不以幸圖功，不以威立名。此中國之師，王霸之治也。彼夷狄者不
> 然。其來爲寇，非能以禮讓、仁義、道德相率屬者也，直將剽人民
> 以盈其暴，掊府庫以足其欲，斬樹木以逞其害，殘百物以快其怒而

﹝註164﹞《論語》卷2〈八佾〉，宋・朱熹，《四書章句集注》，頁62。

﹝註165﹞張端穗，〈仁與禮──道德自主與社會制約〉，引自黃俊傑主編，《天道與人道》
（臺北：聯經出版公司，1982年11月），頁110。

﹝註166﹞宋・劉敞，〈治戎論中〉，詳見宋・佚名編，《新刊國朝二百家名賢文粹》卷
39。引自舒大剛主編，《宋集珍本叢刊》（北京：線裝書局，2004年6月），
93冊，頁563。

已矣。譬虎豹之摶，長蛇之噬，螟螣之集也。〔註167〕

除此之外，亦有儒者藉由闡揚《春秋》之微言大義，以嚴夷夏之防。宋季士儒家鉉翁（1213～？）在《春秋集傳詳說·公追戎于濟西》當中有云：「今公自將而追之，至于濟西。書公追戎者，嘉公之能自將而追戎也。有國有家者以禦侮為重事，諸侯為天子守土疆，躬擐甲冑，跋履山川，踰越險阻，敵王愾以固吾圉，此職分之所宜為也。」〔註168〕尊王攘夷，乃為鞏固中國境域而以武力抵禦外侮，其意本重在防衛而非侵略。但若是神州大陸遭逢夷狄的環伺及覬覦，或是外族以侵略者的姿態積極進犯中國，此時傳統的華夷之辨、嚴夷夏之防等觀念，往往就會再度被提及與闡揚。更甚者亦能出現如「壯志饑餐胡虜肉，笑談渴飲匈奴血」〔註169〕這樣的復仇意識。蒙古外族先是以入侵殺戮的方式取代趙宋政權，趙宋朝廷站在家天下的立場而不樂見城池失守、國土淪陷，兩造之間頻繁的軍事行動便難以避免。基於蒙族與宋人之間的文化習俗的差異懸殊，加上蒙軍屠城與殺戮的軍事行動。蒙古滅宋後，宋遺民面對蒙元這樣的新政權，本就難以具備較高的政治認同感，雖說展現殘暴行徑的是蒙古軍隊，然而下達侵略命令的仍是蒙古君主，若思索到這些層面，恐怕難免會降低宋遺民對蒙元政權的臣服度與認同感。另外，文化禮俗的差異亦加深彼此的隔閡，中國士儒對蒙古異族的習性頗為詬病，再加諸蒙軍所採取的軍事行動趨於殘酷血腥，容易引發宋人的仇恨怨懟。處在這樣的背景當下，傳統華夷之辨、夷夏之防等觀念或許會再度被強化，漢族與蒙族要產生文化上的良性交流恐怕是緣木求魚，宋遺民對蒙族文化要萌發徹底的認同感，恐怕亦是難上加難。

蒙元政權以武力顛覆趙宋朝廷，華夏民族喪失統治權已是不爭的歷史事實，這便是亡國。然而除了國家之外，尚有天下的存在，政權縱然喪失，孤臣孽子縱使無力挽救，卻仍然竭盡所能地捍衛著中華文化。這顯示出從儒者的視域看來，所謂的「政權」與「治統」無非是一種可能被轉移的有限存在，然而「天下」與「文化」卻是一種不容許被消解或動搖的無限存在。孟子稱：「不仁而得國者，有之矣；不仁而得天下，未之有也。」〔註170〕清儒顧炎武

〔註167〕宋·劉敞，〈治戎論下〉，引書同前注，頁564。
〔註168〕宋·家鉉翁，《春秋集傳詳說》卷6〈莊公十八年夏·公追戎于濟西〉，頁27。引自清·永瑢，紀昀等編，《景印文淵閣四庫全書》，158冊，頁139。
〔註169〕宋·岳飛，〈滿江紅〉，引自唐圭璋編，《全宋詞》〔第2冊〕（北京：中華書局，1965年6月），頁1246。
〔註170〕《孟子》卷14〈盡心下〉，宋·朱熹，《四書章句集注》，頁367。

稱：「有亡國，有亡天下。亡國與亡天下奚辨？曰：易姓改號謂之亡國；仁義充塞，而至於率獸食人，人將相食，謂之亡天下。……保國者，其君其臣，肉食者謀之；保天下者，匹夫之賤與有責焉耳矣。」〔註171〕就儒家的觀點看來，國與天下是迥異的範疇，仗霸道得「國」，頗爲容易，依王道施「天下」，極爲困難，然而施行王道者爲仁，倚仗霸道者爲不仁，蒙元無端侵宋即是不仁的霸權，「國」的存在與政治較爲相關，奠基於王室宗親，一家一姓；「天下」的存在與文化較爲相關，奠基於群眾與民心。

　　蒙元雖成功攻取趙宋王朝之政權，卻喪失了以群眾爲基礎的天下，喪失天下群眾的擁戴便已爲蒙元的統治權增添負面的變數。倘若謂亡國的後果嚴重，那麼亡天下的後果將更加嚴重。國家涉及到一家一姓的統治權，牽涉層面或可謂廣泛，天下則關係到整體群類的文化禮俗與生活方式，等同是人們整體生命的具體呈現，其牽涉與涵蓋的層面超越了政治範疇而顯得愈加寬廣。歷經改朝換代的前朝遺民與儒者，他們對亡國的事實縱然是無可奈何，卻仍舊得被迫接受。國朝已亡，蓋不願再允許天下文化的全盤覆滅，是故各自採取不同的方式，勇敢而剛毅地捍衛之。黃俊傑先生提到中國傳統每逢改朝換代之際，當故朝遺民遭遇到各種難題及其所考量的抉擇點當中，往往呈現出「政治認同」與「文化認同」之間的難以分割性。〔註172〕宋遺民看待蒙元政權的觀感，便是既無文化認同，亦難以進一步地產生政治認同。

　　「國」的概念側重其政治性與地域性，「中」國者，處於中間的地理位置，而與東西南北四方相互區別。「天下」的概念乃指涉其文化性，是所謂的禮樂衣冠、道德燦然。例如德被四方這類的說法，非是以武力征服四方，而是像「遠人不服，則修文德以來之」〔註173〕這樣的王道風範。謝翱有詩

〔註171〕清・顧炎武，〈正始條〉，《日知錄》，卷13，頁593～594。

〔註172〕黃俊傑先生稱：「所謂『政治認同』是指人作爲政治的動物，必營求群體之生活，人必須決定其所屬的政治團體（如國家），以對該政治團體盡義務（如納稅、服兵役）換取個人生命財產之安全與保障，這就是『政治認同』。所謂『文化認同』是指人生活於複雜而悠久的文化網路之中，人生被文化網路所浸潤，因而吸納其所從出的文化系統之價值觀與世界觀，因而認同於他所從出的文化，此之謂『文化認同』。……傳統中國儒者的『政治認同』與『文化認同』一向處於融合爲一的狀態。」見氏著，〈論東亞遺民儒者的兩個兩難式〉，頁70。

〔註173〕《論語》卷8〈季氏〉，宋・朱熹，《四書章句集注》，頁170。

云：「吳山坊頂戴高祠，禁地淒涼江水悲；卻是北人題記壁，迤南耆舊獨無詩。」〔註174〕汪元量有詩云：「西塞山前日落處，北關門外雨來天；南人墮淚北人笑，臣甫頭低拜杜鵑。」〔註175〕蒙元與趙宋的判別，除卻是北與南的地理差異之外，蒙人（北人）與宋人（南人）的分殊，卻不單是地域上的分界，實則還包含著族類上的區別，而族類上的互不相容，猶然來自於文化上的嚴重隔閡。蒙元滅宋即是一種「亡國」的行動，雖能實質地掌握政治權柄，統轄中國疆域，然而只要故宋遺民仍有意識地維護華夏的禮樂衣冠、典章制度，那麼華夏文明猶然存有屹立不搖的契機，此蒙元較難「亡天下」之緣故。若把「國」與「天下」相比，國雖不可謂不重要，然而在亡國之人竭力保家衛國的背後，彼輩意圖捍衛的，其實更是華夏固有的文化資產。

外族政權入主中國的時候，倘若遭到華夏民族的排斥與抗拒，其主要因素總在於文化層面的嚴重隔閡，而不在種族血統上的差異性。（美）科塔克（Conrad Phillip Kottak）稱：「族群的基礎建立在文化相似性（在同一個族群的各個成員中）與文化相異性（介於這個群體和其他群體間）之上。」「在任何一個文化中，一個族群（ethnic group）的成員具有一些共同的信念、價值、風俗習慣及道德規範，這些是由他們的共同的背景而來。某一個特定族群的成員，由於文化特徵的關係，將自己界定為特別的一群人，而且有別於其他族群。」〔註176〕不同族群、族類間的難以相融，大致導源於各自所屬的文化特徵與另一方存有太大的差異處。因此，能不能接受與沿用華夏既有的文化禮俗，或是在相異的文化之間取得平衡點，便成為異族能否成功地統治中國的一項關鍵。回顧中國歷史，蒙元政權雖是第一個「全面性」入主中原的異族政權，然以往亦曾有異族在中國建立「區域性」的政權，中國南北朝時期的北方區域便是由五胡異族所割據，其中包含匈奴、鮮卑、氐、羌、羯等族類，彼輩雖為異族，其間卻不乏有意願接受漢化的統治者〔註177〕，北朝眾多

〔註174〕宋·謝翱，〈吳山謁祠〉，《晞髮遺集》卷上，頁5。引自清·永瑢，紀昀等編，《景印文淵閣四庫全書》，1188冊，頁332。

〔註175〕宋·汪元量，〈送琴師毛敏仲北行〉，《湖山類稿》卷1，頁5。引自清·永瑢，紀昀等編，《景印文淵閣四庫全書》，1188冊，頁225。

〔註176〕（美）科塔克（Conrad Phillip Kottak）著，徐雨村譯，《文化人類學：文化多樣性的探索》（臺北：巨流圖書公司，2005年10月），頁100、頁103。

〔註177〕錢穆稱：「諸胡中匈奴得漢化最早，如劉淵、劉曜父子兄弟一門皆染漢學，故

異族政權裡頭，又以北魏孝文帝（467～499）的爲人〔註178〕，及其勵行漢化的諸多政策最讓人津津樂道。錢穆先生稱：「孝文遷都後的政令，第一是禁胡服，屏北語。其次則禁歸葬，變姓氏。又次則獎通婚。孝文明知鮮卑游牧故習，萬不足統治中華，又兼自身深受漢化薰染，實對漢文化衷心欣慕，乃努力要將一個塞北游牧的民族，一氣呵熟，使其整體的漢化。而一時朝士，文采、經術尤盛。」〔註179〕北魏孝文帝在種族血統上非屬華夏，然願受漢文化薰染與儒家經術的陶冶，勵行漢化以提升文化素養，如此功績終究受到華夏子民的認同。如隋代儒者王通（584～617）便承認了北魏孝文帝的正統地位。〔註180〕元朝之後是明朝，明朝最終亡於滿清，但清朝對中國與漢族的統治卻遠比蒙元細膩得體。是故華夏之所以排斥異族政權的統馭，無法心悅誠服於異族政權，與其說是因爲種族血統方面的差別，還不如說是由於文化習俗方面的殊異。

以史爲鑒，觀外族政權統治華夏人民的種種施爲，北魏、清朝等政權是較爲成功的模範與指標，而蒙元政權卻是個迅速敗亡的歷史借鑒。《元史·順帝本紀》記載：「儒學教授鄭咺建言：『蒙古乃國家本族，宜教之以禮，而猶

匈奴最先起。鮮卑感受漢化最深，故北方士大夫仕於鮮卑者亦最多。鮮卑並得統一北方諸胡，命運較長，滅亡最後。」見氏著，《國史大綱》〔上冊〕，頁261。

〔註178〕據《北史·魏孝文帝本紀》記載：「帝幼有至性。年四歲時，獻文患癰，帝親自吮膿。五歲受禪，悲泣不自勝。獻文問其故，對曰：『代親之感，內切於心。』獻文甚歎異之。……雅好讀書，手不釋卷。《五經》之義，覽之便講。學不師受，探其精奧；史傳百家，無不該涉。……愛奇好士，情如飢渴。待納朝賢，隨才輕重。常寄以布素之意。悠然玄邁，不以世務嬰心。又少善射，有膂力：年十餘，能以指彈碎羊膊骨；射禽獸，莫不隨行所至而斃之。至十五，便不復殺生，射獵之事悉止。性儉素，常服浣濯之衣，鞍勒鐵木而已。帝之雅志，皆此類也。」由上述云云，遂不難知悉孝文帝之爲人，及其受華夏文化陶冶、儒家經術薰染之程度。詳見唐·李延壽，《北史》（臺北：鼎文書局，1976年11月），卷3〈魏孝文帝本紀〉，頁120～121。

〔註179〕錢穆，《國史大綱》〔上冊〕，頁284～285。

〔註180〕據《中說·周公篇》記載，王通稱：「元魏之有主，其孝文之所爲乎？中國之不墜，孝文之力也。」據〈問易篇〉記載，王通稱：「《元經》，其正名乎？皇始之帝，微天以受之也。晉、宋之王，近於正體，於是乎未忘中國，穆公之志也。齊、梁、陳之德，斥於四夷，以明中國之有代，太和之力也。」據〈述史篇〉記載：「董常曰：『《元經》之帝北魏，何也？』子曰：『亂離斯瘼，吾誰適歸？天地有奉，生民有庇，即吾君也。』」詳見隋·王通著，宋·阮逸注，《中說》〔據明世德堂本校刊〕（臺北：臺灣中華書局，1979年2月），卷4〈周公篇〉，頁3；卷5〈問易篇〉，頁7；卷7〈述史篇〉，頁2。

循本俗，不行三年之喪，又收繼庶母、叔嬸、兄嫂，恐貽笑後世，必宜改革，繩之禮法。』不報。」〔註181〕此蒙元習俗與華夏固有禮俗難以融通之證明，「禮」自先秦以來便是中國文化裡頭極其重要的元素，儒家思想亦重視「禮」，禮教對傳統中國社會的影響頗為廣泛，蒙族習俗與華夏禮俗兩者間若無法融通得宜的話，遂容易加深統治者與被統治者之間的鴻溝。加諸中國傳統士儒存有一種「從道」的姿態，有時甚至是凌駕在「從君」的政治立場上頭。對此林毓生先生嘗提出兩點特徵，誠可視為中國傳統士儒對在上位者的訴求。其一、「政治領袖的道德資質遠較制度更為重要；政治的清明歸根結柢是決定於最高政治領袖的人格與見識。」其二、「在實際政治層面，任何政治領袖都要強調他之所以能夠成為政治領袖，是因為他具有高度道德成就與文化修養的緣故，所以他不但應該管理政治事務而且要指導文化與教育，並做國民的精神導師。」〔註182〕援此檢視蒙元執政者的行為舉止，蒙古君主先是下令以武力滅宋，欺凌趙宋子民至慘絕人寰的地步。滅宋之後，更是輕蔑儒術與禮俗，視華夏數千年文化如無物，一味地憑恃武力宰制人民，這樣的政權並不容易符合士儒對執政者在道德、文化等範疇上的訴求。擬推這也是宋季殉節義士與遁隱的故宋遺民「從君」意願降低的因素之一。此外，蒙君喜好佛教的程度，惟恐也勝過對儒術的崇敬及尊重。據《元史・順帝本紀》記載如下：

> 時帝怠於政事，荒于游宴，以宮女三聖奴、妙樂奴、文殊奴等一十六人按舞，名為十六天魔，首垂髮數辮，載象牙佛冠，身被纓絡、……各執加巴剌般之器，內一人執鈴杵奏樂。又宮女一十一人，練槌髻，勒帕，常服，或用唐帽、窄衫。所奏樂用龍笛、頭管、小鼓、……響板、拍板。以宦者長安迭不花管領，遇宮中讚佛，則按舞奏樂。
> 〔註183〕

首先，佛教經格義以後雖有中國化的傾向，然就政治層面觀之，卻終究未如儒術這般與中國傳統政體來得血濃於水。儒家思想講究的是入世的現實精神，儒家的世界觀常須扣緊人事問題來談。但佛家思想講的是寂靜涅槃，講的是出世解脫與轉世輪迴，其世界觀是在人事問題與經驗界之外，另闢一玄

〔註181〕明・宋濂等撰，《元史》（臺北：鼎文書局，1977 年 10 月），卷 44〈順帝本紀七〉，頁 921。

〔註182〕林毓生，〈政教合一與政教分離〉，《政治秩序與多元社會》（臺北：聯經出版公司，1989 年 5 月），頁 95。

〔註183〕明・宋濂，《元史》，卷 43〈順帝本紀六〉，頁 918～919。

妙的輪迴世界,建構成靈魂輪轉不滅之說。因此,首先儒家與佛教就已存在著思想取徑上的衝突性,而蒙元朝廷重佛輕儒的失衡情形頗為嚴重。其次,宋代理學以程朱義理為主流,宋季士儒與宋遺民頗多為理學思想之承載,朱熹說道:「異端虛無寂滅之教,其高過於大學而無實。」〔註184〕「異端之說日新月盛,以至於老佛之徒出,則彌近理而大亂眞矣。」〔註185〕程朱理學某種程度上具有詆譭佛老的排他性傾向,宋遺民與士儒縱使不主動地詆譭佛老,蓋也不樂見儒學在蒙元政權統治下的日趨式微。綜上所述即不難明瞭,蒙族執政者雖統馭中原,然抗拒漢文化的情況卻相當普遍。彼輩在國異政、家殊俗的情況下,猶然不願意移風易俗,因此近則難以與漢文化妥善相融,遠則毫無開創出美好的政績的可能性。蒙古族縱使嘗憑藉鐵騎兵馬所向披靡地佔領中國,但最能讓中國子民心服口服的絕不是逞兇鬥狠、以力服人的霸權,而是依文德招徠、以德服人的王道。蒙元政權隕歿以後,其歷史評價一方面蓋無法與往昔的北魏漢化政權並駕齊驅,另一方面恐怕也遜於清代的文治政績,蒙元憑恃武力的統治方式,著實難以長久地穩固住政權。

華夷共處的環境下的社會動盪,如文天祥有〈胡笳曲〉詩云:「蠻夷雜種錯相于,洛陽殿宮燒焚盡」〔註186〕即描繪出胡漢雜處的窘困局面,先是蠻夷入侵時燒殺擄掠的血腥手段,將或多或少地增添華夷相安的困難度,其後蒙元雖得天下,但對中華文化大體上仍算是興趣缺缺,他們輕蔑漢人,欠缺漢化的主動意願,漢蒙異質文化之間的融合實屬不易,這般彼此對立的兩造,最終極難不產生磨擦與衝擊。王應麟(1223~1296)《困學紀聞》曰:「居中國,去人倫,變華而狄,以滅其國。……書狄入衛,書楚入陳,不忍諸夏見滅於夷狄,故稱入焉。」清代何焯(1661~1722)注曰:「其意蓋深痛乎伯顏之入臨安也。」〔註187〕自宋朝傾覆以來,故宋遺民在緬懷故國、悲憤交加之餘,更是直接地目睹到蒙元統治之下胡漢交雜的諸多亂象,因此,「華夷之辨」、「夷夏之防」等思想議題便再度引發某些宋遺民的深刻省思。鄭思肖〈勵志二首·其一〉即有如下的敘述:

〔註184〕宋·朱熹,〈大學章句序〉,見氏著,《四書章句集注》,頁2。

〔註185〕宋·朱熹,〈中庸章句序〉,見氏著,《四書章句集注》,頁15。

〔註186〕宋,文天祥,〈胡笳曲·其六〉,《指南後錄》,見氏著,《文文山全集》,卷14,頁370。

〔註187〕宋·王應麟撰,〈春秋〉,見氏著,清·翁元圻注,《翁注困學紀聞》(臺北:世界書局,1974年6月),卷6,頁358~359。

炎正遭中微，冠履紛倒置。四壁皆楚歌，獷鬻何兇熾。萬命墮荊棘，
身與豺狼值。攢眼剌荼毒，地無隙可避。君子餓欲死，爲時所唾詈。
白晝行夢中，更相問憔悴。我蟄茅茨下，有生痛自愧。寒燈弔老影，
惻惻不遑寐。……先王澤未泯，中興斷可冀。仰呼籲不平，挺身攄
大志。四方皆風動，德化成漸被。春秋生殺權，華夷有定位。〔註188〕

該詩意向與宗旨，乃先嚴夷夏之防，次表中興之志，一方面藉由詩歌表述摒
棄異族政體的統馭權，另一方面也在在強調趙宋王室的正統性。〔註189〕鄭
氏又有詩云：「哀哉大數乖，妖魔填虛空；劫雨壞世界，欲與大海通。羣愚
捫空走，奪命鬼手中；陰極集萬惱，願天生暖風。」「北荒騰黑陰，飛妖蝕
漢日；閶闔九重門，老胡騎馬入。萬世熙明殿，一朝韃靼窟；江南荒野間，
月黑鬼兵出。」〔註190〕直把蒙族指爲妖魔、飛妖等邪物，又以《心史・久
久書》把蒙族指爲犬羊，其云：「上而天，下而地，中天地之中，立人極焉。
聖人也，爲正統，爲中國；彼夷狄，犬羊也，非人類，非正統，非中國。……
元兇忤天，篡中國正統，欲以夷一之。人力不勝，有天理在。自古未嘗夷狄
據中國，……今犬羊愈恣橫逆，畢力南入，吾指吾在此，賊決滅於吾手，苟
容夷狄大亂，當不復生！……吾爲大宋民，吾君之德不紂，彼非姬發而夷狄，
天如之何傾有道之國？」〔註191〕綜觀上述蒙元忤天，非中國、無正統、非
人類、如犬羊等痛斥之語，知悉鄭思肖與蒙元政權之間誠存著不共載天的國
仇家恨，實可謂勢同水火般地兩難相融。趙宋政權與蒙元政權兩相對照，鄭
氏乃稱：「我被國家仁最深，受父母恩最重，生長理皇聖德汪洋之中，飛躍
道化流行之下，詩書理義誠明其心，衣冠禮樂光華於躬，爲三朝太平民。一
旦罹此禍凶，禽獸其形，乃食人食，得不思大宋乎！」〔註192〕夷考其實，
南宋末年朝政委靡不振，武備的疲弱早已經是病入膏肓，加諸朝廷對權臣的
縱容與示弱，宋理宗對賈似道的器用等等，皆可謂貽笑大方，南宋朝的隱憂

〔註188〕宋・鄭思肖，〈勵志二首・其一〉，《心史・中興集》，氏著，陳福康校點，《鄭
　　　　思肖集》，頁58～59。

〔註189〕據宋・鄭思肖〈和文丞相六歌・其二〉所云：「我憶二王血淚垂，一絲正統懸
　　　　顛危」可知鄭氏奉趙宋王室（二王）爲正統。氏著，《心史・中興集》，見氏
　　　　著，陳福康校點，《鄭思肖集》，頁64。

〔註190〕宋・鄭思肖，〈十三礪十首・其三〉、〈十三礪十首・其六〉，《心史・中興集》，
　　　　見氏著，陳福康校點，《鄭思肖集》，頁82～83。

〔註191〕宋・鄭思肖，《心史・久久書》，見氏著，陳福康校點，《鄭思肖集》，頁103～105。

〔註192〕同前注，頁105～106。

與弊端早已接二連三地曝露出來，這樣的政權亦未可稱作是清明無瑕的美政。倘若把趙宋、蒙元兩造相較而論，趙宋卻有詩書禮樂、衣冠文物，維繫華夏文化之故舊，佔有文化禮俗上的優勢。蒙元雖是驍勇善戰、逞兇鬥狠的遊牧民族，雖能憑藉著蠻橫的武力佔據中國領土，但是論及文化素質，恐怕與南宋朝相去甚遠。是以若將宋朝與元朝相對比較析論，那麼趙宋爲治、蒙元爲亂，亦不失爲持平之論。

此外，鄭思肖復以〈大義略敘〉曰：「今人深中韃毒，匝身浹髓，換骨革心，目而花眩，語而譫錯，竟忘前日人心人形於清明之天，愈久愈昏，鬼霸靈臺，寧復人形而語天理，其史耶？……逆心私意，顚倒是非，痛屈痛屈，冤何由伸！此我〈大義略敘〉實又不容不作。」〔註193〕「夷狄素無禮法，絕非人類。昔中國限之於外，但見衣冠禮樂之盛，不染干戈臊臭之毒。一旦莽爲夷域，盡見醜惡。凡虜有姓者，皆中原遺民，今韃目曰漢人。韃靼則無姓，或娶漢女爲婦，生子願有姓者，竟隨母姓。」〔註194〕又稱：「父死，子皆得全襲父妻爲己妻，唯正妻與生子者不可；或虜主命襲，又不礙，今南人漸有全襲者。……韃靼風俗，人死，不問父母子孫，必揭其尸，家中長幼各鞭七下，呪其尸曰『汝今往矣，不可復入吾家！』庶斷爲崇之迹。」〔註195〕蓋中國文化深受傳統人倫禮法的薰陶，崇尚喪禮，重視養生送死之節，能以死者爲大。諸子思想中墨家不重喪禮、主張節喪，《墨子·節葬下》說道：「厚葬久喪實不可以富貧眾寡、定危理亂」「細計厚葬爲多埋賦之財者也，計久喪爲久禁從事者也」「今唯無以厚葬久喪者爲政」〔註196〕儒家對墨家節葬的觀點絕難苟同，孟子嘗疾呼：「楊墨之道不息，孔子之道不著，是邪說誣民，充塞仁義也。仁義充塞，則率獸食人，人將相食。吾爲此懼，閑先聖之道，距楊墨，放淫辭，邪說者不得作。」〔註197〕蓋已將墨家思想直指爲邪說。孔子亦嘗稱：「生，事之以禮；死，葬之以禮，祭之以禮。」〔註198〕荀子則曰：「事生不忠厚、不敬文謂之野，送死不忠厚、不敬文謂之瘠。君子賤野而羞瘠。」「使生死終始若一，一足以爲人願，是先王之道，忠臣孝子之極也。」「喪禮者，無它焉，

〔註193〕宋·鄭思肖，《心史·大義略敘》，氏著，陳福康校點，《鄭思肖集》，頁190。
〔註194〕同前注，頁177。
〔註195〕同前注，頁182～183。
〔註196〕清·孫詒讓撰，孫啓治點校，《墨子閒詁》，卷6〈節葬下〉，頁170、頁175、頁177。
〔註197〕《孟子》卷6〈滕文公下〉，宋·朱熹，《四書章句集注》，頁272。
〔註198〕《論語》卷1〈爲政〉，宋·朱熹，《四書章句集注》，頁55。

明死生之義，送以哀敬而終周藏也。」〔註199〕儒家文化，尙人倫、重情感，以禮文儀節追思死者，感念親人的恩澤，既是情感的眞實流露，亦是文明禮俗高度的表徵。如上所述，墨家節葬的論調況且難以讓儒者同意，甚至被孟子指爲邪說，由是觀之，蒙古韃靼鞭屍的陋習，蓋難讓儒者容忍與信服。

　　蒙元政權大體上無法獲取故宋遺民的認同或是改觀，蓋可歸納出下列四層因素，第一層因素在於蒙族軍隊的師出無名，以及攻宋時期林林總總的暴力行徑，第二層因素在於蒙族與華夏子民在生活習俗上的根本差異，第三層因素在於蒙人輕蔑華夏文化與儒家思想的傲慢心態，第四層因素在於蒙族入主中原以後貶抑南人的行政措施，及其背後所透露出的種族歧視。統合以上各項因素，足以明瞭蒙族在中國所建立的政權，其合理性其實是備受質疑，亦不難推知故宋遺民看待蒙元政權所抱持的對立與仇視的態度，這諸多因素昭示了蒙族無法長久坐擁中國江山的可預期性。異族入主中國絕難憑藉一時的霸道就能屹立不搖，如果異族政權無法在文化層次上與華夏傳統的禮制習俗相融得宜的話，那麼要在華夏子民心目中獲取正統地位便成緣木求魚之事。

〔註199〕清・王先謙撰，沈嘯寰，王星賢點校，《荀子集解》，卷13〈禮論〉，頁359、頁360、頁371。

第三章　影響宋季士儒抉擇方向的背景因素

　　在蒙元滅宋、改朝換代的新時代中，由宋入元的宋季士儒從「生與死」、「仕與隱」的選項間做出抉擇，「生」與「死」二者當中，選擇「生」者則開出兩條進路，一條是「仕元」，另外一條是「遁隱」。選擇「死」者即是殉節犧牲。另一種特殊情況是如同文天祥與謝枋得。文天祥一開始並未放棄「生」的機會，然而元朝君主卻再三地逼迫其「仕元」，文氏要求「遁隱」的心願也不被元君接納，最終文天祥仍是選擇「死」的選項，秉持仁義地爲宋朝殉節犧牲。謝枋得原先爲了善盡孝道，奉養母親而欲使之安享天年，是以優先選擇了「生」，度過了十年之久的「遁隱」光陰。待其母亡歿，蒙元朝廷又一再地威逼謝枋得擔任元朝職官，此時謝枋得便毅然地選擇了「死」，以絕食餓死的方式爲宋朝殉節犧牲。由此觀之，文、謝二人的「生死」抉擇，似乎是先從「仕隱」議題所開出。然而，螻蟻尚且偷生，生死恐非易事，宋季士儒願意爲理想、爲信念、爲國朝、爲君主犧牲寶貴的生命，這著實是一種令人費解的特殊行爲。蓋環境、思想、行爲之間時常會相互牽涉與影響，擬推彼輩殉節之思想與行爲的背後，著實與宋代的政治環境、學術背景、教育環境等諸多外緣因素，存有一定程度的關聯性。

第一節　文治禮遇

一、提倡儒治與崇尚氣節

　　宋太祖趙匡胤（927～976）早在立國之初，對文治與武功兩端的發展即已顯得失衡，在武功方面過於忌憚武臣，進而造成軍備上的缺陷，甚至喪失了抵禦外患的自保能力，預見了靖康之變的敗亡，這是其矯枉過正的遺禍。然而武事與文事未可一概而論，宋初在文治政績方面的成果確實大有斬獲。太祖對於士大夫給予極大的尊重及禮遇，砥礪士風、任賢興學、崇尚儒治，大舉掃蕩唐末五代以來的鄙俗風氣，務求武人不再專權跋扈，文士不當淪喪操守，是以宋初的朝政堪稱清明，於世道人心既有撥亂反正的效益，同時也給予後世一個良好的示範。唐末五代至宋代開國時期，由於趙宋朝廷對氣節的提倡與崇尚，以及士儒間相互砥礪，杏壇前輩對後進的獎掖與拔擢，使得社會風氣爲之轉變，一掃五代武人仗勢囂張，文人寡廉猥瑣的歪風。此如宋代歐陽修（1007～1072）《新五代史・馮道傳》之記載：「予於五代，得全節之士三，死事之臣十有五，而怪士之被服儒者以學古自名，而享人之祿、任人之國者多矣，然使忠義之節，獨出於武夫戰卒，豈於儒者果無其人哉？豈非高節之士惡時之亂，薄其世而不肯出歟？抑君天下者不足顧，而莫能致之歟？」〔註1〕五代文士節行卑鄙，任職享祿而尸位素餐，罕見忠義高節之疇，雖自名學古之儒，然其行跡操守未有足堪後人稱善之處，著實愧對先聖先賢，故歐陽修譏之爲「怪士」。

　　另如王應麟（1223～1296）所云：「祖宗之制，不以武人爲大帥，專治一道，必以文臣爲經略以總制之。」〔註2〕元代吳萊（1297～1340）則謂：「唐末五季，藩政跋扈，武臣驕縱，君臣父子之義不明。而土地甲兵之強類，無不欲黃屋左纛自爲者。先宋知其然，一旦踐大位，即罷諸節度兵符，遽用儒臣以爲治。」〔註3〕清儒顧炎武（1613～1682）亦稱：「《宋史》言士大夫忠義之氣，至於五季變化殆盡。宋之初興，范質、王溥猶有餘憾。藝祖首褒韓通，

〔註1〕宋・歐陽修，《新五代史》〔百衲本二十四史〕（臺北：臺灣商務印書館，1973年12月），卷54〈雜傳・馮道傳〉，頁18810。

〔註2〕宋・王應麟撰，〈雜識〉，見氏著，清・翁元圻注，《翁注困學紀聞》（臺北：世界書局，1974年6月），卷20，頁1006。

〔註3〕元・吳萊，〈桑海遺錄序〉，引自明・程敏政，《宋遺民錄》卷10〈桑海遺錄序〉，頁2。參照《宋代傳記資料叢刊》（北京：北京圖書館出版社，2006年10月），冊27，頁626。

次表衛融，以示意向。真、仁之世，田錫、王禹偁、范仲淹、歐陽修、唐介諸賢，以直言讜論倡於朝。於是中外薦紳，知以名節為高，廉恥相尚，盡去五季之陋。故靖康之變，志士投袂起而勤王，臨難不屈，所在有之。及宋之亡，忠節相望。」〔註4〕據上，遂可知宋初朝廷意圖矯治前朝歪風，竭力地標榜忠義以及表彰氣節，勿使人臣悖禮犯義；牽制武人權柄，勿使其仗勢專權，在在明確地指示出朝廷意向，這對掃蕩唐末五代以降的陋習與醜態，誠然是樁深謀遠慮的施政舉措。此外，這對儒學規模的重建，以及道德操守的涵養，亦存有推波助瀾的裨益。

中國傳統政治體制與君主的治國方式，通常會以某家思想作為基礎而加以應用，如秦政尚刑法，漢初重黃老，漢武帝（157BC～87BC）時則是憑藉儒法並行的治術。以法家治術而論，誠如《韓非子‧二柄》所稱：「明主之所導制其臣者，二柄而已矣。二柄者，刑、德也。……殺戮之謂刑，慶賞之謂德。為人臣者畏誅罰而利慶賞，故人主自用其刑德，則羣臣畏其威而歸其利矣。」〔註5〕法家思想尊君而卑臣，卻難免過於極端，過於崇尚嚴刑峻法的結果，一來已有違人情常態，二來難免悖逆於厚道。以刑馭臣的結果，恐將造成君臣對立與猜疑。況且孔子（551BC～479BC）嘗稱：「為政以德」「道之以政，齊之以刑，民免而無恥；道之以德，齊之以禮，有恥且格。」〔註6〕宋代君主對待士階層的態度，大抵皆能篤行「刑不上大夫」〔註7〕的禮遇原則，摒棄了法家以刑馭臣的技倆，進而朝著遵循德治、節省刑罰等方向善待士階層。《禮記‧中庸》稱：「仁者，人也，親親為大。義者，宜也，尊賢為大。親親之殺，尊賢之等，禮所生也。」鄭玄（127～200）注曰：「人也，讀如相人偶之人，以人意相存問之言。」〔註8〕意味著仁義道德可透過外顯的行為呈現其本真，仁義由人倫處發端，是一種人與人的互動，互動純正得宜則符合人倫綱常，符合人倫綱常則不悖逆仁義道德。孤獨一人時未嘗能構成人倫關係，

〔註4〕清‧顧炎武，〈宋世風俗〉，《日知錄》（蘭州：甘肅民族出版社，1997年11月），卷13，頁594～595。

〔註5〕清‧王先慎撰，鍾哲點校，《韓非子集解》（北京：中華書局，1998年7月），卷2〈二柄〉，頁39。

〔註6〕《論語》卷1〈為政〉，宋‧朱熹，《四書章句集注》（北京：中華書局，1983年10月），頁53～54。

〔註7〕東漢‧鄭玄注，宋‧岳珂校，《禮記鄭注》〔相臺岳氏本〕（臺北：新興書局，1975年10月），卷1〈曲禮上〉，頁10。

〔註8〕東漢‧鄭玄注，宋‧岳珂校，《禮記鄭注》，卷16〈中庸〉，頁186。

是故關愛親人爲仁的表現，尊敬賢者可爲義的表現，皆是從人與人的互動方式來證成仁義道德。〔註 9〕君臣倫理無疑也是立基於君與臣雙方的互動關係上，孔子曰：「君使臣以禮，臣事君以忠。」〔註 10〕孟子（372BC～289BC）更進一步地說道：「君之視臣如手足，則臣視君如腹心；君之視臣如犬馬，則臣視君如國人；君之視臣如土芥，則臣視君如寇讎。」〔註 11〕因此臣子對君主採取何種態度，時常是按照君主釋出的善意多或寡而做出決定。宋朝自建國之初便以禮遇士大夫著稱，較能純粹地以儒術治理朝政，並以溫和的方式對待臣子，讓臣子感受到朝廷的禮敬及尊重。〔註 12〕宋朝對士大夫的禮遇態度，於國朝存亡之際，終究收到了相應的回報，這樣的情況可由宋遺民殉節與守節的史事予以證實。陸游（1125～1210）《避暑漫抄》對「宋太祖誓碑」有詳實的記載。另外，曹勛（1098～1174）《松隱集‧進前十事箚子》亦載錄徽宗（1082～1135）讓曹勛告知趙構（宋高宗，1107～1187）禮遇士大夫的相關事項，如下列的敘述：

> 藝祖（宋太祖）受命之三年，密鐫一碑，立于太廟寢殿之夾室，謂之誓碑，用銷金黃幔蔽之，門鑰封閉甚嚴。……羣臣及近侍者，皆不知所誓何事。自後列聖相承，皆踵故事。歲時伏謁，恭讀如儀，不敢漏泄。雖腹心大臣，如趙韓王（趙普）、王魏公（王安禮）、韓魏公（韓琦）、富鄭公（富弼）、王荊公（王安石）、文潞公（文彥博）、司馬溫公（司馬光）、呂許公、申公（呂夷簡），皆天下重望，累朝最所倚任，亦不知也。靖康大變，犬戎入廟，悉取禮樂祭祀諸法物而去，門皆洞開，人得縱觀。碑止高七八尺，闊四尺餘，誓詞三行，

〔註 9〕 漢儒釋「仁」注重在人的外顯行爲，宋儒釋「仁」則注重在內蘊的心理與動機。例如朱子稱：「仁者，愛之理，心之德也。爲仁，猶曰行仁。」云愛之理者，即把仁導往本體論的方向發展，云心之德者，則認爲仁德切關內心的動機與想法，例如朱子釋《中庸》的「慎獨」時說道：「實與不實，蓋有他人所不及知而己獨知之者，故必謹之於此以審其幾焉。」分別引自氏著《四書章句集注》，《論語》卷 1〈學而〉，頁 48；同書《中庸》第六章，頁 7。

〔註 10〕 《論語》卷 2〈八佾〉，宋‧朱熹，《四書章句集注》，頁 66。

〔註 11〕 《孟子》卷 8〈離婁下〉，宋‧朱熹，《四書章句集注》，頁 290。

〔註 12〕 姚瀛艇先生主編，《宋代文化史》該書的第一章「宋廷的右文政策」之第一節「尊師重道，優禮儒士」之中，就曾從「對孔子的尊崇和對儒學的提倡」、「對儒臣學官的禮遇」、「對館閣侍從的禮遇」等方面進行論述，以證明宋朝優禮士太夫與儒臣之實情。見氏編，《宋代文化史》（開封：河南大學出版社，1992年 2 月），頁 16～19。

一云：「柴氏子孫有罪，不得加刑，縱犯謀逆，止於獄中賜盡，不得
市曹刑戮，亦不得連坐支屬。」一云：「不得殺士大夫及上書言事人。」
一云：「子孫有渝此誓者，天必殛之。」〔註13〕

（宋徽宗）嗚咽又語臣（曹勛）曰：「歸可奏上，藝祖有約，藏于
太廟，誓不誅大臣、言官，違者不祥。故七祖相襲，未嘗輒易。
每念靖康年中誅罰爲甚，今日之禍雖不止此，然要當知而戒焉。
〔註14〕

宋朝自太祖時即有意以禮遇「士大夫」、「上書言事人」做爲世代相襲的目標，
儼然如同一種立國精神。靖康之變以後，徽宗仍然掛念著「宋太祖誓碑」禮
遇大臣的內容，並託付回歸南宋朝廷的曹勛，讓他告知高宗趙構「宋太祖誓
碑」之密事，吩咐高宗當記取祖宗遺訓，切莫誅殺「大臣」、「言官」，因此縱
使北宋朝已然滅亡，但宋朝禮遇士大夫的立國精神，卻未伴隨著朝廷的南遷
而改弦易轍。《宋史》贊曰：「司馬遷論秦、趙世系同出伯益。夫稷、契、伯
益其子孫皆有天下，至於運祚短長，亦係其功德之厚薄焉。趙宋雖起於用武，
功成治定之後，以仁傳家，視秦宜有間矣。……建炎而後，土宇分裂，猶能
六主百五十年而後亡，豈非禮義足以維持君子之志，恩惠足以固結黎庶之心
歟？」〔註15〕趙宋皇族對待士大夫的謙遜與厚道，維繫禮樂文治的費心與堅
持，皆是歷歷在目的歷史實事，是以能令撰史者由衷地景仰與讚嘆。此外，《宋
史·謝皇后傳》曾有以下的記載：

京朝官聞難，往往避匿遁去。太后命揭榜朝堂曰：「我國家三百年，
待士大夫不薄。吾與嗣君遭家多難，爾小大臣不能出一策以救時艱，
內則畔官離次，外則委印棄城，避難偷生，尚何人爲？亦何以見先
帝於地下乎？」〔註16〕

謝皇后爲宋理宗（1205～1264）之后，宋度宗（1222～1674）時尊爲皇太后，
宋恭宗瀛國公（1271～？）時尊爲太皇太后。謝太后歷經理宗、度宗、恭宗

〔註13〕宋·陸游，《避暑漫抄》，引自《叢書集成新編》（臺北：新文豐出版公司，1985
　　　年1月），第86冊，頁668。

〔註14〕宋·曹勛，〈進前十事劄子〉，《松隱集》卷26。引自清·永瑢，紀昀等編，《景
　　　印文淵閣四庫全書》（臺北：臺灣商務印書館，1986年3月），1129冊，頁483
　　　下。

〔註15〕元·脫脫等撰，《宋史》（北京：中華書局，1977年11月），卷47〈瀛國公本
　　　紀〉，頁938～939。

〔註16〕元·脫脫等撰，《宋史》，卷243〈后妃下·謝皇后傳〉，頁8659。

三朝,她對宋末朝廷的施政方針有著一定程度的影響力〔註17〕,從謝太后所疾呼「我國家三百年,待士大夫不薄」此語,便不難看出南宋朝對於「宋太祖誓碑」的恪遵,以及對士大夫與言事官的善待。觀宋朝從趙匡胤開國之初,直至南宋朝亡於蒙古,其間朝廷對士大夫所釋出的誠意與禮遇,大體來講仍稱得上是持之以恆、善始善終。君臣關係在政治環境裡無疑是極其切要的一環,而在上位者對士大夫禮遇的程度,也將直接關係到「臣」對「君」的忠誠度,甚至影響到彼輩對整個皇族朝廷的認同感。以宋朝來講,禮遇士大夫是宋太祖立國之初既定的重大政策,趙宋歷任君主必須承接「宋太祖誓碑」上的遺訓與誓言,迨至南宋朝,高宗趙構接收到徽宗託付予曹勛的殷切叮嚀,再次強調誓碑上不殺「大臣」、「言官」的立國精神。因此從整體上看來,趙宋皇族始終依循著禮遇士大夫的立國精神,盡可能禮賢下士地與士大夫和諧共處,朝著「君使臣以禮」、「刑不上大夫」等方向邁進。宋代禮遇士大夫,獎掖後進、廣納賢才,進以建構出規模龐大的文治體制。吳雁南等人有如下的稱述:

> 宋代建立了文官制度,形成了較為開明的政治風氣,……這就為進一步的兵制、官制改革奠定了基礎。……改革後的兵制,有效地防止了武人割據之禍,對社會秩序的穩定起了積極的作用。……官制的改革則使中央集權制度化,從而形成以文臣治國的文官制度。〔註18〕

宋初朝廷以重文輕武的政策削弱武人勢力,故後世對宋朝的歷史印象動輒斥其「文弱」,然就當時情勢看來,猶必要替文弱的始末予以同情及理解。一者、士大夫本就最擅長於知識與治政,由於具備崇高的道德理想與治世的才幹,伴隨而來的便是性格上的傲氣與過於常人的自尊與自信。余英時先生稱:「士能不論窮達都以道為依歸,則自然發展出一種尊嚴感,而不為權勢所屈。」〔註19〕

〔註17〕《宋史·后妃下·謝皇后傳》稱:「開慶初,大元兵渡江,理宗議遷都平江、慶元,后諫不可,恐搖動民心,乃止。……太后以兵興費繁,痛自裁節,汰慈元殿提舉已下官,省汎索錢緡月萬。平章賈似道兵潰,陳宜中上疏請正其罪。太后曰:『似道勤勞三朝,豈宜以一旦罪而失遇大臣禮?』先削其官,後乃置法貶死。」引自元·脫脫等撰,《宋史》,卷243〈后妃下·謝皇后傳〉,頁8659。

〔註18〕吳雁南,秦學頎,李禹階等主編,《中國經學史》(臺北:五南圖書出版公司,2005年8月),頁218。

〔註19〕余英時,《中國知識階層史論·古代篇》(臺北:聯經出版公司,1980年8月),頁41。

此語最能描繪出士大夫的性格特質。因此君主倘若無法禮遇士大夫，或是不能提供一處優渥的施政環境，恐將難以提升儒者出仕與爲政的主動意願，職是之故，建構縝密的文官制度誠乃不得不爲的必要舉動。二者、「文治」與「武事」在中國歷史的早初，並不是被對立看待的衝突與兩造，顧頡剛先生（1893～1980）有如下的考據：

> 吾國古代之士，皆武士也。士爲低級之貴族，居於國中（即都城中），有統馭平民之權利，亦有執干戈以衛社稷之義務，……孟子曰：「設爲庠、序、學、校以教之。……『序』者，射也。」其實非特「序」爲肄射之地，他三名皆然。《周官》大司徒以鄉三物教民，「三曰六藝：禮、樂、射、御、書、數」，而禮有大射、鄉射，樂有〈騶虞〉、〈貍首〉，御亦以佐助田獵，皆與射事發生關聯。其所以習射於學宮，馳驅於郊野，表面固爲禮節，爲娛樂，而其主要之作用則爲戰事之訓練。〔註20〕

> 觀《論語》記孔子言曰：「君子無所爭，必也射乎」（〈八佾〉）又曰：「吾何執？執御乎，執射乎？吾執御矣」（〈子罕〉），《禮記·射義》亦云：「孔子射於矍相之圃，蓋觀者如堵牆」，知孔子於射、御之事俱優爲之。……《史記·孔子世家》記其事曰：「冉有爲季氏將帥，與齊戰於郎，克之。季康子曰：『子之於軍旅，學之乎，性之乎？』冉有曰：『學之於孔子』」。使其言信，則孔子固知兵，彼衛靈公問陳而答以「軍旅之事未之學」者，其託詞矣。……孔子答子路問成人，其條件之一曰：「卞莊子之勇」；又言其次焉者，曰：「見危授命」（〈憲問〉）。足見其時士皆有勇，國有戎事則奮身而起，不避危難，文、武人才初未嘗界而爲二也。〔註21〕

除了上述顧氏的考證以外，余英時先生亦嘗稱：「從歷史的觀點討論士的起源問題，多數近代學者都認爲『士』最初是武士，經過春秋、戰國時期的激烈的社會變動然後方轉化爲文士。」〔註22〕據是可知文治與武事實有並行不悖的可行性，端看在上位者如何施爲。我們暫先撇開朝廷當中的人事傾軋不談，宋代的孱弱與偏安的情況，確實都是導致國族覆滅的外緣因素，但孱弱與偏

〔註20〕顧頡剛，《史林雜識初編》（北京：中華書局，1963年2月），頁85～86。
〔註21〕同前注，頁86～87。
〔註22〕余英時，《中國知識階層史論·古代篇》，頁7。

安的罪責是否應該指向文治的昌明，卻遺留下探討與再議的空間。若把宋朝
屏弱的問題一味地怪罪在文人頭上，指之爲「文弱」，或是歸咎於文官勢力的
抬頭，將促使武臣勢力趨向邊緣化，其是非曲直皆有待進一步地思考與探究。
宋代文治與武事傾向於對立，朝廷重文治而輕武事，這是宋太祖立國之初所
堅持的既定宗旨，並非出自朝廷文官本身的想法或是私心。北宋朝廷，無須
諱言地確實彌漫著重文輕武的氛圍，例如：張載（1020～1077）年少之時喜
好兵事，曾經以書謁見范仲淹（989～1052），范仲淹知其遠器，是以稱曰：「儒
者自有名教可樂，何事於兵。」〔註23〕難免呈現出重文輕武、貴文賤武的文
弱氣息。但是在宋朝南渡之時，主戰派與主和派的立場產生分歧，一度僵持
不下，這時大多數的文臣皆能同仇敵愾地與岳飛（1103～1142）一同站在主戰
立場。滿朝文臣對武將出師北伐、恢復故土的軍事行動，大抵都是樂觀其成
地予以支持，對主張和議的秦檜（1090～1155）反倒覺得深惡痛絕，不屑與之
爲伍。

　　身處在大敵當前與山河淪喪的窘態之中，士大夫況且能夠痛定思痛，一
掃不喜兵事的文弱習氣，由此觀之，文治的昌明不必然成爲削弱武臣勢力的
利器，至於文臣與武將的勢如水火，從文官支持岳飛北伐的例子看來，蓋也
不是歷史的事實。宋朝的屏弱，惟恐不是單憑文治昌明此點，便足以造成如
此巨大的影響。另外，朝廷禮遇士大夫的恩澤，雖然促使文臣勢力的抬頭，
但這也不意味著必須同時貶抑武臣的地位與價值。追根究底，造成宋代屏弱
最直接的責任歸屬仍在宋代皇族本身，宋太祖最初爲矯治唐末五代以來節度
使驕縱與叛亂的惡習，故不得不從制度面著手，釜底抽薪地拔除武將的軍事
權柄，背後動機乃爲鞏固趙宋「家天下」政權的永續流傳，而務必對掌握軍
權的外姓勢力防患於未然。趙宋皇族重文輕武的策略，雖說肇始於根治武人
擁兵自重與跋扈叛亂的病狀，然而卻拿捏不當地造成文武勢力的嚴重失衡，
不免步入了矯枉過正的窠臼，這是早在趙宋開國之初就注定要承受的根本性
疑難。

二、文治鼎盛的疑難與迴響

　　趙宋禮遇文臣有助於砥礪士人氣節以及澄清吏治，其制度的本身著實稱
不上是錯誤，而提倡文治的本身亦不宜被視爲政策性的錯誤，然相關的實行

〔註23〕元・脫脫等撰，《宋史》，卷 427〈道學一・張載傳〉，頁 12723。

措施拿捏不當，加諸僅停留於文治方面的精進卻忽略武備方面的功績，這些失衡之處逐漸地演變成弊端，甚至導致蠶食國力的負面後果，這方為謬誤所在之處。宋朝文治所面臨到的疑難可從兩方面談論。第一是關於人事範疇，第二是關於財政範疇。

（一）人事範疇

從人事範疇談起，朝廷之中能決定政策或參與施政的成員，無非是以君臣為主。先就君主的部分論述，君主所扮演的時常是決策者的角色，其好惡取捨都將直接地牽動國家政策的訂定。張孟倫先生說道：「宋以忠厚開國，故其繼體之君，賢者仁慈，不肖者柔懦，姑息苟安，求其英明奮發，不多得也。」〔註24〕宋代君主治國慣性，一來相當仰賴文官，二來過度壓抑武臣，勿使武事與文治齊頭並進。回溯建國之初，宋太祖為防範武臣奪權得位，便刻意藉文治削弱軍人勢力，誠是不得不為之舉。久之，受文治彰明的影響所及，使得朝廷在砥礪氣節、培養品德等方面的發展已有鮮明的成效，這時候君主對武臣的顧慮，其實也就無須過度地杯弓蛇影或是因噎廢食。南宋初期既有岳飛這樣義勇兼備的名將為朝廷出力，宋高宗本當予以肯定及器重，毋須過於忌憚或質疑，然高宗卻仍舊容不下武臣勢力，甚至基於個人私心地誅殺岳飛，這無非楬櫫出宋朝在武備政策上是多麼地師心自用與冥頑不靈。要之，宋代文治昌明的本身絕非惡例，然文治與武事的失衡，卻無疑是替日後的傾覆種下禍端。

再就臣子的部分來講，張孟倫先生說道：「故其為政，舉綱張目，繁委周密。一時臣下，莫不循禮守分，墨篤成規，不達權變；求其果毅趫弛之士，不易見也。宋初獎名節，厲廉隅，大臣多以是耿介自持，謇諤自負，往往遂性狷忿，不肯從人，以至過中失正，不顧大體；求其廣大以容人之異己者，不常有也。」〔註25〕張氏此語頗能道中其癥結，宋代士大夫階層抬頭雖代表著文治鼎盛，然文人相輕、各執己見；學術不一、策略不謀，終究流於意氣之爭而造成朋黨傾軋，如北宋的元祐黨爭即是援例。此外，君主的禮遇態度雖促使文臣地位大幅提升，但這對朝廷國族來講實為利弊交雜，就其利而言在於增強士大夫的使命感與養成士大夫的氣節操守。宋朝向來以禮遇士大夫著稱，而其對士大夫的尊重確實曾經造就出一流的人臣，例如北宋朝的范仲

〔註24〕張孟倫，《宋代興亡史》（臺北：臺灣商務印書館，1965 年 1 月），頁 57。
〔註25〕同前注，頁 57。

淹，其言云：「予嘗求古仁人之心，⋯⋯何哉？不以物喜，不以己悲。居廟堂之高，則憂其民；處江湖之遠，則憂其君。是進亦憂，退亦憂。然則何時而樂耶？其必曰：先天下之憂而憂，後天下之樂而樂乎！」〔註26〕士人能具備如此寬闊的胸襟與以天下爲己任的使命感，一方面固然攸關於本身的人品與資質，二方面正是朝廷之禮遇，並給予相當程度決策與施爲的空間，進而能引發而出正面的迴響。君主與臣子的關係確實相當微妙，有時候是相得益彰，有時候卻是相互抵制，但無論如何，治理天下這樣艱巨費神的事情，君主蓋無法獨挑大樑，是以朝廷必須分官設職來建構一套縝密的行政體系。臣子的身份，同時也就是擔任官職與負責行政的必要角色。余英時先生說道：「士大夫與皇帝同治天下是宋代政治文化中一大特色」「與皇帝『同治』或『共治』天下是宋代儒家士大夫始終堅持的一項原則。」〔註27〕由於君主無法獨立地施政與治國，仍必須融入官僚體制當中，與士大夫「同治」或「共治」天下〔註28〕，這當中呈現出君臣彼此間的交互關係，一方面雖可說是緊密聯結，另一方面卻隱約透露出一種緊張的氛圍。追溯其源頭，那就是儒家思想始終存著一種凌駕在君主權位之上的價值觀，關於此點可以參見《孟子・盡心下》、《荀子・子道篇》的說法，如下列所述：

> 說大人，則藐之，勿視其巍巍然。堂高數仞，榱題數尺，我得志弗爲也；食前方丈，侍妾數百人，我得志弗爲也；般樂飲酒，驅騁田獵，後車千乘，我得志弗爲也。在彼者，皆我所不爲也；在我者，皆古之制也，吾何畏彼哉？〔註29〕

> 入孝出弟，人之小行也；上順下篤，人之中行也；從道不從君，從義不從父，人之大行也。〔註30〕

〔註26〕 宋・范仲淹，〈岳陽樓記〉，引自氏著，李勇先、王蓉貴校點，《范仲淹全集》（成都：四川大學出版社，2007年11月），頁195。

〔註27〕 余英時，《朱熹的歷史世界：宋代士大夫政治文化的研究》〔上冊〕（臺北：允晨文化，2003年6月），頁303、頁311。

〔註28〕 余英時先生稱：「王安石『以道進退』，而司馬光『義不可起。』他們都以『天下爲己任』，皇帝如果不能接受他們的原則，與之共『治天下』，他們是決不肯爲作官之故而召之即來的。宋代士大夫的風格便是在這種原則性的政爭中逐漸培養起來的。士大夫持『道』或『義』爲出處的最高原則而能形成一種風尚，這也是宋代特有的政治現象。」引書同前注，頁306。

〔註29〕 《孟子》卷14〈盡心下〉，宋・朱熹，《四書章句集注》，頁373。

〔註30〕 清・王先謙撰，沈嘯寰、王星賢點校，《荀子集解》（北京：中華書局，1988年9月），卷20，〈子道篇〉，頁529。

士大夫協助君主治國的最理想狀態乃是秉持著「從道不從君」的前提，君位雖然崇高尊貴，然而與「道」相較，不免還是下落一層，因此，士大夫並非全然無條件地遵奉君主的個人意志或訴求，而僅僅是奉行君主意志裡頭合乎道義的那些部分，如果發生「道不同」的情況，士大夫恐怕仍是「不相為謀」。〔註31〕君主假使曉得勤勉於平治天下、掛念蒼生疾苦，而且是真心誠意地禮遇士大夫的話，虛心地接受士大夫所堅持的相關訴求，如此方能掌握與士大夫「同治」或「共治」天下的契機。像孟子這樣的士人所以膽敢以「勿視其巍巍然」的心態看待君主，這是因為士人的訴求往往與個人利益毫無牽扯，因而在無欲則剛的大前提之下，士人所發出的不平之鳴，大抵是關係到天下蒼生的福祉與生計，或者是牽引著國族命脈的存亡興廢，因此士人才膽敢理直氣壯、無畏無懼地請求君主全力配合。在「同治」或「共治」天下的情況下，無疑是替君臣二者增添了平等互助的需求性，那麼君主對士大夫的態度便得多一分禮遇，畢竟「君之視臣如土芥，則臣視君如寇讎」〔註32〕，全然君尊臣卑的想法很難讓士大夫心悅誠服。人臣受儒家思想的陶冶，具備「從道不從君」、「道不同，不相為謀」的自主意識，但這樣的意識有時候卻讓君主備感壓迫，君與臣之間也難免存在著緊張感。例如宋高宗回顧王安石（1021～1086）的熙寧變法，便抨擊王安石「道尊於位」的觀念，此如下列之記載：

> 高宗謂輔臣曰：「陳瓘昔為諫官，甚有讜議。近覽所著《尊堯集》，明君臣大分，合於《易》天尊地卑及《春秋》尊王之法。王安石號通經術，而其言乃謂『道隆德駿者，天子當北面而問焉』，其背經悖理甚矣。瓘宜特賜諡以表之。」諡曰忠肅。〔註33〕

君臣互助雖說是推動政策的必循路徑，然君臣之間存在的緊張感卻必須設法克服。此外，互助的方式亦是大相逕庭，略舉宋朝的幾件大事為例，澶淵之盟乃是宋真宗（968～1022）與寇準（961～1023）君臣互助共治的結果，慶曆新政即是宋仁宗（1010～1063）與范仲淹君臣互助共治的成果，宋金的紹興和議，誅殺岳飛等事件卻是宋高宗與秦檜狼狽合謀的歷史醜聞。宋末朝政的腐敗不振，賈似道（1213～1275）等權臣固然責無旁貸，但是重用賈似道的宋理宗，其該當擔負的連帶責任亦是不容推卸。夷考其實，君臣共治天下本非反掌折枝的易事，即便真能和諧共治，其共治的結果也未必能盡善盡美，

〔註31〕《論語》卷8〈衛靈公〉，宋·朱熹，《四書章句集注》，頁169。
〔註32〕《孟子》卷8〈離婁下〉，宋·朱熹，《四書章句集注》，頁290。
〔註33〕元·脫脫等撰，《宋史》，卷345〈陳瓘傳〉，頁10964。

而常是有成有敗、有善有惡。由是政治環境的複雜性遂不難觀見。綜上所述，第一、建構縝密的文治體制大致而言不能算是謬誤。然而如何舒緩君臣之間的緊張感，以達君臣共治天下的和諧性，設法在道與勢的糾葛中取得平衡。如何調解百官之間的對立關係，以防止黨爭問題的擴大與延燒。如何確實地掌控文官的素養與才幹，不以職官之量多為務，而是側重其實質與效用，亦勿使冗員問題影響政權的運轉〔註 34〕，這些確實都是不容小覷的考驗與難題。第二、禮遇士大夫的政策本身亦無不當之處，要緊的是君主所禮遇的對象是如范仲淹這樣的正人君子，還是如秦檜、賈似道這類的奸邪小人。要之，君臣關係的糾纏與官僚體系的複雜性，的確是宋朝文治環境所面臨到的第一層疑難。

（二）財政範疇

宋朝文治環境所面臨到的第二層疑難，便是冗官問題所造成的財政危機。宋代耗費國家財用的因素固然是發餉予冗兵以及納幣予外患，然另一項財用支出的因素則與禮遇士大夫的政策息息相關，宋代自開國之初對文臣就頗為禮遇，蓋禮遇文臣一來可砥礪士節，培養品德與樹立善良的風俗，二來朝廷借助龐大的文官體系來箝制武官勢力，終究還是與抑武政策互為表裡。〔註 35〕朝廷禮遇文臣先須廣披恩澤，亦須以祿利薪俸作為厚賞與恩賜。根據清代趙翼（1727～1814）《二十二史箚記》記載，宋代朝廷對臣子的賞賜，其概要如下所述：「宋制，每三歲一親郊，大小各皆得蔭子。……是郊祀恩蔭已極冗濫。此外又有賞賚。……俸錢、祿米之外，又有職錢，……俸錢、職錢之外，又有元隨傔人衣糧，……衣糧之外，又有傔人餐錢。」〔註 36〕「宋制，設祠祿之官，以佚老優賢，……初設時員數甚少，後以優禮大臣之老而罷職者，日漸增多。……蔭子固朝廷惠下之典，然未有如宋代之濫者。文臣自太師及開

〔註 34〕 葉坦，蔣松岩稱：「集權產生官僚機構膨脹，經費入勿敷出，職能機制運轉不靈──冗兵、冗官、冗費、積貧、積弱的惡果，迫使宋政權在內憂外患的壓力下，不斷謀求拯救危機的變革，而在如何變革的選擇上又形成不同的思想主張和政治派別。」引自氏等著，《宋遼夏金元文化史》（上海：東方出版中心，2007 年 5 月），頁 31。

〔註 35〕 錢穆先生稱：「宋代既立意要造成一個文治的局面，故一面放寬了進士的出路，一面又提高文官的待遇。處處要禮貌文官，使他不致對武職相形見絀。」見氏著，《國史大綱》〔下冊〕（臺北：臺灣商務印書館，1995 年 7 月），頁 543。

〔註 36〕 清‧趙翼著，王樹民校證，《二十二史箚記校證》（北京：中華書局，2005 年 1 月），卷 25〈宋郊祀之費〉、〈宋制祿之厚〉，頁 532～533。

府儀同三司，可蔭子若孫及期親、大功以下親并異姓親及門客。」〔註37〕「宋制，祿賜之外，又時有恩賞。」〔註38〕宋代朝廷對臣子的待遇相當優渥，郊祀費、制祿、祠祿、恩蔭、恩賞等等，對臣子的照料實可謂呵護備至，然賞賜之厚亦各有其利弊，趙翼這麼說道：「歷代以來，捐軀徇國者，惟宋末獨多，雖無救於敗亡，要不可謂非養士之報也。然給賜過優，究於國計易耗，恩逮於百官者惟恐其不足；財取於萬民者不留其有餘。此宋制之不可為法者也。」〔註39〕錢穆先生（1895～1990）考稱：「宋代進士一登第即釋褐，待遇遠較唐代為優。而登科名額，亦遠較唐代為多。應進士試者，太平興國八年多至萬二百六十人，淳化二年至萬七千三百人。」〔註40〕宋代朝廷既放寬仕途門檻，祿利與賞賜也堪稱富裕豐碩，其利雖能藉由恩澤禮遇職官與收買人心。施人以恩典、誘人以利祿，起初並未產生明顯的負作用，但時日既久而冗員愈多，造成施恩對象與財務支出範圍的擴增，朝廷這時卻猶未根據財物狀況做出適當的調整與分配，或是痛定思痛，大刀闊斧地設置停損點。因此，宋朝對龐大的人事開銷逐漸應接不暇，最終竟使得國家的財務狀態陷入艱難。

　　宋朝對文儒的尊重與優禮，之於人臣而言，蓋是一種知遇的恩澤，另一方面也有助於化解君臣之間的對立形勢，緩衝君尊臣卑的緊張感。《宋史‧瀛國公本紀》有贊曰：「司馬遷論秦、趙世系同出伯益。夫稷、契、伯益其子孫皆有天下，至於運祚短長，亦係其功德之厚薄焉。趙宋雖起於用武，功成治定之後，以仁傳家，視秦宜有間矣。……建炎而後，土宇分裂，猶能六主百五十年而後亡，豈非禮義足以維持君子之志，恩惠足以固結黎庶之心歟？」〔註41〕宋朝對士儒的尊重與器用，姑且撇開其挾帶而出的財政失衡問題，至少就士儒心理層面的安頓，以及對氣節道德的培養這些面向來講，皆足以產生極大的激勵作用。相關援例如《宋元學案‧魯齋學案》所載趙復之事跡，其云：「元師伐宋，屠德安，姚樞在軍前，凡儒道釋醫卜占一藝者，活之以歸，先生在其中，……而先生不欲生，月夜赴水自沈，樞覺而追之，方

〔註37〕清‧趙翼著，王樹民校證，《二十二史劄記校證》，卷25〈宋祠祿之制〉、〈宋恩蔭之濫〉，頁534～535。

〔註38〕清‧趙翼著，王樹民校證，《二十二史劄記校證》，卷25〈宋恩賞之厚〉，頁537。

〔註39〕清‧趙翼著，王樹民校證，《二十二史劄記校證》，卷25〈宋制祿之厚〉，頁534。

〔註40〕錢穆，《國史大綱》〔下冊〕，頁541。

〔註41〕元‧脫脫等撰，《宋史》，卷47〈瀛國公本紀〉，頁938～939。

行積屍間，見有解髮脫履呼天而泣者，則先生也，亟挽之出。……世祖嘗召見曰：『我欲取宋，卿可導之乎？』對曰：『宋，父母國也，未有引他人之兵，以屠父母者。』世祖義之，不強也。先生雖在燕，常有江漢之思，故學者因而稱之。」〔註 42〕元軍攻宋期間，單單是城池淪陷，就足以讓像趙復這般的愛國志士痛不欲生，而意圖用自盡的方式結束性命，這正意味著宋代士儒與國朝之間，確實存在著一股同舟共濟的整體感，國朝對士儒而言，絕對不是遙遠疏離的空中樓閣，而是完全切於己身的一處歸屬標的，基於這種難分難捨的情感因素，在宋亡之時，士儒所承受的痛楚，所萌發的悲憤與煎熬，可想而知將會是何等的糾葛與沉重。

　　人既是情感的動物，同時也是認知的動物，倚靠情感聯繫族類，憑藉認知擷取道德。人非草木，怎能無情，所以大體來說，國朝對士儒的禮遇愈多、恩澤愈厚，士儒對國朝的感念也會愈加地刻骨銘心，這是人之常情，亦屬人道之常理，古有云：「士為知己者死」〔註 43〕宋代向來以禮遇士人著稱，可謂是士之知己者。士人受恩必報，除卻感念知遇之恩，亦是一種禮的表現。《禮記・曲禮上》稱：「太上貴德，其次務施報。禮尚往來。往而不來，非禮也；來而不往，亦非禮也。人有禮則安，無禮則危。」〔註 44〕禮尚往來、知恩圖報的觀點誠如孟子所謂「君之視臣如手足；則臣視君如腹心。」〔註 45〕觀趙宋朝廷對臣子的施恩、器重等作為，無非已替趙宋王室與士儒之間搭建起善意友好的橋樑，此舉將使得士儒對國朝萌生出一種休戚與共的依存之情，趙宋覆滅當時，士儒亦有以「死」報之者，蓋為人臣盡忠循禮的極致體現。再舉《論語・陽貨》記載之例，宰我（522BC～458BC）意欲縮短守喪之期，孔子曰：「食夫稻，衣夫錦，於女安乎？」「夫君子之居喪，食旨不甘，聞樂不樂，居處不安。」〔註 46〕父母之恩，不得須臾忘卻，父母之歿，為人子女者自然是食不知味、寢食不安。國者，父母之邦，國之覆滅，如喪考妣，豈能不痛心疾首。尤其是士大夫，食夫國家之稻，衣夫國家之錦，一朝亡國，若不能以身徇之，於心恐有未安，為故國守節，則宛如替父母服喪。諸如上述

〔註 42〕清・黃宗羲，清・全祖望，《宋元學案》（臺北：河洛圖書出版社，1975 年 3月），卷 90〈魯齋學案〉，頁 125～126。

〔註 43〕豫讓之語，引自漢・司馬遷撰，（日本）瀧川龜太郎考證，《史記會注考證》（臺北：大安出版社，1998 年 9 月），卷 86〈刺客列傳〉，頁 998。

〔註 44〕東漢・鄭玄注，宋・岳珂校，《禮記鄭注》，卷 1〈曲禮上〉，頁 3。

〔註 45〕《孟子》卷 8〈離婁下〉，宋・朱熹，《四書章句集注》，頁 290。

〔註 46〕《論語》卷 9〈陽貨〉，宋・朱熹，《四書章句集注》，頁 181。

所云，大略是從士儒的情感面向加以析論。然而宋代士儒看待國朝的態度，除了情感層面以外，無非又挾帶了高度的道德認知。

　　儒者飽讀聖賢詩書，習禮遵義，故立身行事先須以道德爲圭臬。士儒道德思想之奠基，主要根源於儒家義理，倘若就宋季儒者而言，則又與程朱理學之發揚存有顯著的關聯性，透過義理的涵養教化，儒者的進退居處往往是以宗師孔孟作爲處世的宗旨，以恪遵仁義綱常作爲依據的標準。宋季士儒面臨改朝換代的時代變局的同時，定得做出壯士斷腕般的重大抉擇，然而做出抉擇的背後，亦須對儒家義理加以審視及省思，職是之故，忠義、氣節、綱常等道德概念，自然會存在於彼輩的意識當中，這樣的意識換言之也就是一種價值觀點，宋儒之所以能培養出強烈的道德意識，並且把儒家義理視爲必然奉行的價值標準，這其實仍舊關係到宋朝的開國政策及朝廷的具體施爲，宋朝能以儒術治政，大力提倡仁義，砥礪士儒的氣節。故而上行下效、風行草偃，使儒者浸潤於道德教化之間，久而久之遂能操存涵養，造育出光風霽月的高尚品德。綜上所述，是以宋儒於國朝存亡危急之際，毋寧爲忠義護國的志士，毋寧爲挺身殉道的君子，也不屑爲斗筲穿窬之小人。臨難苟免或是叛國求生的情形，從君子的角度觀之，著實與斗筲穿窬之人無異。

　　宋朝禮遇士大夫的積極迴響，從宋季殉節現象中最能得到證實。文天祥（1236～1282）囚處燕京凡三年之久，始終不願意歸順元朝，元世祖（1215～1294）召諭問其心願，文天祥說道：「天祥受宋恩，爲宰相，安事二姓？願賜之一死足矣。」〔註47〕其中「受宋恩」一語便是士大夫承蒙宋朝的禮遇，進以激發出知恩圖報的道義與情感，彼輩臨難毋苟免地決意與國朝共體時艱，甚至是共存亡。另外，明代柯維騏（1497～1574）《宋史新編·呂文煥傳》云：「天祥幷斥文煥及師孟謂：『父子兄弟受國厚恩，不能以死報國，乃合族爲逆。』文煥大慙恚。」〔註48〕相較於文天祥的知恩圖報與理直氣壯，呂文煥、呂師孟的忘恩負義遂顯得自慙形穢了！倘若君臣大義不是一種衡量人臣品格的標準，那麼呂文煥在面對文天祥的指責時便也無須「慙恚」了。君待臣以禮，臣則報君以忠，正是儒家思想所提倡的倫常觀念。趙宋對待士人的恩澤厚重，適逢趙宋朝廷覆滅之際，士人亦不乏有以性命相報者。明代程敏政（1446～1499）亦嘗感嘆地說道：「嗚呼，甚哉！宋待士之厚而獲士之報如

〔註47〕元·脫脫等撰，《宋史》，卷418〈文天祥傳〉，頁12540。

〔註48〕明·柯維騏，《宋史新編》（臺北：文海出版社，1974年12月），卷189〈叛臣下·呂文煥傳〉，頁15。

此也。江南北矣，帝子臣矣，勤王捍難之卿相擄且死矣！……宋貽謀之善而士厚報之，可以為有天下國家者鑒矣！」〔註49〕蓋中國文化對歷史人物的評價常不以成敗論斷，端視其人格的高低，殉節者的生命雖然隕歿，事功雖是挫敗，卻是捨命報恩、忠義持節之表率。是故宋代禮遇士大夫與砥礪士節的歷程，最終雖無法挽救趙宋皇族，然而豈無裨益乎世道人心。

第二節　理學勃興

一、理學的濫觴與發展

中國的傳統學說約略分為三大類，各類皆有其獨特的取徑，程頤（1033～1107）稱：「古之學者一，今之學者三，異端不與焉。一曰文章之學，二曰訓詁之學，三曰儒者之學。欲趨道，舍儒者之學不可。今之學者有三弊，一溺於文章，二牽於訓詁，三惑於異端。苟無此三者，則將何歸？必趨於道矣。」〔註50〕「後之儒者，莫不以為文章、治經術為務。文章則華靡其詞，新奇其意，取悅人耳目而已。經術則解釋辭訓，較先儒短長，立異說以為己工而已。如是之學，果可至於道乎？」〔註51〕訓詁之學為漢唐注疏與乾嘉考據一派，其學問取向著重在求真。文章之學其間雖亦有涉及思想者，然亦有諸多吟風弄月、雕琢詞藻的作品，著重體裁形式與藝術技巧，其主要的特色在於求美。程頤所稱的儒者之學即是道學、理學，這門學術在宋朝中葉以來便大放異彩，儼然成為由宋至明的主流學術，是以後世常稱之為宋明理學，清代學者將這派學說稱之為義理之學。理學的治學宗旨與訓詁文章迥然不同，其學說目標在於求善，在於立人極，在於效法前賢與實踐道德。朱子（1130～1200）嘗謂《大學》乃曾子（505BC～435BC）所撰，《中庸》是子思子（515BC～？）所著，云：「人心惟危，道心惟微，惟精惟一，允執厥中」者，為舜、禹道統承傳之要語。〔註52〕諸如此類說法皆恐非實證，是故不可謂之真〔註53〕；然

〔註49〕 明・程敏政，《宋遺民錄・序》，頁1。引自《宋代傳記資料叢刊》，27冊，頁375。

〔註50〕 宋・程顥，宋・程頤著，《河南程氏遺書》卷18〈伊川先生語四〉，詳見氏著，王孝魚點校，《二程集》（北京：中華書局，1981年7月），頁187。

〔註51〕 宋・程顥，宋・程頤著，《河南程氏文集》卷8〈伊川先生文四〉，詳見氏著，王孝魚點校，《二程集》，頁580。

〔註52〕 宋・朱熹，〈大學章句序〉，《四書章句集注》，頁2。同書〈中庸章句序〉，頁14。

見天下陷溺，急欲挽救人心、馳援以道，誠不得不行託古之舉，是以縱知其非真卻不忍謂之不善，蓋理學要旨本不在字字考據其真。再觀《太極圖說》、《通書》、〈西銘文〉、《程氏遺書》、《朱子語類》，皆直筆敘述，務求辭達以盡其意，並非字字錘鍊與句句雕琢，而語錄體裁更是出乎口、聞於耳，載之以筆墨，人師傳道授業的姿態宛若親眼目睹，親和切己之語更如耳提面命。以講究文章的形式美感與藝術技巧而言，恐將大為失色，然傳道之言語，本在得魚忘筌、得意忘形，首要皆在其內容意義，形式技巧僅是枝微末節，載道求善之文好似脂粉不施，又如同洗盡鉛華，自有一番神清氣爽，何勞於濃妝艷抹乃至於掩滅其全真。

　　儒家思想本就重視人倫與道德，加諸宋代立朝初期即講求砥礪士風，澄清吏治，又如范仲淹、歐陽修等身居朝廷要職，卻不吝於獎掖後進。當時尚稱清明的政局、良好的學術環境等因素的催化，使得周敦頤（1017～1073）、張載（1020～1077）、程顥（1032～1085）、程頤、朱熹等宋代五子大放異彩，性命之學也因此蔚為盛況，而其間又以程朱的洛、閩之學規模最為龐大，對當代、後代學界的影響皆屬深遠。「性命之學」即是「道學」、「理學」，理學是跨越宋明兩代的主流學術，是一種專門探究道德的學問。明代葉子奇（約 1327～約 1390）稱：「傳士之盛，漢以文，晉以字，唐以詩，宋以理學。元之可傳，獨北樂府耳。宋朝文不如漢，字不如晉，詩不

〔註53〕《宋史・道學三・朱熹傳》稱：「（朱熹）嘗謂聖賢道統之傳散在方冊，聖經之旨不明，而道統之傳始晦。於是竭其精力，以研窮聖賢之經訓。」朱子既以為道統之傳始晦，蓋知彼對於儒家思想的薪傳脈絡，存有一種聖聖相承的道統觀念，道統觀念由唐代韓愈（768～824）所提揭，其於〈原道〉稱：「吾所謂道也，……堯以是傳之舜，舜以是傳之禹，禹以是傳之湯，湯以是傳之文武周公，文武周公傳之孔子，孔子傳之孟軻。軻之死，不得其傳焉。」朱熹弟子黃榦（1152～1221）乃稱：「道之正統待人而後傳，自周以來，任傳道之責者不過數人，……由孔子而後，曾子、子思繼其微，至孟子而始著。由孟子而後，周、程、張子繼其絕，至熹而始著。」上述云云，參見元・脫脫等撰，《宋史》，卷 429〈道學三・朱熹傳〉，頁 12769～12770。唐・韓愈，〈原道〉，《韓昌黎文集》卷 1，引自氏著，清・馬其昶校注，馬茂元編次，《韓昌黎文集校注》（臺北：頂淵文化，2005 年 11 月），頁 10。錢穆先生（1895～1990）說道：「韓氏則隱然以此道統自負。此一觀念，顯然自當時之禪宗來，蓋惟禪宗才有此種一線單傳之說法，而到儒家手裏，所言道統，似乎尚不如禪宗之完美。因禪宗尚是一線相繼，繩繩不絕；而儒家的道統則變成斬然中斷，隔絕了千年以上，乃始有獲得此不傳之秘的人物突然出現。」見氏著，《中國學術通義》（臺北：素書樓文教基金會，2000 年 12 月），頁 87。

如唐，獨理學之明，上接三代。」〔註 54〕程朱學說廣泛地影響著宋元以降的學術環境〔註 55〕，甚至到了清代，程朱學說的影響層面仍舊不容小覷。牟宗三先生（1909～1995）論述道德根源處的時候，雖說宗祖於象山、陽明一派〔註 56〕，但卻不能不從教育處肯定朱熹的卓越貢獻，他這麼說道：「教育就是教人做人之道，是人的具體生活整個地看，也就是由教育的立場廣泛地看，朱子的方法是正宗。這『正宗』是從教育的立場來說的。」〔註 57〕蓋見朱熹對理學如此不遺餘力地推廣，終究在學術上獲得了相應的回饋與成果。

理學這門學說的內容是教人實踐倫常道德，教育範疇與取材多屬儒家經典《五經》、《四書》等等，其引導方式是讓人多讀聖賢書，傾聽聖賢的教化、思考聖賢的想法，記取聖賢的人生經歷並學著做出聖賢所肯定與允諾的事情，教化的目標與宗旨在於修養、道德、知識、實踐。「理學」起初亦被稱作「道學」，道學從北宋的周敦頤、張載、程顥、程頤，直至南宋的朱熹集其大成。程子之時嘗以《大學》、《中庸》、《論語》、《孟子》四者並行，朱子之時正式將此四書編合起來而成《四書章句集注》，《四書》一來表述孔孟的畢生言行，闡發其義理與真諦，描繪其生活居處間的生動面貌。二來憑藉《大學》、《中庸》教人以內在的品德修持作爲基礎，逐步往外部的家庭面、政治面貫徹及落實，既重視內聖的修養方式，亦不廢外王的事功與治績，絕不流於玄虛與空談，《四書》問世以來，幾乎成爲意欲進德修業的儒者所必讀之書，《四書》之學術價值幾近可與《五經》並行而不悖。除此之外，道學家一來多嫻熟於《中庸》、《易傳》，二來蓋受當時佛道思想的刺激與啓發，是以頗能將形

〔註 54〕 明・葉子奇，《草木子》，引自《元明史料筆記叢刊》（北京：中華書局，1997年 11 月），頁 70。

〔註 55〕 錢穆先生稱：「元代蒙古政權統治中國八十年，朱子學說在當時社會上已有了廣編深厚的基礎，政府亦把朱子《四書》定爲國家考試的新標準。明代承襲元制，從此到清末，沒有改變。」又稱：「朱子遂彙《學》、《庸》、《論》、《孟》成一系統，並以畢生精力爲《論》、《孟》作集注，爲《學》、《庸》作章句。元、明以下迄於清末七百年朝廷取士，大體以朱注《四書》爲圭臬，學者論學亦以朱注《四書》爲準繩。……朱注《四書》則其影響之大，無與倫比。」引自氏著，《中國學術通義》（臺北：素書樓文教基金會，2000 年 12 月），頁 10、頁 92。

〔註 56〕 詳見牟宗三，《中國哲學十九講》（臺北：臺灣學生書局，1983 年 10 月），頁 395～396。

〔註 57〕 同前注，頁 396～397。

上義理與傳統經義熔爲一爐，雖喜好變古標新，不篤守舊義，然持之成理、
切於修身，仍足以成就一家之言。經過道學家們日積月累的鑽研與砥礪，道
學這門學說之規模逐漸地壯大宏偉，宋朝中葉以降業已佔有舉足輕重的學術
地位，對元明清三朝學術環境之影響亦不容小覷。《宋史・道學傳序》對於「道
學」的特質有詳細的說明，如下所述：

> 「道學」之名，古無是也。三代盛時，天子以是道爲政教，大臣百
> 官有司以是道爲職業，黨、庠、術、序師弟子以是道爲講習，四方
> 百姓日用是道而不知。……文王、周公既沒，孔子有德無位，既不
> 能使是道之用漸被斯世，退而與其徒定禮樂，明憲章，刪《詩》，修
> 《春秋》，讚《易》〈象〉，討論《墳》、《典》，期使五三聖人之道昭
> 明於無窮。故曰：「夫子賢於堯、舜遠矣。」孔子沒，曾子獨得其傳，
> 傳之子思，以及孟子，孟子沒而無傳。〔註58〕

> 宋中葉，周敦頤出於舂陵，乃得聖賢不傳之學，作《太極圖說》、
> 《通書》，推明陰陽五行之理，命於天而性於人者，瞭若指掌。張
> 載作〈西銘〉，又極言理一分殊之旨，然後道之大原出於天者，灼
> 然而無疑焉。……程顥及弟頤寔生，及長，受業周氏，已乃擴大
> 其所聞，表章《大學》、《中庸》二篇，與《語》、《孟》並行，於
> 是上自帝王傳心之奧，下至初學入德之門，融會貫通，無復餘蘊。
> 迄宋南渡，新安朱熹得程氏正傳，其學加親切焉。大抵以格物致
> 知爲先，明善誠身爲要，凡《詩》、《書》、六藝之文，與夫孔、孟
> 之遺言，顛錯於秦火，支離於漢儒，幽沉於魏、晉、六朝者，至
> 是皆煥然而大明，秩然而各得其所。此宋儒之學所以度越諸子，
> 而上接孟氏者歟。〔註59〕

「理學」的稱謂乃是後起，早初多被指稱爲「道學」，自伊川朱子以降，遂逐
漸被代稱爲「理學」，《宋史》立〈道學傳〉之時未云〈理學傳〉，其間原委或
有待探討。典籍所載作「道學」之稱者，例如，張載嘗說道：「朝廷以道學、
政術爲二事，此正自古之可憂者。」〔註60〕程頤嘗稱：「家兄學術才行，爲時

〔註58〕元・脫脫等撰，《宋史》，卷 427〈道學傳序〉，頁 12709。

〔註59〕元・脫脫等撰，《宋史》，卷 427〈道學傳序〉，頁 12710。

〔註60〕宋・張載，〈答范巽之書〉，引自氏著，章錫琛點校，《張載集》（北京：中華
　　　書局，1978 年 8 月），頁 349。

所重，出入門下，受知最深，不幸短命，天下孰不哀之？又其功業不得施於時，道學不及傳之書，遂將泯沒無聞，此尤深可哀也。」〔註61〕朱熹則謂：「《中庸》何爲而作也？子思子憂道學之失其傳而作也。」〔註62〕透過上述云云推論，早在張載、程頤當時即有道學之稱，道學涵義幾可與道德同義，張載認爲「道德之學」與「施政方向」未可斷然二分，這類的觀點誠如孟子所云：「先王有不忍人之心，斯有不忍人之政矣」〔註63〕程頤則哀嘆家兄程顥早逝，其闡發道德之觀點未及記載於書本著作當中。至於「理學」之稱則要在朱熹以後較爲常見，朱熹說道：「理學最難。可惜許多印行文字，其間無道理底甚多，雖伊洛門人亦不免如此。」〔註64〕「某少時爲學，十六歲便好理學，十七歲便有如今學者見識，後得謝顯道《論語》，甚喜，乃熟讀。」〔註65〕陸九淵（1139～1193）嘗稱：「秦漢以來，學絕道喪，世不復有師。以至于唐，曰師、曰弟子云者，反以爲笑，韓退之柳子厚猶爲之屢歎。惟本朝理學，遠過漢唐，始復有師道。」〔註66〕朱熹與陸九淵的學說路數迴然分殊，若言其雷同者，二人皆常以「理」字論述道德。

朱陸異同，若觀乎其大相逕庭之處，朱熹承傳自二程子（主要承傳於伊川），自然是以「性即理」的思維方式建構其學說思想，並且時常提及「性理」、「天理」等語詞；陸九淵則是闡揚「心即理」的思想論調，頗欲與程朱一派分庭抗禮。二人對「理」的闡述梗概如下所云，朱熹曰：「程子『性即理也』，此說最好。今且以理言之，畢竟却無形影，只是這一箇道理。在人，仁義禮智，性也。然四者有何形狀，亦只是有如此道理。」「性即理也。當然之理，無有不善者。故孟子之言性，指性之本而言。……天地間只是一箇道理。性便是理。」〔註67〕「孔子所謂『克己復禮』，《中庸》所謂『致中和』，『尊德

〔註61〕宋·程頤著，〈上孫叔曼侍郎書〉，《河南程氏文集》卷9，引自宋·程顥，宋·程頤等著，王孝魚點校，《二程集》，頁603。
〔註62〕宋·朱熹著，〈中庸章句序〉，見氏著，《四書章句集注》，頁14。
〔註63〕《孟子》卷3〈公孫丑上〉，宋·朱熹，《四書章句集注》，頁237。
〔註64〕宋·朱熹著，〈中庸一·綱領〉，見氏著，宋·黎靖德編，王星賢點校，《朱子語類》（北京：中華書局，1986年3月），卷62，頁1485。
〔註65〕宋·朱熹著，〈朱子十二·訓門人三〉，見氏著，宋·黎靖德編，王星賢點校，《朱子語類》，卷115，頁2783。
〔註66〕宋·陸九淵著，〈與李省幹〉，見氏著，鍾哲點校，《陸九淵集》（北京：中華書局，1980年1月），卷1，頁14。
〔註67〕宋·朱熹著，〈性理一·人物之性氣質之性〉，見氏著，宋·黎靖德編，王星賢點校，《朱子語類》，卷4，頁63～64、頁67～68。

性』,『道問學』,《大學》所謂『明明德』,《書》曰:『人心惟危,道心惟微,惟精惟一,允執厥中』:聖賢千言萬語,只是教人明天理,滅人欲。天理明,自不消講學。」〔註68〕陸九淵則曰:「蓋心,一心也;理,一理也,至當歸一,精義無二,此心此理,實不容有二。……仁即此心也,此理也。……此理甚明,具在人心」〔註69〕「此心此理,我固有之,所謂萬物皆備於我,昔之聖賢先得我心之所同然者耳。」〔註70〕朱子、陸九淵二人講述道德義理之時多以「理」字做為學說核心,無論是講「性即理」抑或談「心即理」,往往圍繞著「理」字展開探討。朱子以性理之學作為眾理的鰲頭,以四端德目作為道德的根據,陸九淵卻認為道德無外乎仁,仁發自本心,故心體即是道德,證吾心體之過程即成義理。朱陸二人雖嘗會於鵝湖,卻始終難以在道德的本體根源處取得共識。但自朱陸以來,「理學」二字已逐漸地普遍與通行,影響所及,以「理學」之稱謂取代「道學」之稱謂者眾多,儼然有後來居上的趨勢。

「道學」的稱謂既早於「理學」的稱謂,其概括層面似乎較廣,洛、閩學派以外的濂、關之學亦能無所遺漏,如此《宋史》立〈道學傳〉較足以概括大部分的道學人物及其思想,倘若立〈理學傳〉而非〈道學傳〉,卻又載入周敦頤、張載等道學人物及其思想,恐怕將留下名不副實的爭議性,是以《宋史》以「道學」概括「理學」,亦屬合理之常情。姑且不提及濂、關之學,若單論程朱以降的義理思想,那麼改以理學稱呼則無失當之處。宋代理學是中國傳統儒學思想中蔚然可觀的學說,相較以往今文經學家、古文經學家等注經儒者所採取「微言大義」、「名物訓詁」的治經方式,理學家更重視的是憑藉聖賢言語,指引出立身行道的明確方向,除了重視對道德的確切體現,理學家的學術取徑蓋受《中庸》、《易傳》之啟發,饒富形上思辨的學術特質,因此對「道器」領域的挖掘與探索,以及對心性理氣的釋義與闡發等方向上,皆開創出前所未有的豐碩成果。此外,這樣的學術進路,已隱然具備了「哲理性」的發展模式。例如周予同先生(1898~1981)曾將中國經學區分為三項派別,其陳述如下:

> 今文學以孔子為政治家,以《六經》為孔子致治之說,所以偏重於

〔註68〕宋・朱熹著,〈學六・持守〉,見氏著,宋・黎靖德編,王星賢點校,《朱子語類》,卷12,頁207。

〔註69〕宋・陸九淵著,〈與曾宅之〉,見氏著,鍾哲點校,《陸九淵集》,卷1,頁4~5、頁7。

〔註70〕宋・陸九淵著,〈與姪孫濬〉,見氏著,鍾哲點校,《陸九淵集》,卷1,頁13。

「微言大義」，其特色為功利的，而其流弊為狂妄。古文學以孔子為
史學家，以《六經》為孔子整理古代史料之書，所以偏重於「名物
訓詁」，其特色為考證的，而其流弊為煩瑣。宋學以孔子為哲學家，
以《六經》為孔子載道之具，所以偏重於心性理氣，其特色為玄想
的，其流弊為空疎。〔註71〕

關於宋代理學，清代江藩（1761～1831）稱：「爰及趙宋，周、程、張、朱
所讀之書，先儒之義疏也。讀義疏之書，始能闡性命之理。」〔註72〕清儒皮
錫瑞（1850～1908）嘗這麼說道：「宋儒有根柢，故雖撥棄古義，猶能自成
一家。」〔註73〕「宋儒之經說雖不合於古義，而宋儒之學行實不愧於古人。
且其析理之精，多有獨得之處。」〔註74〕周予同先生亦稱：「因宋學的產生
而後中國的形上學、倫理學以成，決不是什麼武斷或附會的話。」〔註75〕這
無疑說明了宋朝理學家雖好變古，然其學問基礎仍屬厚實，是以其闡發的性
命理學，蓋非閉門造車的無稽之談。清代學術雖逐漸從義理之學轉往其它面
向的學問，例如皮錫瑞就以「輯佚」、「校勘」、「小學」等三門學科的確立做
為清代經學的功績。〔註76〕試想，身處在學術轉型的年代裡，諸多漢學家仍
未嘗忽略「道德」在人文世界中的重要性，既然認同道德是人類社會之必須，
那麼會關注到「理學」這門專為闡發道德而創的學說，自然也算得上是順理
成章了。

　　清代的時候雖有漢學與宋學爭鋒對立的情況，但眾多漢學家之中，亦有
持平以對者或是漢宋兼采者，且不乏對程朱思想讚頌與效尤者。皮錫瑞稱：
「王夫之、顧炎武、黃宗羲皆負絕人之姿，為舉世不為之學。……王、顧、
黃三大儒，皆嘗潛心朱學，而加以擴充，開國初漢、宋兼采之派。」〔註77〕
是以在明清之際，儒者學思歷程尤難脫離理學範疇，清初儒者的學說思想雖
說常有去舊標新的情況，然其間亦不難窺見理學的餘韻。此外，如黃宗羲

〔註71〕周予同，《經學歷史‧序言》，見清‧皮錫瑞，《經學歷史》（北京：中華書局，
　　　　1959年12月），頁3。
〔註72〕清‧江藩，《宋學淵源記》，引自氏著，《漢學師承記》（北京：生活‧讀書‧
　　　　新知三聯書店，1998年7月），頁186。
〔註73〕清‧皮錫瑞，《經學歷史》（臺北：藝文印書館，2004年3月），頁310。
〔註74〕同前注，頁344。
〔註75〕同注71，頁4。
〔註76〕同注73，頁363～364。
〔註77〕同注73，頁328～329。

（1610～1695）所稱：「明人講學，襲語錄之糟粕，不以『六經』為根柢，束書不讀，但從事於遊談。學者必先窮經，經術所以經世，乃不為迂儒。」〔註78〕所針對的並非「道德」或者「理學」，而僅是為了矯治時人好遊談、不博學、不務實的習性弊端。觀黃宗羲對宋學是相當肯定的，江藩《漢學師承記》稱其為「教學者說經則宗漢儒，立身則宗宋學」〔註79〕據是可知，黃宗羲對宋儒的認同與效尤既已是鐵錚錚的事實。另外，江藩說道：「近今漢學昌明，遍於寰宇，有一知半解者，無不痛詆宋學。然本朝為漢學者，始於元和惠氏，紅豆山房半農人手書楹帖云：『六經尊服、鄭，百行法程朱』，不以為非，且以為法，為漢學者背其師承，何哉？」〔註80〕惠士奇（1671～1741）嘗提帖表明行誼當取法程朱學說，顯現出惠氏對理學的看重與尊崇。同樣是漢學家的段玉裁（1735～1815）與阮元（1764～1849）曾有一段對話，頗能視為清儒重視理學的佐證。如下所述：

> 段君曰：「今日大病在棄洛、閩、關中之學，謂之腐儒，而立身苟簡，氣節敗，政事蕪，天下皆君子而無真君子，故專言漢學不治宋學，乃真人心世道之憂。而況所謂漢學如同畫餅乎。」撫部曰：「近之言漢學者，知宋人虛妄之病，而於聖賢修身立行之大節略而不談，以遂其不矜細行，乃害於其心其事。」二公皆當世通儒，上紹許、鄭，而其言若是。〔註81〕

惠士奇、段玉裁、阮元等人皆是清代赫赫有名的漢學家，彼等況且明瞭倘若道德之學不存，何以矯治腐壞沉淪的世道人心，是以宋代理學闡發道德的高度貢獻，未可因學術的轉型而一概予以抹煞。錢穆先生對漢宋之爭亦有一番見解，如下所述：

> 近世楬櫫漢學之名以與宋學敵，不知宋學，則無以平漢宋之是非。且言漢學淵源者，必溯諸晚明諸遺老。然其時如夏峯、梨洲、二曲、船山、桴亭、亭林、蒿菴、習齋，一世魁儒著碩，靡不寢饋於宋學。繼此而降，如恕谷、望溪、穆堂、謝山乃至慎修諸人，皆於宋學有甚深契詣。而於時已及乾隆。漢學之名，始稍稍起。而漢學諸家之

〔註78〕同注72，頁151。
〔註79〕同前注。
〔註80〕同注72，頁187。
〔註81〕詳見清・陳壽祺，《左海文集》卷7，引自《續修四庫全書》（上海：上海古籍出版社，2002年3月），1496冊，頁297下。

高下淺深，亦往往視其所得於宋學之高下淺深以爲判。道咸以下，
則漢宋兼采之說漸盛，抑且多尊宋貶漢，對乾嘉爲平反者。故不識
宋學，即無以識近代也。〔註82〕

夷考其實，漢學與宋學的對壘，大略肇端於二者在治經方式、治學態度上的
落差。〔註83〕宋儒治學方式喜好變古，發揚新義的成份，明顯多於篤守訓詁
舊說，意即余英時先生所謂「與時俱新」的 significance。「significance」著重
的是「與時俱新」的時代經驗，如是，它的闡釋範疇遂不限於文獻原意之內。
清代漢學派學者多講究篤守經典本義，因此可視作余先生所謂「歷久不變」
的 meaning。職是之故，在處理文獻的態度與方法上，漢學派和宋學派確實是
南轅北轍。不過即使是屬於漢學派路數的一流學者，也有如惠士奇、段玉裁、
阮元等人這般，察覺到宋代理學的珍貴之處。

二、宋遺民對理學的貫徹與承擔

理學思想對整個南宋朝的影響著實不容小覷，張壽鏞（1876～1945）〈宋
季忠義錄序〉嘗云：「昔趙宋之興也，承五季塗炭之後，務農興學，愼罰薄
斂，又復釋藩鎮兵權，……及其既衰，始困於金遼，卒亡於元，乃開夷狄
主中夏之局。然當時朝野之士，以死禦侮，矢不臣奴外夷者皆是也。論者
以謂有宋諸大儒提倡道義教澤之化，比諸有政，故節烈之行，羣習以爲固
然，氣蘊之含結者，深且固也。」〔註84〕所謂道德教澤之化正是理學教育
所極力標榜的內涵，理學的闡揚，尤其以南宋名儒朱熹爲最，程朱學說之
於整個南宋朝的影響既深且遠，宋代遺民以及殉節志士，或多或少都受過
理學的教化與浸潤，彼輩將道德義理根植於心，故能以死禦侮，故能有節
烈之行。

〔註82〕 錢穆，《中國近三百年學術史》上冊（北京：商務印書館，1997 年 8 月），頁 1。
〔註83〕 余英時先生稱：「『時代經驗』所啓示的『意義』是指 significance，而不是
meaning。後者是文獻所表達的原意；這是訓詁考證的客觀對象。即使『詩無
達詁』，也不允許『望文生義』。significance 則近於中國經學傳統中所說的『微
言大義』；它涵蘊著文獻原意和外在事物的關係。這個『外在事物』可以是一
個人、一個時代，也可以是其他作品，總之，它不在文獻原意之內。因此，
經典文獻的 meaning『歷久不變』，它的 significance 則『與時俱新』。」見氏
著，《猶記風吹水上鱗：錢穆與現代中國學術》（臺北：三民書局，1991 年 10
月），頁 166。
〔註84〕 清・萬斯同著，《宋季忠義錄》（臺北：中國文化學院出版，1964 年 10 月），〈前
序〉，頁 1。

（一）文天祥

　　宋季殉節者的思想及其行動與理學的勃興具有高度的關聯性〔註85〕，彼輩的行動準則蓋爲其思想動機之發顯，探尋源頭，其思想動機實乃取決其所學及所得。文天祥嘗稱：「孔孟微言，至我朝周程張朱始大闡明」〔註86〕，孔孟與宋代五子的學說即是儒學以及理學，儒學的陶冶與理學的教育亦是南宋儒者普遍修習的學術範疇，在日夜薰陶、耳濡目染之中，儒者言行思慮深受感召是可以被想見的情況。文天祥師事歐陽守道，爲朱熹三傳，遵循的是程朱學說格物窮理的路數，文天祥〈輪對箚子〉說道：「臣聞聖人之作經也，本以該天下無窮之理，而常足以擬天下無窮之變。……後世興衰治亂之故，往往皆《六經》之所已有。……聖人知有理而已，合於理者昌，違於理者僵。」〔註87〕天祥所謂即經義以明其理，循理則治、違理則亂，窮理以應時變，此乃上承程朱思想之精髓。周全先生說道：「宋以理學昌明，自程伊川標揭『餓死事小，失節事大』後，『春秋大義』、『夷夏之辨』，深入民心，故當家國瀕危，乃能奮起對抗，萬死不辭，如眾所皆知之文天祥，其從容就義，固無論矣，而謝翱之參幕府，慟哭西臺，謝枋得之起兵失敗，賣卜建陽，乃至拒聘絕食。」〔註88〕據是可知，宋遺民講究氣節品德，共赴國難、不求倖免，宋代理學於彼輩之啓發誠可謂顯而易見。

（二）謝枋得

　　宋季殉節者對理學的造詣常是有跡可循，除了文天祥師承於歐陽守道，歸屬朱熹一脈之外，又如謝枋得（1226～1289）師承於徐徑畈，歸屬於陸九淵一派。清代全祖望（1705～1755）云：「晦靜之學傳者，其一爲東澗，其一爲三衢徐公徑畈，當咸淳之際開講，尤大有名，而《宋史》本傳，亦不詳其師友。大抵《宋史》排陸學，凡爲陸學者，皆不詳。……徑畈之弟子，曰謝文節公疊山，乃忠臣。」〔註89〕陸九淵學說強調「心即理」，例如陸氏〈與姪

〔註85〕　孫克寬先生嘗稱：「南宋儒生差不多都是朱陸兩派的道學門牆。」見氏著，〈元初南宋遺民初述——不和蒙古人合作的南方儒士〉，《東海學報》第15卷（1974年7月），頁14。

〔註86〕　宋・文天祥，〈輪對箚子〉，《文集》，引自氏著，《文文山全集》（臺北：河洛圖書出版社，1975年9月），卷3，頁65。

〔註87〕　同前注。

〔註88〕　周全，《宋遺民志節與文學》（臺北：東吳大學，1991年3月），頁30。

〔註89〕　清・全祖望，〈奉答臨川先生序三湯學統源流札子〉，《鮚埼亭集》（臺北：華世出版社，1977年3月），卷34，頁431。

孫濬〉所稱：「此心此理，我固有之，所謂萬物皆備於我，昔之聖賢先得我心之所同然者耳。」〔註90〕謝枋得之思想既承自陸九淵一派，對「心」的發顯亦多所著墨，其〈東山書院記〉云：「意之誠，家國天下與吾心爲一。誠之至，天地人物與吾性爲一。」〔註91〕〈平山先生毋制機墓銘〉云：「眾人豈後於聖人哉？古之君子，學足以見天地聖人之大全，意一誠，天下國家與吾心爲一；誠一至，天地人物與吾性爲一。」〔註92〕據謝枋得所闡述，吾心吾性本固有之，眾人與聖人並無殊異，此心若誠、此意若誠，則天下國家、天地人物皆備於我。謝氏雖承傳於徐徑畈而歸屬陸九淵之學，然其對朱熹學說也不無留意。其〈與李養吾書〉、〈大學解義跋〉有如下的敘述：

> 人可回天地之心，天地不能奪人之心。大丈夫行事，論是非，不論利害；論逆順，不論成敗；論萬世，不論一生。志之所在，氣亦隨之；氣之所在，天地鬼神亦隨之。……儒者常談，所謂爲天地立心，爲生民立極，爲去聖繼絕學，爲萬世開天平，正在我輩人承當，不可使天下後世謂程文之士，皆大言無當也。〔註93〕

> 朱文公平生精神志願，悉在《四書》。……天下家藏其書，人尊其道，與《六經》、《論語》、《孝經》、《孟子》並行。惜乎知之者，尚未致；行之者，尚未力。《四書》何負人，人負《四書》亦多矣。……惟於「力行」二字加意焉，俾人知朱文公之學，不徒議論，要見樸實。〔註94〕

謝枋得雖師承徐徑畈，歸屬於陸九淵一派，然對朱子之學仍有相當程度的鑽研與領略。謝枋得無論是對程朱之學，或者是對程朱所竭力發揚的《四書》，皆多所推崇。至於其高唱「爲天地立心，爲生民立極，爲去聖繼絕學，爲萬世開天平」之說，乃援引自張載之言語，足見謝枋得學無常師，博學多聞，對理學的發揚亦是不遺餘力。

（三）鄭思肖

宋遺民鄭思肖（1241～1318）亦受儒家義理的教化薰陶，他信服於儒家

〔註90〕宋・陸九淵著，〈與姪孫濬〉，見氏著，鍾哲點校，《陸九淵集》，卷1，頁13。

〔註91〕宋・謝枋得，〈東山書院記〉，《疊山集》，卷7，頁5。引自王雲五編，《四部叢刊續編集部》（臺北：臺灣商務印書館，1966年10月），522～523冊。

〔註92〕宋・謝枋得，〈平山先生毋制機墓銘〉，《疊山集》，卷8，頁1。

〔註93〕宋・謝枋得，〈與李養吾書〉，《疊山集》，卷5，頁2。

〔註94〕宋・謝枋得，〈大學解義跋〉，《疊山集》，卷9，頁3～4。

的道統心法，並且積極地肯定了二程子、朱子、陸子等先儒對孔孟學說的延續及發揚，相關之言論，如鄭氏〈早年遊學泮宮記〉（一名〈儒家大義〉）所記載，如下所述：

> 蓋吾夫子之開道統也，雖不外於祖述憲章堯、舜、禹、湯、文、武、周公之意，然以此道大開古今天下君臣盛德之美、聖賢斯文之運，必準之於吾夫子，而後斯文始定而始昌，此道彌尊而彌彰。微吾夫子創始以儒道設教、垂憲萬世，則後世仰誰爲儒道之大宗主？至今國法、家法、身法、心法，天下之人凡百行事，悉當準之爲法。大矣哉！〔註95〕
>
> 爲吾夫子之心法何如者？吾夫子以「一日克己復禮，天下歸仁」之妙，授於顏子；以「吾道一以貫之」之旨，語於曾子。此二者，吾夫子開道統之大本。子曰：「吾志在《春秋》，行在《孝經》。」《春秋》尊王之經，《孝經》事君親之書，此二者明人倫之大法，獨吾夫子化而大之，所以爲大聖人。續之者子思子、孟子、周子、二程子、朱子、陸子，諸公疊疊而出，皆有以開道統、明人倫也。
>
> 〔註96〕

孔子設教，是儒家之大宗主，舉凡君臣盛德、聖賢斯文，皆設準於孔夫子。君子立身行道，從一己的心法到天下的國法，必宗師於仲尼。自孔子以來，始開道統之本初，始明人倫之要道，此夫子創制垂統以遺惠於後世者也。孔門弟子與再傳弟子延續夫子學說者如子思子、孟子。宋儒發揚孔孟學說者如周子、張子、二程子、朱子、陸子，亦皆延續道統、闡明人倫，使儒家義理的薪火得以相傳，歷久而彌堅。據上述引文，知悉鄭思肖對孔夫子的欽慕景仰，以及對宋代理學家的積極肯定。

（四）金履祥

宋遺民金履祥（1232～1303）的授課講義〈復其見天地之心〉嘗這麼說道：「大抵人雖日營營于人欲之中，孰無一線天理之萌，此即吾心之復也。人自不察亦自不充耳，所以不察不充，正由汨于動而不能靜之故，學者須是於此下耐靜工夫，察此一念天理之復，充此所復天理之正，而敬以持之，學以

〔註95〕宋・鄭思肖，〈早年遊學泮宮記〉（一名〈儒家大義〉），見氏著，陳福康校點，《鄭思肖集》（上海：上海古籍出版社，1991年5月），頁278。

〔註96〕同前注。

廣之，力行以踐之，古人求仁之功蓋得諸此。」〔註97〕諸如上述「天理」、「人欲」，「持敬涵養」之說，無非也都是程朱學說之中的義理精要，由是知悉宋遺民平日之於理學的耳濡目染，理學必對其內在思想具有一定程度的領導作用，而這股「深且固」的影響力，和他們在宋朝覆滅之後種種的節行烈舉，誠然存在著無法被切割的緊密關聯。此外，清代萬斯同（1638～1702）《宋季忠義錄》記載：「（金履祥）及壯，知向濂洛之學，事同郡王柏，從登何基之門，基則學于黃幹，而幹親承朱熹之傳者也。」〔註98〕由此足見宋遺民受理學思想浸染之景況。

（五）熊禾

宋遺民熊禾（1247～1312）擅長濂洛關閩之學，亦可視爲宋代理學的承傳人物。熊禾嘗以〈跋交信錄序〉曰：「宋道學大明，伊洛考亭之集盛矣。……同門同志之士，不以窮達，皆能信其道、守其學，不變依然，孔氏家法也。流風所漸，江左諸賢持節秉義，九死不衰，一時交游氣誼，皆班班可紀。宇宙間三綱五常之道，尚有所繫而不墜者，謂非道學之效不可也。」〔註99〕清代萬斯同《宋季忠義錄》記載：「（熊禾）志濂洛關閩之學，……（謝枋得）相與講論朱子之道，益明舊聞，通澈新知。」〔註100〕熊禾曾經與宋季知名殉節人物謝枋得相互講論朱子之道，蓋知二人對理學皆有相當程度的涉獵與體悟。

（六）林景曦

宋遺民林景曦（1242～1310）的〈覺菴記〉稱：「夫人方寸虛靈，具眾理而應萬事，是之謂覺。……覺往復之理出處一，覺榮悴之理窮通一，覺晝夜始終之理生死一。」〔註101〕景曦所謂「覺」的觀念，其思想源頭實然出自朱熹《大學章句》所注之「明德」二字，朱熹說道：「明德者，人之所得乎天，而虛靈不昧，以具眾理而應萬事者也。」〔註102〕林景曦所謂的人有此「覺」，

〔註97〕宋・金履祥，〈復其見天地之心〉，《仁山文集》卷3，頁15。引自清・永瑢，
　　　　紀昀等編，《景印文淵閣四庫全書》，1189冊，頁811。
〔註98〕清・萬斯同著，《宋季忠義錄》，卷12〈金履祥傳〉，頁7。
〔註99〕宋・熊禾，〈跋交信錄序〉，《勿軒集》卷1，頁1。引自清・永瑢，紀昀等編，
　　　　《景印文淵閣四庫全書》，1188冊，頁762。
〔註100〕清・萬斯同著，《宋季忠義錄》，卷12〈熊禾傳〉，頁1。
〔註101〕宋・林景曦，〈覺菴記〉，《霽山文集》卷4〈白石藁一〉，頁8。引自清・永瑢，
　　　　紀昀等編，《景印文淵閣四庫全書》，1188冊，頁738。
〔註102〕《大學章句》，宋・朱熹，《四書章句集注》，頁3。

即是《大學》之中所謂的「明明德」，是以能夠具眾理而應萬事。由林景曦所言比對朱熹之語，便知宋季儒者飽受程朱理學的薰陶與啓發，耳濡目染之下，理學對於宋遺民的思想行跡實有極其深刻的引導作用。林景曦所云「覺」可識得「理」，既然識得義理，那麼無論「出處」、「窮通」、「生死」，蓋皆不可悖乎義理。例如，原本得以「仕」者，其仕若不符合道德，毋寧遁隱山林荒野。原本得以「通」者，其通如果不循乎忠義，毋寧爲固窮之君子。原本得以「生」者，其生倘若只爲苟免於難，而不惜損及氣節廉恥，那麼毋寧殺身成仁、舍生取義，亦不願傷天害理地苟且偷生。綜上所述，理學對宋季士儒以及整個南宋朝學術環境影響之深遠，著實不容小覷。宋季殉節烈士對理學的實踐，見載於史冊文集，亦皆是班班可考。此外，宋遺民對理學亦有發揚承傳之功，其傳世文獻誠可謂不勝枚舉，單從上述熊禾、林景曦等宋遺民的文章思想之中，實已不難窺知其一二。

（七）呂大奎

宋季士儒呂大奎（1230～1279），從師王昭復，昭復爲陳淳（1159～1223）門人，陳淳爲朱子之傳，是故呂大奎學問不離伊川朱子一路。據《同安縣志》記載其人其事云：

> 呂大奎字圭叔，少嗜學，師事王昭復，昭復師陳淳，淳師朱文公，故圭叔得紫陽道學之傳。泉之通經學古，擢高第者皆出其門。……蒲壽庚率知州田子眞降元，捕圭叔署降表，不署將殺之。……遂變服逃海島中，壽庚遣兵追之，將逼授之官，追者及問其姓名，不答，壽庚怒而殺之。……邱葵贊曰：「泉南名賢，紫陽高弟；造詣既深，踐履復至。致身事君，舍生取義；所學所守，於公奚愧。」元孔公俊建大同書院祀朱文公，以圭叔配焉，又祀鄉賢幷忠義祠。

〔註 103〕

呂大奎被逼迫降元並接受元代官職，遂冒死抗拒乃至於見殺亡命，觀其風範行誼，既無愧於大義持節的德業，亦無愧於程朱理學之薪傳。後人奉祀呂大奎於大同書院裡頭，並安置爲朱子配祀，這誠然是一種實至名歸的尊貴象徵。

〔註103〕林學增等主修，吳錫璜總纂，《同安縣志》（臺北：福建省同安縣同鄉會，1986年 10 月），卷 26〈人物錄・儒林〉，頁 944。

（八）趙復

　　宋元戰爭期間，透過儒者的遷徙與傳遞，理學的發展又從南方進一步地延伸至北方的燕京，宋儒趙復即是使道學北傳的代表人物。南宋領土德安失守之後，趙復本欲殉節赴死，然為姚樞（1201～1278）援救，隨後即被元軍俘虜至北方的燕京，趙復雖身處異邦，卻心懷南宋故朝，常有江漢之思，時人稱之為「江漢先生」。當時元世祖急欲攻取南宋，便命令趙復作為前導，趙復遂抗命力辭，云趙宋乃父母國也，未有引他人之兵，屠戮父母者。〔註104〕趙復寧可犯顏抗命，亦不願危害到趙宋，足見趙復對蒙元始終未產生政治上的認同感，他心理所認定與歸屬的正統朝廷仍然是趙宋。即便後來南宋朝終究難逃覆滅的厄運，但從趙復對故宋的認同與緬懷，以及他對蒙元政令的反抗等等態勢看來，蓋仍可視之為宋代遺民。趙復囚於燕京這段期間，因其所擅之儒術、義理，備受姚樞的善待與敬重，並請他於太極書院裡頭任教講授。據《宋元學案・魯齋學案》記載如下：

> （趙復）至燕，以所學教授，學子從者百餘人。當是時，南北不通，程朱之書，不及於北，自先生而發之。（姚）樞與楊惟中建太極書院，立周子祠，以二程張楊游朱六君子配食，選取遺書八千餘卷，請先生講授其中。先生以周程而後，其書廣博，學者未能貫通，乃原義農堯舜所以繼天立極，孔子顏孟所以垂世立教，周程張朱所以發明。……（姚）樞退隱蘇門，以傳其學，由是許衡、郝經、劉因皆得其書而崇信之。〔註105〕

對趙復載道於北的後續情形，黃百家（1643～1709）這麼說道：「自石晉燕雲十六州之割，北方之為異域也久矣。雖有宋諸儒疊出，聲教不通，自趙江漢以南冠之囚，吾道入北，而姚樞、竇默、許衡、劉因之徒，得聞程朱之學以廣其傳，由是北方之學鬱起。」〔註106〕自北方燕雲十六州的軍事要地淪陷，華夏民族之疆域失其天險，如宋朝對外戰事屢屢失敗，在地利條件不佳的情況下，僅能被動地自北向南退守，終至退無可退，造成國朝的覆滅，暴露出宋朝軍事戰備的弱勢。然而禮樂衣冠、儒術義理，歷久彌堅，又有諸多理學家將儒家義理發揚光大，誠乃宋朝在文化思想上的優勢。宋朝的程朱理學，

〔註104〕見清・黃宗羲，清・全祖望，《宋元學案》，卷90〈魯齋學案〉，頁126。
〔註105〕同前注。
〔註106〕同前注。

遠紹孔孟，近承周濂溪、張橫渠，儼然爲一代之顯學，這門學說並未隨著宋朝的覆滅而與之俱滅，反倒是蓬勃發展地綿延至元明清三朝。例如，宋元戰爭期間，儒者趙復被虜至燕京，爾後應姚樞所請，任教於太極書院，畢生致力於發揚程朱理學，彼將儒家思想載入北地，確保道統薪火傳遞不熄，此於傳統文化之延續亦可謂孜孜不倦。元代儒者如：姚樞、竇默（1196～1280）、許衡（1209～1281）、郝經（1223～1275）、劉因（1249～1293）等人，因趙復將儒學義理帶往北方的緣故，得以嫻熟浸染於程朱理學之中，遂成爲兵荒馬亂後的文化延續者，彼輩對中華傳統思想的維護，對理學的承傳與闡揚，以及對聖經賢傳、傳統文獻的珍視，皆未受到改朝換代的亂局所影響而中輟廢止，著實是好學不厭的賢儒。

第三節　書院發達

一、書院的結構及特質

　　書院的存在由來已久，孔孟施教、漢儒講經，未有書院名稱，卻有講學之實。待有書院之名者，或爲講學之地，或爲藏書之所，仍未有硬性的定義。然自唐宋以降，書院逐漸成爲中國傳統社會中獨特的教育機構，其建制方式與教學目標與朝廷官學頗有差異。宋代是書院高度發展的時期，此時的書院對文化、學問、教育等層面皆具備正面而積極的影響力，對政治也有間接督察的作用，書院儼然成爲一種以論道、講學爲活動內容的儒學教育機構，它是依經術古籍作爲教學範疇，因此成爲儒生汲取知識、切磋學問、修養品德的優質場域。〔註107〕元代吳萊（1297～1340）說道：「天下學士、大夫二三百年祖宗培養作成之澤，薰蒸者久，忠臣義士或死節或死事，蓋無愧焉。卒之，

〔註107〕關於中國傳統書院之研究，詳見盛朗西，《中國書院制度》（臺北：華世出版社，1977 年 3 月）；楊布生，彭定國編著，《中國書院與傳統文化》（長沙：湖南教育出版社，1992 年 3 月）；李國鈞等著，《中國書院史》（長沙：湖南教育出版社，1994 年 6 月）；樊克政，《中國書院史》（臺北：文津出版社，1995 年 9 月）；陳谷嘉，鄧洪波編，《中國書院制度研究》（杭州：浙江教育出版社，1997 年 8 月）；卞孝萱，徐雁平編，《書院與文化傳承》（北京：中華書局，2009 年 4 月）等書之探討。關於宋代書院之研究，詳見葉坦，蔣松岩，《宋遼夏金元文化史》（上海：東方出版中心，2007 年 5 月），頁 181～207。以及孫彥民，《宋代書院制度之研究》（臺北：國立政治大學出版，1963 年 6 月）；吳萬居，《宋代書院與宋代學術之關係》（臺北：文史哲出版社，1991 年 9 月）等書之探討。

宋瑞、秀夫前後死國，精忠激烈，誠有在於天地，而不在於古今者。」〔註108〕
書院發展所帶出的效益，關乎士人知識的增進，也關乎儒者節操的養成，蓋
書院教育對宋季義士殉節的舉措，實有推波助瀾的影響。

　　書院蓬勃發展以前，先有學校，學校的功能初為養士而設，對學子的栽
培除卻側重其知識經術，亦未嘗忽略道德人品的重要性。學校教化的目標，
非但要育成儒者，更當勸勉學子成為君子之儒。關於學校的功效，鄭思肖有
如下的敘述：

> 自古有用之才，為君子儒者，盡出於學校。當知學校乃禮義廉恥所
> 自出之地，豈徒有用而已？切勿謂「向之學校，儒者惟業科舉時文，
> 腐而無用，何補世道。」然科舉時文，其所講明，皆九經諸史、諸
> 子百家、天地陰陽、五行萬象、歷代君臣聖賢人物、道德性命、仁
> 義忠孝、禮樂律曆、制度政事……文章技藝、萬事萬物、格物致知、
> 誠意正心、修身齊家治國平天下之旨要，其中選者眾作架如，亦未
> 嘗不妙也。析理則精微，論事則的當，亦多開發後學。〔註109〕

學校初為養士而設，士有辨然否、明事理等能力，可為治世長才，如此學校
之建立蓋無失當之處。黃宗羲嘗闡述古聖王建設學校的美意，其言云：「學校
所以養士也，然古之聖王其意不僅此也，必使治天下之具皆出於學校，而後
設學校之意始備。……天子之所是，未必是；天子之所非，未必非。天子亦
遂不敢自為非是，而公其非是於學校。」〔註110〕諸如上述所云，乃是學校體
制最理想的情況，然後世學校的發展，恐有未竟全功的遺憾，行之既久，卻
又不免與初衷相違背，與古聖王的美意漸行漸遠，因而有書院繼之興起。據
上述鄭思肖所謂「道德性命」、「仁義忠孝」、「格物致知、誠意正心、修身齊
家治國平天下」、「析理精微」等學校教育的範疇，或改稱作書院教育亦屬適
宜。從格物、致知至治國、平天下乃是《大學》八條目，這便是程朱理學所
竭力提倡的初學入德之門，教人以此聞見古人為學之次第。而鄭氏所云「析
理精微」，誠如朱熹《大學章句·格物致知章》所稱：「蓋人心之靈莫不有知，

〔註108〕元·吳萊，〈桑海遺錄序〉，引自明·程敏政，《宋遺民錄》，卷10，頁3。引
　　　　自《宋代傳記資料叢刊》，27冊，頁627。
〔註109〕宋·鄭思肖，〈早年遊學泮宮記〉（一名〈儒家大義〉），見氏著，陳福康校點，
　　　　《鄭思肖集》，頁279。
〔註110〕清·黃宗羲，〈學校〉，《明夷待訪錄》（臺北：臺灣中華書局，1965年11月），
　　　　頁8。

而天下之物莫不有理，惟於理有未窮，故其知有不盡也。是以《大學》始教，必使學者即凡天下之物，莫不因其已知之理而益窮之，以求至乎其極。」〔註111〕鄭氏所云「道德性命」之說，蓋源自《中庸》「天命之謂性，率性之謂道，修道之謂教」〔註112〕此番形而上的思想觀念，朱熹更以《中庸》精微之道作為孔門傳授心法。據是可知，鄭氏所提出的學校教化之範疇，多與《大學》、《中庸》契合，而《大學》、《中庸》是宋代理學所講究的學術領域，亦為程朱學說所首倡。甚至可以這麼說，南宋書院的教化主軸，便是程朱學說的道德性命之學，故鄭氏文中所讚揚的「學校」，擺放在南宋這個時代而論，其實更可以說成是「書院」。

書院，就其形式而言仍然近似於學校，在內涵上卻又與學校有所差異。就其創建特質來論，書院大多屬於私辦。就其教化內容看來，書院尤其側重學子的道德涵養，是故其功利取向大抵較官辦學校來得鮮少。書院成員有負責人，稱作山長，或稱作山主、洞主、院長等等，山長禮聘教師講授，而儒生可入書院研讀與論學。由於宋代書院多屬私辦性質，因此不完全歸屬於朝廷官方的統轄，也無須過度受到朝廷的干涉與牽制，是以教學立場相對超然，其教學內容也趨於活絡靈動。書院以講學與議論等功能著稱，關於講學、議論的起源，《禮記・檀弓上》有如下的記載，曾子曰：「吾與女事夫子於洙泗之閒」〔註113〕，蓋知孔子嘗聚徒講學於洙泗，亦為教育普及民間的開端，從此確立了儒門教化的宗旨，儒生受教的目的，大抵講究學問知識的汲取以及道德人品的培養。《漢書・孝宣帝紀》記載：「（宣帝）詔諸儒講《五經》同異，太子太傅蕭望之等平奏其議，上親稱制臨決焉。迺立梁丘《易》，大小夏侯《尚書》，穀梁《春秋》博士。」〔註114〕《後漢書・顯宗孝明帝紀》記載：「（明帝）還幸孔子宅，祠仲尼及七十二弟子。親御講堂，命皇太子、諸王說經。」〔註115〕《後漢書・肅宗孝章皇帝紀》記載：「（章帝）於是下太常、將、大夫、博士、議郎、郎官及諸生、諸儒會白虎觀，講議《五經》同異，使五官中郎將魏應承制問，侍中淳于恭奏，帝親稱制臨決，如孝宣甘露石渠故事，作白虎議奏。」

〔註111〕《大學章句》，宋・朱熹，《四書章句集注》，頁6～7。
〔註112〕《中庸章句》，宋・朱熹，《四書章句集注》，頁17。
〔註113〕東漢・鄭玄注，宋・岳珂校，《禮記鄭注》，卷2〈檀弓上〉，頁22。
〔註114〕東漢・班固撰，唐・顏師古注，《漢書》〔百衲本二十四史〕（臺北：臺灣商務印書館，1996年12月），卷8〈孝宣帝紀〉，頁81。
〔註115〕南朝宋・范曄著，唐・李賢注，《後漢書》〔百衲本二十四史〕（臺北：臺灣商務印書館，2000年8月），卷2〈顯宗孝明皇帝紀〉，頁63。

〔註116〕上述諸例有兩處共同點，一者、皆爲朝廷官方所發起，二者、非屬常置或延續的性質。因此雖呈現出議論經典的實際情況，看似略有議經與講經的規模，然其目標主要還是坐落在統整文獻與議決經義等等，這和孔子於洙泗講學的面貌是截然不同的，亦與後世的書院講學大異其趣。然就經義闡發以及文獻的編制與保存而言，議決經義的舉措仍具有莫大的裨益及貢獻。書院的情況若以私人辦學的面向來講，著實較貼近於孔子聚徒講授時的學術風氣與超然的言論立場。書院的勃然發展，歸功於學術風氣的醇厚和政治立場的客觀持平，因故，書院的價值地位亦時常凌駕於朝廷官學之上。〔註117〕元代馬端臨（1254～1323）《文獻通考》，以及黃宗羲《明夷待訪錄・學校》對書院有如下的析論：

> 是時未有州縣之學，先有鄉黨之學。蓋州縣之學，有司奉詔旨所建也，故或作或輟，不免具文。鄉黨之學，賢士大夫留意斯文者所建也，故前規後隨，皆務興起。後來所至，書院尤多，而其田土之錫，教養之規，往往過於州縣學，蓋皆欲倣四書院云。〔註118〕

> 其所謂學校者，科舉囂爭，富貴熏心，亦遂與朝廷之勢利，一變其本領。而士之有才能學術者，且往往自拔於草野之間，於學校初無與也。究竟養士一事，亦失之矣。於是學校變而爲書院。有所非也，則朝廷必以爲是而榮之，有所是也，則朝廷必以爲非而辱之。僞學之禁、書院之毀，必欲以朝廷之權與之爭勝。〔註119〕

馬端臨嘗列舉出宋初著名的四大書院，包括白鹿洞書院、石鼓書院、應天

〔註116〕南朝宋・范曄著，唐・李賢注，《後漢書》，卷 3〈肅宗孝章皇帝紀〉，頁71。

〔註117〕吳雁南等稱：「書院一般建造在山林湖畔，其規模大約百人左右，大的書院達數百人之多。……特別是南宋，是中國書院發展的鼎盛時期，其數目之多，規模之大，制度之完善，影響之深遠，前所未有。……書院的教學目的主要不是爲科舉考試服務，而在於研究儒學的內聖外王之道，著重於自身道德的修養。」引自吳雁南，秦學頎，李禹階主編，《中國經學史》，頁319。葉坦，蔣松岩稱：「宋代書院集前代書院之大成，匡定以學術講習爲主旨，爲此後近千載所宗續。書院具有敦隆教化、繁榮學術、培育人才等功能，闡揚中國文化中尊師重道、勤學好問、教學相長等優良傳統，在文化教育史大有著特殊的地位。」引自氏著，《宋遼夏金元文化史》，頁181。

〔註118〕元・馬端臨，《文獻通考》〔第 1 冊〕（臺北：新興書局，1963 年 10 月），卷46〈學校七〉，頁431。

〔註119〕清・黃宗羲，〈學校〉，《明夷待訪錄》，頁8～9。

府書院、嶽麓書院。四大書院以外，亦有嵩陽書院、茅山書院等等。〔註120〕
書院的創建直到宋末元初仍舊是方興未艾，例如宋遺民熊禾曾任教於洪原
書院〔註121〕，又撰〈重修武夷書院〉、〈建陽書坊同文書院〉、〈洛陽新創同
文書院〉等文〔註122〕，這顯現出他和書院的往來頗為頻繁，亦知儒者對書
院教育的著重，及彼輩積極創設或重修書院的苦心。當其時，鄉黨地方興
學情況如雨後春筍般生機盎然，朝廷官學相形見絀，究其原委，誠如馬端
臨與黃宗羲所云，書院立學宗旨的實質性與純粹性皆高過朝廷之學，書院
立學著重學術內涵及品德教育的並行不悖，書院建立的目的與科舉功名、
官銜利祿較無牽扯，教育內容持平公允，且能維持其超然的立場。朝廷州
縣官學必受政治權力之主導，或廢或興，難以一本初衷，亦容易流於形式、
徒存具文而已。學校初為養士而設置，其立意未嘗不善，然而後代學校之
創，或有專為科舉應試而設者，不免牽涉功名祿利，德性、學問淪為其次，
立場未如書院這般獨立超然，此學校不如書院之處，是故「學校變而為書
院」。書院與學校不盡相同的原因，在於書院與學校設立的初衷殊異，它不
以訓練學子應試中舉作為主要訴求，而是純粹授受學說經術的專門場所，
儒生在書院裡頭居處與鑽研，授業者所講究的是使學子在學識與德性雙方
面上的修養與長進，教人飽讀聖經賢傳，勉人學做君子。書院成立的旨趣，
絕非為了富貴祿利之取獲，因此較之學校而言，誠然更有助於養成學子的
廉恥與氣節，使彼輩慨然有匡濟世道的胸襟與情懷。書院這種教育環境，
雖不至於排斥學子出仕，但比起官學，卻更能要求學子以修己安人為使命
與目標，非是為了貪圖高官厚祿以及一時的虛名而出仕。

二、書院與理學的結合

南宋時期理學蓬勃發展，儼然成為當代學術之主流，理學的勃興又恰巧
可與書院的建設接軌而並進。書院設置的宗旨本為提供儒生一處研習修養的
優渥場域，儒生在書院就讀便能受到理學的滋潤薰陶。熊禾曾提起書院創設

〔註120〕同注118。

〔註121〕清·紀昀等於《勿軒集提要》之中稱：「宋熊禾，……宋亡，隱居不仕，築洪
原書院，教授生徒。」詳見清·永瑢，紀昀等編，《景印文淵閣四庫全書》，
1188 冊，頁 761。熊禾，其人其事另見清·萬斯同，《宋季忠義錄》，卷 12〈熊
禾傳〉，頁 1～2。

〔註122〕詳見宋·熊禾，《勿軒集》卷 4，頁 1～4。引自清·永瑢，紀昀等編，《景印
文淵閣四庫全書》，1188 冊，頁 800～801。

的宗旨與目標，其云：「以教以養，于以尊崇往聖之道統，于以培植昌運之人才，接前修之典型，新後進之聞見。」〔註123〕「河南二夫子出，又明洙泗之傳，欲興斯文，亶自今日，豈但紹列聖之道統，實以培昌運之人才。」〔註124〕河南二夫子指的是程顥、程頤，南宋書院的教授內容多以程朱理學爲重心，講習的是道德性命之義理，並勉人以紹續道統爲職志，期望培育出昌運濟世的人才。書院的教化，非但側重「道德」面向，實則於「知識」，「經世致用」等範疇亦未嘗偏廢，據是可見書院與理學合流之裨益。此外，儒家思想頗強調推己及人的淑世情懷，理學之中又有如張載所主張「爲天地立心」、「爲生民立道」〔註125〕的卓越精神與崇高情操，面對南宋如此積弱不振的情況，與內憂外患的縈繞侵擾，儒者自當憂心忡忡，無法置之度外地袖手旁觀，爲救亡圖存之故，書院輿論的導向必就朝廷的人事問題予以省思與褒貶，然涉及人事亦容易引發當權者的忌憚與抵制。南宋書院的輿論意向，常伴隨著以天下爲己任的理想性，但亦屢遭當權群小的激烈抨擊與無情地抹煞，甚至是指之爲僞學，誣之以無須有的罪狀。例如《宋史・道學傳》有如下的記載：

> 自（朱）熹去國，（韓）侂胄勢益張。何澹爲中司，首論專門之學，文詐沽名，乞辨眞僞。劉德秀仕長沙，不爲張栻之徒所禮，及爲諫官，首論留正引僞學之罪。「僞學」之稱，蓋自此始。太常少卿胡紘言：「比年僞學猖獗，圖爲不軌，望宣諭大臣，權住進擬。」遂召陳賈爲兵部侍郎。未幾，熹有奪職之命。……右諫議大夫姚愈論道學權臣結爲死黨，窺伺神器。乃命直學士高文虎草詔諭天下，於是攻僞日急。〔註126〕

> 方是時，士之繩趨尺步，稍以儒名者，無所容其身。從游之士，特立不顧者，屏伏丘壑；依阿巽懦者，更名他師，過門不入，甚至變易衣冠，狎遊市肆，以自別其非黨。而熹日與諸生講學不休，或勸以謝遣生徒者，笑而不答。〔註127〕

〔註123〕宋・熊禾，〈建陽書坊同文書院〉，《勿軒集》卷4，頁2。引自清・永瑢，紀昀等編，《景印文淵閣四庫全書》，1188冊，頁800。

〔註124〕宋・熊禾，〈洛陽新創同文書院〉，《勿軒集》卷4，頁3。引自清・永瑢，紀昀等編，《景印文淵閣四庫全書》，1188冊，頁801。

〔註125〕張載嘗稱：「爲天地立心，爲生民立道，爲去聖繼絕學，爲萬世開太平。」引自氏著，章錫琛點校，《張載集》，〈近思錄拾遺〉，頁376。

〔註126〕元・脫脫等撰，《宋史》，卷429〈道學三・朱熹傳〉，頁12768。

〔註127〕同前注。

誠如張載所說：「朝廷以道學、政術爲二事，此正自古之可憂者。」〔註 128〕
蓋儒者擁有關懷天下的情志，本身又爲學術之承載，嫻熟政事治道與制度典
章，每當朝廷施爲有所偏差的時候，彼輩難免會試圖督導或者是發起議論，
以期及時地匡濟時弊和端正風俗，如此作爲即是融通道學與政術，憑藉深厚
的學術基礎，實際地貫徹在政治場域裡頭，其目的並非爲了貪圖一己的功名
富貴，而是爲國族延續和百姓安寧費心地籌劃及設想。道學與政術的通貫，
意味著儒者把學術應用在具體的施政方向上頭，而書院便是提供儒生砥礪學
問，厚植學術根基的適切場所，南宋書院教學的範疇，大抵是儒家經典與理
學思想，吳雁南等人稱：「宋代書院的興盛還與理學的發展密切相關。理學是
一種極其深奧的哲學，在學習方法上既與漢唐的注疏之學不同，也不是官學
中那種簡單的教學形式所能勝任的。」〔註 129〕南宋的學術環境是以理學爲前
導，但理學這門學問並非從朝廷官學發端成形，所以民間書院的發展反倒更
能與理學思想的傳遞合流並駕，換言之，無論是教育資源方面，或者是學問
實質方面，地方書院皆已凌駕在朝廷官學之上。

　　儒生是書院所栽培與教育的對象，書院教師授其知識，養其品德，教其
推己及人、修己以安百姓，樹立其淑世的崇高理想。在道學與政術不分家的
想法下，儒生對政治的態度並非冷眼旁觀，一旦獲得從政的契機，儒者便會
把理學思想在政治場域當中付諸實現，在學而優則仕的前提之下，文天祥即
是從書院儒生跨足爲朝廷要職的代表性人物。文天祥於其〈與中書祭酒知贛
州翁丹山〉中稱：「某青原白鷺書生耳」〔註 130〕，此語道出他嘗求學於書院的
身份背景，文氏學問思想之成形實乃飽受書院教育的啓迪與薰陶。正如楊正
典先生所稱：「他（文天祥）思想體系的形成、事業前途的發展，都與書院這
一段生活有著密切的關係。」〔註 131〕南宋朝時期書院的數量倍增於北宋時期，
尤其以寧宗（1168～1224）、理宗兩朝之時，書院的創建情況最爲鼎盛〔註 132〕，

〔註 128〕宋・張載，〈答范巽之書〉，引自氏著，章錫琛點校，《張載集》，頁 349。
〔註 129〕吳雁南，秦學頎，李禹階，《中國經學史》，頁 319。
〔註 130〕宋・文天祥，〈與中書祭酒知贛州翁丹山〉，見氏著，《文文山全集》，卷 5，
　　　　頁 114。據高立人先生考證，江萬里（白鷺洲書院創辦者）、文天祥（白鷺洲
　　　　書院書生），二人亡歿後皆入祀白鷺洲書院。詳見氏編，《白鷺洲書院志》（南
　　　　昌：江西人民出版社，2008 年 9 月），頁 18～19。
〔註 131〕楊正典，《文天祥的生平和思想》（濟南：齊魯書社，1992 年 7 月），頁 5。
〔註 132〕孫彥民先生考稱：「書院創設有年代可考者，北宋三十四所，南宋一百四十七
　　　　所。……以皇帝言理宗時創設最多，共五十四所。寧宗時次之，共四十所。

文天祥正是發跡於宋理宗當時。宋理宗時期，理學的發展十分蓬勃，而朝廷對理學和書院亦採取支持與獎掖的態度，較未倚仗政治權力干預或者箝制理學的延續及發展。〔註133〕這使得書院更能夠名正言順地成爲傳遞理學思想的學術場域。以南宋朝而論，書院的設置和理學的發展，正可謂相得益彰。

其原因之一是他們皆任位甚久，二是理學發達；孝宗淳熙十年及寧宗慶元四年兩次詔禁僞學，理學家不能在政府立足，只有歸山林，創學校，教育後進，以寄托理想。」見氏著，《宋代書院制度之研究》（臺北：國立政治大學出版，1963 年 6 月），頁 17。

〔註133〕吳萬居先生考稱：「宋代書院之設，以寧宗、理宗二朝爲多。究其原因，二帝在位時間較長，固爲一因。然二帝對理學態度，應爲宋代書院特盛於一時之關鍵。……宋代書院蒙君主賜額者甚多，……凡三十有四。計太宗一、眞宗一、仁宗二、孝宗一、寧宗二、度宗二，而理宗則二十有五，佔總額之百分之七十。」見氏著，《宋代書院與宋代學術之關係》（臺北：文史哲出版社，1991 年 9 月），頁 57～62。

第四章 宋季士儒的抉擇進路
及其思想憑據

　　中國傳統政治結構與儒者的存在關係密切，儒者參與政治時或稱士階層、士大夫，士是協助國君治理天下的特殊階層，本身就已寄寓著濃厚的政治屬性。倘若從思想背景而言，儒者祖述孔孟，深受儒家思想的教化薰陶，既能恪遵道德、承載文化，又以推己及人爲職志，抱持以天下爲己任的淑世胸襟。士階層立身於複雜的政治場域之中，所須面臨的疑難定然艱巨，其職份通常關聯著國家興廢以及百姓生計，因此所須肩負的歷史責任誠可謂任重道遠。更甚者，政權一旦遭遇改朝換代的劇烈變動，顛沛與窘迫的情況更是非比尋常。儒者於國朝覆滅的時刻，思索進退居處之道，尋覓安頓性命之方，自是需要經歷一番殫精竭慮。儒者在國朝滅亡後所做的抉擇爲何？更進一步地探問，其抉擇所憑藉的依據爲何？借助記載彼輩言行的史書，或是藉由承受過改朝換代洗禮的遺民們所留下來的文集作品，後人便得以咀嚼其思辨歷程，得以體會其苦痛與掙扎，甚至能夠進一步地推論其心理狀態。儒者抉擇的進路，著實與其學術背景、思想底蘊息息相關。彼輩無論是決定殉節求死，或者是決定固窮守節，其背後都蘊藏著深邃的思想基礎以及厚實的文化內涵。黃俊傑先生嘗說道：「儒家之『道』皆主於經世、淑世、救世，所以在東亞歷史上政治權力變遷之時，……都是儒學價值理念備受考驗之時。在歷史扉頁翻動、政權轉移之際，儒學的『道』常在抱道守貞的儒者身上獲得淋漓盡致的展現。……儒家的『道』以最鮮明的方式體現在『遺民儒學』之中，在孤臣孽子的行誼中獲得實踐。」[註1] 宋季士儒在改朝換代之際，持道守貞，

〔註 1〕黃俊傑，〈論東亞遺民儒者的兩個兩難式〉，《臺灣東亞文明研究學刊》第 3 卷第 1 期〔總第 5 期〕（2006 年 6 月），頁 63。

憑藉傳統的儒家義理堅定其意念與決心，義無反顧、毫不遲疑地體現仁義道德，從生死、仕隱等抉擇處發揮其生命張力，爲中國歷史寫下燦爛的扉頁，也爲中國儒學發展史開創宏觀雄偉的碩大格局。

第一節　殉節或存活

一、殉節而死

　　殉節、殉道、殉國乃是一種積極與極致的道德表現，殉節行爲的背後，每每藏有高尙的愛國情操以及深邃的道德動機，發於外顯而成爲自身終極的道德訴求，同時也是最義無反顧地主動將自身生命燃至終點，以具體的行動揮灑出極具張力的示範。稱作殉「國」，即殉節者決意以其生命與國朝共存亡，國朝覆滅則亦與之共滅。稱作殉「節」、殉「道」，即當事者在其意念之中，篤信著一股氣節操守、道德信仰，彼輩對自身信奉的道德圭臬常是至死不渝、堅忍不拔。君子堅守道德的韌性非比尋常，如孔子所稱的「守死善道」、「志士仁人，無求生以害仁，有殺身以成仁。」〔註 2〕即是也。孟子則稱：「生，亦我所欲也；義，亦我所欲也，二者不可得兼，舍生而取義者也。」〔註 3〕此乃孟子發揚義利取捨的道理，云情勢若眞逼至緊要關頭，君子之儒必不因懼死而失其義，亦不因求生而害其義。此外，孟子又云：「天下有道，以道殉身；天下無道，以身殉道。未聞以道殉乎人者也。」此段朱熹注曰：「殉，如殉葬之殉，以死隨物之名。身出則道在必行，道屈則身在必退，以死相從而不離也。以道從人，妾婦之道。」〔註 4〕程頤、朱子的學說是宋代理學的一大主軸，此學說每以《四書》做爲教化範疇，因此，程朱理學對「道」的重視與遵循蓋也不難想見。一者、彼輩受孔孟思想潛移默化、暮鼓晨鐘的浸潤與薰陶，蓋已能深刻地砥礪出崇高之品德，並且育成其卓越的人文素養。二者、程朱學說闡述道德時走的是「格物窮理」的路數，仁、義、禮、智，凡屬儒家德目綱領在程朱學說看來，其實皆是一些箇道理，朱子稱：「程子『性即理也』，此說最好。今且以理言之，畢竟却無形影，只是這一箇道理。在人，仁義禮智，性也。然四者有何形狀，亦只是有如此道理。有如此道理，便做得許多

〔註 2〕《論語》卷 4〈泰伯〉，宋・朱熹，《四書章句集注》（北京：中華書局，1983年 10 月），頁 106。同書，卷 8〈衛靈公〉，頁 163。
〔註 3〕《孟子》卷 11〈告子上〉，宋・朱熹，《四書章句集注》，頁 332。
〔註 4〕《孟子》卷 13〈盡心上〉，宋・朱熹，《四書章句集注》，頁 362。

事出來。」〔註5〕儒家德目至孟子時提舉出仁義禮智「四端」作爲代表，程頤與朱子以「性即理」的觀念給予定義，窮理之說雖以爲萬事萬物皆是一些箇理的堆疊，但是眾理之中仍以「性理」爲最高，既是最爲緊要的立身之道，那麼更應切乎己身地做出實踐與體現。殉道、殉節的概念或可理解成「以死隨道」、「以死隨理」，而此番「道」、「理」便是思想中的第一義。宋季殉節士儒，決意「殉節」的動機思想，誠宜以忠義或氣節的觀念概括之。換言之，忠義、氣節的觀念便是引領彼輩殉節的第一義。

　　「道」或稱作「理」，它既沒有形體可尋，因此是一種抽象的道德觀念，它雖然抽象，但卻是人們所遵循的原則與典範，依據這些箇道理，人們便可發顯出許多具體的行動與示現，是故，道德在平日涵養時屬於內蘊，看來不甚明顯，然緊要關頭時卻能呈現出令人詫異的光輝。〔註6〕「道德」或者如程朱學說所指稱之「性理」，它是可以被吾人所認識的客觀物，然這客觀物對宋儒來講是最具優先性的價值存在，除了具備超然不朽的地位，且當爲吾人所恪遵與依循，道的存在甚至遠比自身生命來得重要。是以朱子認爲人們必須「身出則道在必行」、「以死相從而不離」，這樣的觀點相似於孔子所云：「君子無終食之間違仁，造次必於是，顛沛必於是。」〔註7〕亦似《中庸・第十四章》所言「君子素其位而行，不願乎其外。」〔註8〕綜上所述，「道」之於人而言是一種未可移易的行事準則，人們對此準則的貫徹不容以藉口怠慢鬆弛，亦不容輕易地妥協於外在現實。生命寶貴，相信宋儒並不否認，但是在殉節者的觀感當中，生命一旦與道德相較卻又顯得微不足道，因此殉節者能夠毅然決然地以身殉道，是以生命的重要性襯托出道德的至上與崇高。如漢儒司馬遷（145BC～？）所謂：「夫人情莫不貪生惡死，念父母，顧妻子，至激於義理者不然，乃有所不得已也。」〔註9〕宋代學術當中，理學蔚爲主流，理學之中的十之八九皆爲闡發道德而立言撰著，因此貫徹道德乃至於不惜犧牲生命的想法，大體可說是宋季殉節者根深柢固的共識，職是之故，宋末抗

〔註5〕宋・朱熹，〈性理一・人物之性氣質之性〉，引自氏著，宋・黎靖德編，王星賢點校，《朱子語類》（北京：中華書局，1986 年 3 月），卷 4，頁 63～64。

〔註6〕此概念如《中庸・第十二章》所稱：「君子之道費而隱」引自宋・朱熹：《四書章句集注》，頁 22。

〔註7〕《論語》卷 2〈里仁〉，宋・朱熹，《四書章句集注》，頁 70。

〔註8〕《中庸・第十四章》，宋・朱熹，《四書章句集注》，頁 24。

〔註9〕漢・司馬遷，〈報任少卿書〉，引自南朝梁・蕭統編，唐・李善注，《文選》（臺北：五南圖書出版公司，1991 年 10 月），卷 41，頁 1042。

元義士殉節者眾多，其殉節事跡尤其慘烈，彼乃如司馬遷所言之「激於義理者」。清代趙翼（1727～1814）《二十二史箚記》稱：「歷代以來，捐軀徇國者，惟宋末獨多」〔註10〕《宋史·瀛國公本紀》載：「大軍至中軍，會暮且風雨，昏暮四塞，咫尺不相辨。……陸秀夫走衛王舟，王舟大，且諸舟環結，度不得出走，乃負昺投海中，後宮及諸臣多從死者，七日，浮尸出于海十餘萬人。……已而（張）世傑亦自溺死。宋遂亡。」〔註11〕宋季殉節者不勝枚舉，名聞遐邇者如：拼死抗元的陸秀夫（1237～1279）殉節於宋亡當時，不屈而死的文天祥（1236～1282）殉節於宋亡之後，其餘殉節義士可參見《宋史·忠義傳》、《昭忠錄》、《宋季忠義錄》等書傳的記載。

眾多殉節義士當中，其忠心義行之概略可得而聞知，然其文章思想大多不可得而聞知。主要的原因是彼輩遭逢國難，多處於倉皇顛沛之中，投身軍旅、舉兵抗元，在國難當頭與兵荒馬亂之中若要專注於撰述，蓋是一件極爲困難的事。其次，宋季殉節義士極大多數是戰死沙場而爲國捐軀者，另外也有一大部分是在敵軍以力迫降的同時，爲表其不屈之意志，投身水火自盡，慷慨成仁。就上述兩種殉國方式而言，恐怕較難有充裕的時間把己身殉節的思想動機訴諸紙筆。文、謝的遭遇則較爲特殊，故能將彼輩之殉節緣由詳加交代。文天祥、謝枋得（1226～1289）皆殉節於宋亡以後，從宋亡至彼殉節這段時日，其間留有許多可觀的詩文作品，這些詩文作品除卻能將其畢生思想結晶表露無遺之外，也同時遺留下豐碩的文獻材料供後人閱讀與探討。從這樣的面向看來，文、謝二人實有其共同點，後世亦有將二人相提並論者，如《宋元學案·巽齋學案》載云：「巽齋之門有文山，徑畈之門有疊山，可以見宋儒講學之無負於國矣。」〔註12〕從殉節士儒傳世文集的質與量觀之，文天祥、謝枋得的詩歌文章頗有可觀之處，因此對宋季殉節思想此題的相關探論，大抵仍須從文、謝二人的文集著手析論。

文天祥遭元朝囚禁三年仍不願歸降而仕元，最終被處以死刑，臨刑當時，他朝南方跪拜後從容就義而身亡。謝枋得也因拒絕仕於元朝，遂以絕食的方

〔註10〕 清·趙翼著，王樹民校證，《二十二史箚記校證》（北京：中華書局，2005 年 1 月），卷 25〈宋制祿之厚〉，頁 534。

〔註11〕 元·脫脫等撰，《宋史》（北京：中華書局，1977 年 11 月），卷 47〈瀛國公本紀〉，頁 945～946。

〔註12〕 清·黃宗義，清·全祖望，《宋元學案》（臺北：河洛圖書出版社，1975 年 3 月），卷 88〈巽齋學案〉，頁 81。

式讓自己氣絕身亡。文、謝二人實有決意殉國的心理建設，這從彼詩文之中實不難見其端倪，如文天祥云：「家人半分合，國事決存亡；一死不足道，百憂何可當。」「身爲大臣義當死，城下師盟愧牛耳。」〔註13〕諸語，已明白地道出自己無懼死亡的意念。或如其〈言志〉所云：「我生不辰逢百罹，求仁得仁尚何語。……取義從容未輕許，仁人志士所植立。橫絕地維屹天柱，以身殉道不苟生。」〔註14〕，如〈端午即事〉所稱：「丹心照夙昔，鬢髮日已改；我欲從靈均（屈原），三湘隔遼海。」〔註15〕，又以〈有感〉說道：「一死皎然無復恨，忠魂多少暗荒丘。」〔註16〕楬櫫其殉道動機乃出自於自身的主動意願以及道德原則，求仁得仁、一往無悔地舍生取義。觀其詩，遂知彼不欲苟且以偷生，故寧可亡命，與國同滅，亦絕無怨悔憾恨。又如謝枋得〈上丞相留忠齋書〉云：「今年六十三矣，學辟穀養氣已二十載，所欠惟一死耳，豈復有他志。」〔註17〕上述諸語，都展現出文、謝二人果敢剛毅的捨命意念，萬死不辭的殉節決心。文天祥、謝枋得二人高尚的品德，以及以身殉道的偉大情操，無不令後人涕泣動容。此外，文、謝二人皆具備深厚的學術根底，其文章、思想、行誼各體兼備，他們不僅是思想家，更是身體力行的實踐家，是故望其文便可識其人，觀其人遂可知其文。文天祥、謝枋得二人作爲宋季殉節行爲的指標性人物，誠然可謂是當之無愧。

　　宋季士儒殉節事跡極爲慘烈，每每令人同感歔欷，例如太學生徐應鑣（？～1276）亦是在宋亡之後殉節自盡。事發德祐二年當時，瀛國公降元入燕，百餘人同行北上，應鑣因不願降元入燕之故，遂決意以死明志。《宋史·忠義六·徐應鑣傳》記載曰：「徐應鑣字巨翁，衢之江山人，……咸淳末，試補太學生。德祐二年，宋亡，瀛國公入燕，三學生百餘人皆從行。應鑣不欲從，乃與其子琦、崧、女元娘誓共焚，子女皆喜從之。太學故岳飛第，有飛祠，應鑣具酒肉祀飛曰：『天不祚宋，社稷爲墟，應鑣死以報國，誓不與諸生俱北。

〔註13〕宋·文天祥，〈懷趙清逸〉，《指南後錄》，引自氏著，《文文山全集》（臺北：河洛圖書出版社，1975年9月），卷14，頁349。同書，〈二月六日，海上大戰，國事不濟，孤臣天祥，坐北舟中，向南慟哭，爲之詩曰〉，卷14，頁349。
〔註14〕宋·文天祥，〈言志〉，《指南後錄》，引自氏著，《文文山全集》，卷14，頁350。
〔註15〕宋·文天祥，〈端午即事〉，《指南後錄》，引自氏著，《文文山全集》，卷14，頁374。
〔註16〕宋·文天祥，〈有感〉，《吟嘯集》，引自氏著，《文文山全集》，卷15，頁393。
〔註17〕宋·謝枋得，〈上丞相留忠齋書〉，《疊山集》，卷4，頁8。引自王雲五編，《四部叢刊續編集部》（臺北：臺灣商務印書館，1966年10月），522～523冊。

死已,將魂魄累王,作配神主,與王英靈,永永無斁。』……乃與其子女入梯雲樓,積諸房書籍箱笥四周,縱火自焚。……應鑣不能死,與其子女快快出戶去,倉卒莫知所之。翌日得其屍祠前井中,皆僵立瞠目,面如生。諸僕爲具棺斂,殯之西湖金牛僧舍。」〔註18〕宋季殉節烈士人數眾多,諸如文天祥、謝枋得、徐應鑣等忠臣義士皆是,而其餘殉節者的死節、死事亦不勝枚舉。殉節者的殉節行爲,意謂必須放棄自身寶貴的性命,其背後所涉及到的生死議題蓋爲沉重,關於宋季殉節者死事之梗概,及其所牽引出儒家生死觀的崖略,茲列於第六章之中詳加探討,此處則不再多作贅述。殉節者犧牲寶貴性命以彰明宗旨及意向,忠義精神留予後世追思緬懷。這些處於改朝換代之際殉節而死的忠臣義士,在其殉節逝世之後,往往享有極高的歷史評價。據《厓山集》所載對文天祥的讚譽之語,其言云:「嗚呼!宋之亡也,士大夫大半負國,公毀家紓難,九死而不悔死矣。彼負國者,獨不死乎,而公之死與日月爭光,與天地無窮矣。」〔註19〕辜負國朝者,必不願殉死,然這情況並不意謂存活下來的人都是辜負國朝之人,其間仍有守節遁隱、義不仕元的故宋遺民。

二、保身存活

　　清代萬斯同(1638～1702)〈書宋史王應麟傳後〉云:「宋末東南遺老,莫賢于王厚齋、黃東發二公。宋社既移,二公並潛隱山澤,杜門著書,二十餘年,至窮餓以沒,其高風峻節,眞足師表百世。乃《宋史》二公之傳,于宋亡之後,絕不及其晚節一字,此何所忌而掩抑若是?即使詳書於史,何病于蒙古?蒙古人見之,豈即加譴謫?乃史官無識,使後人不得見高節,眞恨事也。」〔註20〕由此可知士儒具備「氣節」與否,不必然得以殉死的方式證明,遁隱山澤同樣也是一種氣節的展現。但不必諱言的是如文天祥這般殉節而死的忠臣烈士,觀時人與後人對他的頌揚誠然是不勝枚舉,而其崇高的歷史地位也已是難以估量。逝者蓋是如此,而「存活」之人又當何爲?宋代何

〔註18〕元・脫脫等撰,《宋史》,卷451〈忠義六・徐應鑣傳〉,頁13277。其人其事,另見清・萬斯同,《宋季忠義錄》(臺北:中國文化學院出版,1964年10月),卷6〈徐應鑣傳〉,頁1。

〔註19〕明・佚名,《厓山集》,頁5。引自《叢書集成續編》(上海:上海書店出版社,1994年6月),23冊,頁489。

〔註20〕清・萬斯同,〈書宋史王應麟傳後〉,《群書疑辨》(臺北:廣文書局,1972年1月),卷11,頁7。

夢桂（1229～1303）說道：「夫人之衰頹窮塞，卒至陸沉而不能自拔以死者之深悲也。」〔註21〕明代程敏政（1446～1499）嘗對宋遺民贊曰：「皆慷慨悲歌之士，或倡和焉，或稱述焉，皆足以起人心之忠義，振末世之委靡。百代以下，讀其文，想其人，將必有任天理民彝之責於一身，而與之冥契神交於百代之上者矣。然則有天下國家者，可不鑒於此哉！」〔註22〕宋遺民處於亡國之時，目睹山河淪陷、民不聊生的慘狀，豈能不悲慟欲絕，彼輩縱使沒有用殉節的方式表明其意志，卻嘗以組織群體、結社吟誦等方式追思故舊以及悼念逝者，藉詩文咀嚼回憶並且宣洩出心中苦痛。〔註23〕清儒黃宗羲（1610～1695）說道：「宋之亡也，文、陸身殉社稷，而謝翱、方鳳、龔開、鄭思肖，徬徨草澤之間，卒與文、陸並垂千古。」〔註24〕宋季士儒遭遇國變，一部分殉節而成義士，另一部分存活者為遺民，宋遺民雖未舍生取義，但也不甘苟且度日，彼輩正如同清儒陳確（1604～1677）〈死節論〉所云：「君子且不可苟死，況可苟生！不苟貧賤死，況苟富貴生！君子之於生，無所苟而已。」〔註25〕陳確之語明白地點出存活的遺民縱使不能以死自拔，卻也不願麻木不仁地虛擲光陰，彼輩仍須守節固窮地表明心志，進以維繫綱紀。宋元之際，殉節烈士因其信念理想而犧牲生命，故宋遺民以其獨特的姿態繼續存活，生與死之抉擇沒有一種是非對錯式的絕對標準，但看其抉擇當下的思想動機，以及抉擇以後的姿態作為。

　　宋季「殉節」而死的義士誠然有其典範性，但「殉節而死」與「保身存活」兩者之間並非扞格對立的單選模式，「殉節」自有其張力與不朽性，「存活」蓋也具有不可磨滅的寶貴價值。文天祥從囚處到殉節的三年期間便是「存活」，文氏雖存有不畏懼「死亡」的勇氣與決心，但未必優先排除了「存活」

〔註21〕　宋・何夢桂，〈汐社詩集序〉，《潛齋集》，卷6，頁6。引自王雲五編，《四庫全書珍本》（臺北：臺灣商務印書館，1971）。

〔註22〕　明・程敏政，《宋遺民錄・序》，頁3。引自《宋代傳記資料叢刊》（北京：北京圖書館出版社，2006年10月），27冊，頁379。

〔註23〕　（美）田浩稱：「經歷蒙古佔領的生還者，終究克服他們的心理創傷，透過文學的表達找到生存的目的，並且致力於維護中國文化傳統上。」氏著，〈因「亂」而致的心理創傷：漢族士人對蒙古入侵回應之研究〉，《臺大文史哲學報》第58期（2003年5月），頁71。

〔註24〕　清・黃宗羲，〈余恭人傳〉，見氏著，陳乃乾編，《黃梨洲文集》（北京：中華書局，2009年5月），頁90。

〔註25〕　清・陳確，〈死節論〉，《陳確集》〔上冊〕（北京：中華書局，1979年4月），卷5，頁155。

的選項。《宋史‧文天祥傳》記載:「天祥在道,不食八日,不死,即復食。」
又載:「天祥曰:『國亡,吾分一死矣。儻緣寬假,得以黃冠歸故鄉,他日以
方外備顧問,可也。若遽官之,非直亡國之大夫不可與圖存,舉其平生而盡
棄之,將焉用我?』」〔註26〕這幾段行文當中的「不死,即復食。」「儻緣寬
假,得以黃冠歸故鄉,他日以方外備顧問,可也。」皆是不排斥繼續「存活」
的具體證據,亦揭示出宋季士儒在亡國後選擇繼續存活,仍具備某些實質的
效益。至於謝枋得從宋朝滅亡直至其絕食殉節的這段期間,亦足足有十年之
久的漫長光陰,無疑也是謝氏不求速死的確切展現。謝枋得嘗稱:「宋室孤臣,
只欠一死,某所以不死者,以九十三歲之母在堂耳。罪大惡極,獲譴于天,
天不勤厥命,而奪其所恃以為命,先妣以今年二月二十六日考終於正寢,某
自今無意人間事矣。」〔註27〕謝枋得雖和文天祥一樣不畏懼死亡,也有意願
為宋室盡忠殉節,不過卻為了善盡身為人子之「孝道」,為了奉養母親使之安
享晚年,是故優先選擇了繼續「存活」的選項。此外,就「立言」層次觀之,
文天祥《文文山全集》、謝枋得《疊山集》裡頭有許多彌足珍貴的文章翰墨,
以及其間所呈現的思想內容,大多也是在文、謝二人存活的期間所撰著完成,
這些文字與思想在宋元交替的歷史段落之中,著實扮演著極其重要的角色。
試想倘若所有的故宋遺臣都急著盡忠殉死而消逝殆盡的話,那麼新時代的發
言權恐將大舉地落入元朝的掌握,比如鄭思肖(1241～1318)倘若在宋朝滅
亡之後就選擇殉節而死,那麼便無日後《心史》的成書來指控蒙元執政期間
的種種惡形惡狀,或是揭發出蒙元政權對待漢族許許多多的不平等待遇。由
此可見,選擇「殉節而死」的宋季士儒固然可佩,其餘選擇「保身存活」的
遺民未嘗無可敬之處。關於士儒「殉節而死」或「保身存活」的生、死抉擇,
清初思想家曾從宋季與明季的殉節現象當中,做出細膩的觀察與深刻的省
思,對「殉節而死」的合理性展開以下四點探問及闡述:

其一、是否為未經深思熟慮之速死?如黃宗羲嘗稱:「語曰:『慷慨赴死
易,從容就義難。』所謂慷慨從容者,非以一身較遲速也。扶危定傾之心,
吾身一日可以未死。」〔註28〕清儒孫奇逢(1584～1675)云:「文山以箕子自
處,便不亟亟求畢旦夕之命。此身一日不死,便是大宋一日不滅。生貴乎順,

〔註26〕元‧脫脫等撰,《宋史》,卷418〈文天祥傳〉,頁12539。
〔註27〕宋‧謝枋得,〈上程雪樓御史書〉,《疊山集》,卷4,頁1。
〔註28〕清‧黃宗羲,〈兵部左侍郎蒼水張公墓誌銘〉,見氏著,陳乃乾編,《黃梨洲文
集》,頁202。

不以生自嫌；死貴乎安，不以死塞責。」﹝註29﹞陳確亦謂：「若夫不怖死，亦不求速死。」﹝註30﹞所謂「不汲汲求畢旦夕之命」、「不求速死」，意謂死有重於泰山者，性命誠然可貴，必藉此命以竟全功而後死，故雖不懼怕死亡，蓋也不宜輕易犧牲，殉節者當死與不當死的拿捏，著實有必要經過一番的深思熟慮，如備受後世推崇的宋季殉節士儒文天祥、謝枋得等人，皆非在宋朝覆滅的當時便立刻殉節，而是肇因於蒙元朝廷逼迫彼輩擔任元朝職官，文、謝二人秉持義無二君，不屈於外侮等忠義氣節的原則，進而決意與宋朝共存亡地殉節赴死，是以文、謝二人堪為「不求速死」的指標性人物。

其二、是否單憑意氣之勇而赴死？這類觀點，如孫奇逢談論明季殉節人物劉理順﹝註31﹞（1582～1644）時曾贊曰：「劉理順久困公車，法言矩行，累成一箇端凝正直狀元，故其殉國難亦只作饑食渴飲之常，非矜激於意氣者比。」﹝註32﹞據是知悉那些單憑意氣之勇而赴死犧牲者，孫氏並未表示認同抑或給予肯定。

其三、是否能死而無憾？關於這點，陳確這麼說道：「吾心泰然，有雖死無恨一段胷次，然後此生綽有餘地。古語有云：『志士不忘在溝壑，勇士不忘喪其元』者，正謂此也。彼非不忘死而已也，蓋不忘其所以無憾于死者也。若只是拋却一死，有何意義而夫子稱之。」﹝註33﹞殉節義士既萌起共赴國難的決心，就該堅定其意念，一往無悔。在陳確的想法中，殉節者所側重的焦點非但在於不畏生死，更當坐落於吾心泰然、死而無憾。換言之，殉節者必須死得其所，並且饒富其意義，方可謂死而無憾。

其四、其死是否順乎情理自然？殉節赴死以合乎情理自然為訴求，不容虛矯造作，否則恐怕招致沽名釣譽的非議，誠如孫奇逢所謂：「死而非義，未免沽名，且以傷勇。」﹝註34﹞陳確亦嘗云：「生期速死，死期速朽。不知欲遲欲速，俱違自然之理。……忠臣死忠，孝子死孝，正是自然之理，非速死之

﹝註29﹞ 清·孫奇逢，〈語錄〉，引自氏著，朱茂漢點校，《夏峰先生集》（北京：中華書局，2004年7月），卷13，頁538。

﹝註30﹞ 清·陳確，〈答豹化疑問〉，引自氏著，《陳確集》﹝上冊﹞，卷15，頁373。

﹝註31﹞ 詳見清·計六奇，《明季北略》（臺北：臺灣銀行，1969年8月），卷21上〈殉難文臣·劉理順傳〉，頁498～499。

﹝註32﹞ 清·孫奇逢，〈論餘〉，引自氏著，朱茂漢點校，《夏峰先生集》，卷8，頁296。

﹝註33﹞ 清·陳確，〈黏芡茂堂〉，引自氏著，《陳確集》﹝上冊﹞，卷16，頁376。

﹝註34﹞ 清·孫奇逢，〈殷仲泓傳〉，引自氏著，朱茂漢點校，《夏峰先生集》，卷5，頁179。

謂。當死不死，便是怖死，所謂私意，所謂愚罔也。若夫不怖死，亦不求速死；不辭朽，亦不求速朽：斯則情順自然，聖王之教。」〔註35〕要之，殉節赴死的前提是必然得合於義，合於理，順乎自然，但問其輕重，而不問其急緩。合乎情理自然者，乃是當死則死，不當死則不必勉強赴死。當死節而不敢死，即是怯懦畏死，不當死而殉難，則是無端喪生。

　　處在宋元改朝換代之際，選擇「殉節而死」者爲「殉節義士」，另一部份選擇「保身存活」者稱作「遺民」。宋朝覆滅之後，文天祥仍然有三年的存活時間，謝枋得足足有十年的存活時間，在這段期間當中，文、謝二人仍爲宋遺民，其後雙雙殉節赴死而成爲殉節義士，因此就歷史定位上，文、謝二人乃同時兼備宋遺民與宋殉節義士的身分。另外如龔開（1222～1304）、林景曦（1242～1310）、謝翱（1249～1295）、鄭思肖等人，乃是純粹的宋遺民。元代吳萊（1297～1340）〈桑海遺錄序〉嘗記載：「龔開者，字聖予，少嘗與秀夫同居廣陵幕府，及世已改，多往來故京，家益貧。故人賓客候問日至，立則沮洳，坐無几席。一子名浚，每俛伏榻上，就其背按紙作唐馬圖，……一持出入，輒以數十金易得之，藉是故不飢，然竟無所求於人而死，志節既峻，儀觀甚偉，文章議論愈高。」〔註36〕元代鄭元祐（1292～1364）〈林義士事跡〉記載道：「宋太學生林德暘，字景曦，號霽山。當楊總統（楊璉眞伽）發掘諸陵寢時，林故爲杭丐者，背竹籠，手持竹夾，遇物即以夾投籠中。林鑄銀作兩許小牌百十繫腰間，取賄西番僧曰：『餘不敢望，收其骨，得高家（宋高宗）、孝家（宋孝宗）斯足矣。』番僧左右之，果得高孝兩朝骨，爲兩函貯之，歸葬於東嘉。」〔註37〕據明代呂洪〈霽山文集原序〉所記載：「元兵破杭，有楊總統盡發越上宋諸陵墓，棄其遺骸於草莽中，人莫敢收。先生在越，痛憤不已，乃與樸翁佯爲采藥，偕行陵上，以草囊拾之，盛以二函，託言佛經埋瘞越山，植多青樹以志之。」〔註38〕宋朝是理學掛帥的年代，而此道德義理亦

〔註35〕清・陳確，〈答箴化疑問〉，引自氏著，《陳確集》〔上冊〕，卷15，頁373。

〔註36〕引自明・程敏政，〈桑海遺錄序〉，《宋遺民錄》卷10，頁3。參照《宋代傳記資料叢刊》，27冊，頁628。龔開（1222～1304）其人其事，另見清・萬斯同，《宋季忠義錄》，卷15〈龔開傳〉，頁1～3。

〔註37〕元・鄭元祐，〈林義士事跡〉，引自明・程敏政，《宋遺民錄》卷14〈林景曦〉，頁1。參照《宋代傳記資料叢刊》，27冊，頁725。林景曦，其人其事，另見清・萬斯同，《宋季忠義錄》，卷11〈林德暘傳〉，頁23～27。

〔註38〕宋・林景曦，《霽山文集・呂序》，引自清・永瑢，紀昀等編，《景印文淵閣四庫全書》（臺北：臺灣商務印書館，1986年3月），1188冊，頁688。

須透過教化的工夫始得昌明隆盛。教化的內容，若就宋季儒者殉節、守節所憑恃的思想而論，無非是忠義、氣節、人倫、綱常等概念。至於教化的方式，則又可區分成身教與言教。聖經賢傳，撰述著作是爲言教；行跡舉措、立身行事則爲身教。或如龔開父子這般固窮守節，安於貧、樂於道。或如林景曦這般盡忠仗義，收葬趙宋宗室遺骸，勿使其暴露荒野，受辱於蒙人惡行。龔氏、林氏這樣的節行和義舉，無疑已爲後世樹立忠義、固窮的模範，正可視爲宋遺民「身教」部分的援例。

　　若就「言教」的部分觀之，據司馬遷所云：「勇者不必死節，怯夫慕義，何處不勉焉！……所以隱忍苟活，幽於糞土之中而不辭者，恨私心有所不盡，鄙陋沒世，而文彩不表於後世也。」〔註39〕清代錢大昕（1728～1804）稱：「予謂古人論三不朽，以立言居立功之次，然功之立必憑藉乎外來之富貴，無所藉而自立者，德之外唯言耳。」〔註40〕蓋殉節者乃能以死明其心志，存活者亦藉立言述其大義。「立言」是存活的遺民們表達其思想，抒發其意念的絕佳管道，彼輩藉由詩文懷思故國，或歌頌殉節者的忠心義行，或會友而相唱和，哀痛著國難當頭以及世道離亂。尋字逐句，觀彼輩所立之言，情志皆由衷而發，字字都是國仇之積累，卷卷都是家恨所編織。方鳳〔註41〕（1241～1322）〈悼陸君實〉曰：「祚微方擁幼，勢極尚扶顚；鼇背舟中國，龍胡水底天。鞏存周已晚，蜀盡漢無年；獨有丹心皎，長依海日懸。」〔註42〕該詩除卻悼念陸秀夫抱幼主投海殉節的壯烈史蹟，亦透露出緬懷故宋的無限哀思。又如：謝翱〔註43〕著有《晞髮集》、《天地間集》，其以〈西臺慟哭記〉、〈冬青樹引〉等文追思故人舊地，情感濃郁而綿延，真摯而深切，秉筆抒懷之中，沒有絲

〔註39〕漢・司馬遷，〈報任少卿書〉，引自梁・蕭統編，唐・李善注，《文選》，卷41，頁1042。

〔註40〕清・錢大昕，〈甌北集序〉，《潛研堂文集》，卷26，頁11～12。引自《清代詩文集彙編》（上海：上海古籍出版社，2010年12月），364冊，頁244。

〔註41〕明・宋濂曰：「方鳳，一名景山，字韶父。……有異材，常出游杭都，交海內知名士。……宋亡，鳳自是無仕志，益肆爲汙漫游，北出金陵京口，南過東甌海上，類皆悼天墊不守，翠華無從，顧盼徘徊，老淚如霰。……鳳善詩，通毛鄭二家言，晚遂一發於詠歌，音調淒涼，深於古今之感。臨沒，猶屬其子樗題其旌曰容州，示不忘北。」引自氏著，《浦陽人物志》（臺北：臺灣商務印書館，1966年6月），卷下〈方鳳傳〉，頁24。其人其事，另見清・萬斯同，《宋季忠義錄》，卷11〈方鳳傳〉，頁30～32。

〔註42〕宋・方鳳，〈悼陸君實〉，引自明・程敏政，《宋遺民錄》卷10〈悼陸君實〉，頁17。參照《宋代傳記資料叢刊》，27冊，頁655。

〔註43〕其人其事，見清・萬斯同，《宋季忠義錄》，卷11〈謝翱傳〉，頁1～20。

毫地虛妄及矯飾。謝氏所云如下：

> 予恨死無以藉手見公，而獨記別時語。每一動念，即於夢中尋之。
> 或山水池榭，雲嵐草木，與所別處及其時適相類，則徘徊顧盼，悲
> 不敢泣。又後三年，過姑蘇。姑蘇，公初開府舊治也。望夫差之臺，
> 而始哭公焉。又後四年，而哭之於越臺。又後五年，及今，而哭於
> 子陵之臺。〔註44〕

> 冬青樹，山南陲，九日靈禽居上枝。知君種年星在尾，根到九泉護
> 龍髓。恒星晝隕夜不見，七度山南與鬼戰。願君此心無所移，此樹
> 終有開花時，山南金粟見離離，白衣人拜樹下起，靈禽啄粟枝上飛。

〔註45〕

謝翱本爲文天祥麾下參軍，當文天祥殉節死亡之後，謝翱時常悲慟不已，獨
恨自己竟不能以死相隨，是故時登高臺，慟哭涕泣，這便是〈西臺慟哭記〉
成文的背景。〔註46〕謝氏另有〈西臺哭所思〉云：「殘年哭知己，白日下荒臺；
淚落無江水，隨潮到海迴。故衣猶染碧，后土不憐才；未老山中客，惟應賦
八哀。」〔註47〕該詩亦可以和〈西臺慟哭記〉相互呼應。至於〈冬青樹引〉
則關乎蒙人楊璉眞伽盜挖故宋皇室陵寢之事，當時宋遺民林景曦聞得此訊，
以錢銀取賄番僧，終獲宋高宗（1107～1187）、宋孝宗（1127～1194）兩朝皇
室遺骨，並且重新安葬，彼輩於安葬處種植「冬青樹」作爲記號。方其時，
謝翱亦參與此事，故有此詩之記載，並題云「冬青樹引」。〔註48〕觀謝氏行文，
宛如親睹其人號咷大哭之形貌，知悉謝氏筆墨不刻意雕琢，乃隨情意自然揮
灑，然而字裡行間實然足以扣人心弦。〔註49〕另外，林景曦所著《霽山文集》，

〔註44〕宋・謝翱，〈西臺慟哭記〉，見氏著，《天地間集》〔附錄〕，引自清・永瑢，紀
昀等編，《景印文淵閣四庫全書》，1188 冊，頁 349。
〔註45〕宋・謝翱，〈冬青樹引〉，見氏著，《天地間集》〔附錄〕，引自清・永瑢，紀昀
等編，《景印文淵閣四庫全書》，1188 冊，頁 361。
〔註46〕詳見清・張丁，〈西臺慟哭記註〉，詳見宋・謝翱，《天地間集》〔附錄〕，引自
清・永瑢，紀昀等編，《景印文淵閣四庫全書》，1188 冊，頁 349～360。
〔註47〕宋・謝翱，〈西臺哭所思〉，《晞髮集》卷 7，頁 8。引自清・永瑢，紀昀等編，
《景印文淵閣四庫全書》，1188 冊，頁 312～313。
〔註48〕詳見清・張丁，〈冬青樹引註〉，詳見宋・謝翱，《天地間集》〔附錄〕，引自清・
永瑢，紀昀等編，《景印文淵閣四庫全書》，1188 冊，頁 361～363。
〔註49〕又如明・宋濂〈謝翱傳〉曰：「謝翱，字臯羽，……性至孝，……倜儻有大節，
會丞相文天祥開府延平，長揖軍門，署諮議參軍。……及宋亡，天祥被執以
死，翱悲不能禁，隻影行浙水東，逢山川池樹、雲嵐草木，與所別處及其時

其〈白石藁〉、〈白石樵唱〉之發越皆本於忠義，文情並顯其貌，倘若未嘗承受過真實的痛楚，亦無法有此感人肺腑的著作。對宋朝皇室陵寢被盜一事，林景曦睹物思情，感嘆趙宋宗室受此災劫，不禁悲從中來，乃寫成〈夢中詩〉、〈冬青花〉等詩以自慰藉，如下所述：

> 一坏自築珠丘土，雙匣猶傳竺國經；獨有春風知此意，年年杜宇泣冬青。〔註50〕

> 昭陵玉匣走天涯，金粟堆前起暮鴉；水到蘭亭轉嗚咽，不知真帖落誰家。〔註51〕

> 冬青花（冬青，一名女貞木，一名萬年枝，漢宮嘗植，後世因之。宋諸陵亦多植此木），花時一日腸九折，隔江風雨清影空。五月深山護微雪，石根雲氣龍所藏。尋常螻蟻不敢穴，移來此種非人間，曾識萬年觴底月。蜀魂飛遶百鳥臣，夜半一聲山竹裂。〔註52〕

林景曦詩中屢次提及的「冬青」，乃是林氏收葬趙宋宗室遺骸的同時，在該處種植冬青樹當作記號，故論及此事始末的相關詩作中，動輒可見「冬青」形蹤。由詩觀人，實不難察覺林景曦之於趙宋國朝的緬懷之情，以及他憶念故國時的鬱悶是何其難消難解，諸如這般心境，在其詩作當中屢可窺見崖略。景曦有〈南山有孤樹〉詩曰：「南山有孤樹，寒烏夜遶之；驚秋啼眇眇，風撓無寧枝。託身未得所，振羽將逝茲；高飛犯霜露，卑飛觸茅茨。乾坤豈不容，顧影空自疑；徘徊向殘月，欲墮已復支。」元代章祖程注曰：「成詩以寓出處之意」〔註53〕儒者之出處有二，仕而進、退而隱。然論其所進，趙宋王朝覆滅，而蒙元朝廷在守節之士看來，恐怕非是彼等應事之君，亦非彼等所當奉

適相類，則徘徊顧盼，失聲哭。嚴有子陵臺，孤絕千丈，時天涼風急，翰挾酒以登，設天祥主荒亭隅，再拜跪伏，酹畢，號而慟者三，復再拜起，悲思不可遏，乃以竹如意擊石作楚歌招之。……歌闋，竹石俱碎，聞者為傷之。」引自明・程敏政，《宋遺民錄》卷2〈謝翱傳〉，頁4～5。參見《宋代傳記資料叢刊》，27冊，頁416～417。

〔註50〕宋・林景曦，〈夢中作四首・其二〉，《霽山文集》卷3〈白石樵唱三〉，頁25。引自清・永瑢，紀昀等編，《景印文淵閣四庫全書》，1188冊，頁731。

〔註51〕宋・林景曦，〈夢中作四首・其三〉，《霽山文集》卷3〈白石樵唱三〉，頁25。引自清・永瑢，紀昀等編，《景印文淵閣四庫全書》，1188冊，頁731。

〔註52〕宋・林景曦，〈冬青花〉，《霽山文集》卷3〈白石樵唱三〉，頁25。引自清・永瑢，紀昀等編，《景印文淵閣四庫全書》，1188冊，頁731。

〔註53〕宋・林景曦，〈南山有孤樹〉，《霽山文集》卷1〈白石樵唱一〉，頁1。引自清・永瑢，紀昀等編，《景印文淵閣四庫全書》，1188冊，頁691。

之朝,是故,仕途的進路已然是黯淡無光。前方既然無適合的路可走,宋遺民退而隱居山林,然居處吟嘯之間,卻難掩滿腔的國仇家恨,空懷仇恨怨懟,卻苦無中興復國之能,故其退隱乃又挾帶著無限惆悵,難以寬慰釋懷。觀其退路,著實也顯得舉步維艱。林景曦之詩恰如宋遺民的處境,宋遺民恰似無枝可依的寒鳥,高飛則遇霜露之襲,低飛又不免受困茅茨,終落得顧影自疑,徘徊不去。宋遺民的出處,其進也難,其退亦憂,困頓之感誠乃溢於言表。

　　至於宋遺民鄭思肖〔註54〕遭逢亡國之禍,痛心疾首,滿腔憂愁,彼以詩云:「清池函瑩玉,落玉墮圓金;休問愁多少,芳年雪上簪。」〔註55〕「世事如霜木,顏色盡枯槁;愁來不即死,反爲命所惱。」〔註56〕宋朝雖已殞滅,鄭氏猶然抱持著光復故國的遠志,時發忠義激憤之語,嘗撰《中興集》以自勉,且以詩云:「新莽紛紛未有涯,桐江山水頗爲嘉;無心偶向一絲上,釣得清風滿漢家。」〔註57〕蓋把蒙元譬喻爲新莽,把趙宋譬喻爲漢室,藉此彰顯出復國中興的殷切期盼。另一方面,他對忘國事仇之人,則是疾言厲色地加以譏諷。如其〈寒菊〉詩云:「寧可枝頭抱香死,何曾吹落北風中;禦寒不藉水爲命,去國自同金鑄心。」〔註58〕〈過徐子方書塾〉云:「天垂古色照柴門,

---

〔註54〕 清·陸心源稱:「鄭思肖,字所南,號憶翁。……宋亡,貨其所居,得錢則周人之急。……素不娶,孑然一身,歲時伏臘輒向南野哭,矢不與北人交接,聞北語則掩耳走。人知其偏僻,不以爲異也。坐臥未嘗北向,扁其室曰『本穴世界』,以本字之十置下文,則大宋也。精墨蘭,畫成即毀之,人求之甚靳。自更祚後,畫蘭不畫土根,人詢其故,則曰:『地爲人奪去,汝猶不知耶?』」詳見氏著,《宋史翼》卷34〈鄭思肖傳〉,引自《宋代傳記資料叢刊》(北京:北京圖書館出版社,2006年10月),20冊,頁391～392。元·夏文彥稱:「鄭思肖,字所南,福州人。工畫墨蘭,嘗自畫一卷,長丈餘,高可五寸,天眞爛漫,超出物表。題云:『純是君子,絕無小人。』」引自氏著,《圖繪寶鑑》(臺北:臺灣商務印書館,1970年1月),卷5〈元朝〉,頁97。佚名所著〈宋鄭所南先生傳〉稱:「所謂所南者,以南爲宋也。憶翁,憶乎宋也。思肖者,思乎趙也。」引自明·程敏政,《宋遺民錄》卷13,頁2。參見《宋代傳記資料叢刊》,27冊,頁709。鄭思肖,其人其事,另見清·萬斯同,《宋季忠義錄》,卷11〈鄭思肖傳〉,頁33～37。

〔註55〕 宋·鄭思肖,〈即事八首·其五〉,《心史·大義集》,引自氏著,陳福康校點,《鄭思肖集》(上海:上海古籍出版社,1991年5月),頁29。

〔註56〕 宋·鄭思肖,〈苦懷六首·其一〉,《心史·中興集》,引自氏著,陳福康校點,《鄭思肖集》,頁47。

〔註57〕 宋·鄭思肖,〈嚴子陵垂釣圖〉,《所南翁一百二十圖詩集》,引自氏著,陳福康校點,《鄭思肖集》,頁215。

〔註58〕 宋·鄭思肖著,〈寒菊〉,見氏著,陳福康校點,《鄭思肖集·補遺》,頁290。

昔日傳家事具存；此世但除君父外，不曾別受一人恩。」〔註59〕而據《宋遺民錄‧宋鄭所南先生傳》記載：「若題其畫像曰：『不忠可誅，不孝可斬，敢懸此頭於洪荒之表，爲天下不忠不孝之榜樣。』譏夫忘國而事仇者也。」〔註60〕諸如上述，實不難看出鄭思肖之於故宋的忠誠之心與感念之情。

鄭氏以畢生心血寫成《心史》一書，《心史》蓋是其思想的菁華及凝聚，該書以「心」爲題，乃是援引其先君子所謂：「蓋心之爲心，廣大於天地，光明於日月，不可以小狹之，不可以物犯之，惟始終養之以正，則庶幾乎。」〔註61〕「心之所以爲心者，萬萬乎生死、禍福亦莫能及之！蓋實無所變，實無所壞，本然至善，純正虛瑩之天也。以是敢誓曰《心史》。且天地萬花，悉自此心出，縱大於天地，亦不能違乎此心。」〔註62〕依鄭氏之意，以心爲史，可體現其意念蘊含著堅不可摧、物不可犯的剛毅特質，換言之，此心是一永恆不朽的無限心，而其所謂以正爲養，乃意味著《心史》誠爲問心無愧之作，鄭氏直欲其剛毅不朽、行之久遠。觀鄭思肖《心史》之所載，乃出自一片至誠眞心，彼以悲憤叩問歷史，以血淚編織篇章，如同鄭思肖自云：「每一有作，倍懷哀痛，直若鋒刃之加於心，苦語流出肺腑間。言之固不忍，然得慷慨長歌，雖暫舒氣，終則何如？嗚呼痛哉！」〔註63〕、「夫詩也者，心之動也。其動維何？因所悅、所感、所憂、所苦觸之爾。……故哀痛激烈，剖露肝膽，灑血誓曰，期毋渝此盟。五六年來，夢中大哭，號叫大宋，蓋不知其幾。此心之不得已于動也。」〔註64〕鄭思肖對故宋所懷濃烈之情感，已於此字裡行間表露無遺。

觀《心史》之載，或追思故宋，稱趙宋並無缺德之過失；或貶黜蒙元，揭露撒花打虜之惡狀。如〈大義略敘〉所稱：「我生大不幸，適焉逢此逆境。國之興亡，自古有之，其亡也必國君有失德，民心乃離散。我大宋列聖相承，以仁立國，豈謂靖康遭金賊之禍耶！南渡列聖相承，亦以仁立國，豈謂德祐

〔註59〕宋‧鄭思肖著，〈過徐子方書塾〉，見氏著，陳福康校點，《鄭思肖集‧補遺》，頁290。

〔註60〕佚名，〈宋鄭所南先生傳〉，明‧程敏政，《宋遺民錄》卷13，頁1。參見《宋代傳記資料叢刊》，27冊，頁708。

〔註61〕宋‧鄭思肖，《心史‧自序》，氏著，陳福康校點，《鄭思肖集》，頁4。

〔註62〕宋‧鄭思肖，《心史‧總後敘》，氏著，陳福康校點，《鄭思肖集》，頁196。

〔註63〕宋‧鄭思肖，《心史‧大義集‧自序》，氏著，陳福康校點，《鄭思肖集》，頁22。

〔註64〕宋‧鄭思肖，《心史‧中興集‧自序》，氏著，陳福康校點，《鄭思肖集》，頁43。

遭韃賊之禍耶！……今此略敘，不過直書本末得失源流大概爾。」「韃凡得叛
去州縣鄉村，排門數次，脅索金銀，曰『撒花』。不叛地，殺人燬屋，盡劫子
女玉帛，曰『打虜』。所陷城郭，賊悉平爲土。」〔註65〕《心史》之載，亦有
祭奠故宋殉節之臣，表彰其忠義氣節的部分。據〈祭大宋忠臣文〉記載：「德
祐孤臣鄭思肖謹以清酌庶羞之奠，敬致禱於大宋忠義死節之臣丞相文公（文
天祥）、丞相陸公（陸秀夫）、參政李公（李庭芝）、參政陳公（陳文龍）……。
曰：於戲於戲！偉哉偉哉！郡國數百，僂指人才。惟我數公，秉心不回。寧
受極痛，不敢犯義。大勇無死，與天吐氣。」〔註66〕哀悼感懷的情感能蘊藏
於筆墨之間，此外，亦屢見鄭氏對彼忠義殉節者的欽慕與追思。然而《心史》
成書過程未及昭顯於鄭思肖當時，該書待至明季始見出土，遂啓後人之疑竇，
遺留下眞僞與否的爭議性，清儒看待《心史》的態度也因此或信或疑。清代
紀昀（1724～1805）所撰《四庫全書總目》，其間對《心史》一書的眞實性是
抱持否定的態度，至於清代焦循（1763～1820）所著《易餘籥錄》一書，以
及馬敍倫（1885～1970）所撰《讀書小記》此書，則皆以肯定的態度看待《心
史》的眞實性。三者之陳述，見於以下記載：

> 舊本題宋鄭思肖撰，……此書至明季始出，吳縣陸坦，休寧汪浚駿
> 聲，皆爲刊行。稱崇禎戊寅冬，蘇州承天寺狼山中房浚井，得一鐵
> 函，發之，有書緘封，上題大宋孤臣鄭思肖百拜封十字，因傳於時。
> 凡《咸淳集》一卷，《大義集》一卷，《中興集》二卷，皆各體詩歌。
> 《久久書》一卷，《雜文》一卷，《略敘》一卷，皆記宋亡時雜事。
> 後附〈自序〉、〈自跋〉、〈盟言〉及〈療病咒〉一則，文詞皆蹇澀難
> 通，紀事亦多與史不合。……此必明末好異之徒，作此以欺世，而
> 故爲眩亂其詞者，徐乾學《通鑑後編考異》，以爲海鹽姚士粦所僞托，
> 其言必有所據也。〔註67〕

> 萬季野、閻百詩俱說鄭所南《心史》乃海鹽姚叔祥所依託，全榭山
> 言屬樊榭則謂叔祥豈能爲此詩文。按朱潮遠《四本堂座右續編》載

〔註65〕 宋·鄭思肖著，《心史·大義略敘》，氏著，陳福康校點，《鄭思肖集》，頁157、
頁176。
〔註66〕 宋·鄭思肖，《心史·祭大宋忠臣文》，見氏著，陳福康校點，《鄭思肖集》，
頁156。
〔註67〕 清·永瑢，清紀昀等，《四庫全書總目》卷174〈集部·別集類存目一〉，頁
60。見氏編《景印文淵閣四庫全書》，4冊，頁634。

此事云：「辛巳歲，予督漕姑蘇，值承天寺僧浚井，得一鐵函，隨上之撫軍張公國維，啟之甚輕，函內蠟封，封內紙裏，悉啟乃宋德祐年鄭思肖所藏詩文，所言皆亡國事，四百年餘始傳人間。」潮遠字卓月，流寓揚州，自述其所目觀如此，則非姚氏所依託矣。〔註68〕

姚首源云：「《心史》言辭甚多，而且鬱勃憤懣，自是一種逸民具至性者之筆，非可僞作也。叔祥好搜古籍，謂於吳門承天寺井中得之。林茂之序謂僧君慧浚井所得，或是。未敢附和以爲僞書。」蓋首源亦未之考耳。所南詩有見於元人王逢《梧溪集》者，又談（談孺木）謂：「《心史》行世久矣，想副本流傳，不待智井啟函也。」非叔祥所僞作，明矣。……叔祥雖生晚明，當陵谷無恙，鐘虡不驚之時，何故而爲此亡國之音？且夫強歌者以哭，雖呻吟未能摯也，今讀《心史》者，尚欲爲之泣數行下，況親操不律者乎？則叔祥雖有心人，亦奚能沈痛如此？〔註69〕

根據上述的論證，鄭思肖《心史》的眞實性蓋可被吾人所探知。除鄭思肖《心史》以外，又如鄧牧（1247～1306）著《伯牙琴》一書，其〈伯牙琴後序〉云：「於是見大凡矣，有若禮法士，嚴毅端重者。有若逸民，恬淡閒曠者。有若健將，忠壯激烈者。有若仙人，綽約靖深者。有若神人，變化不可測者。」〔註70〕鄧氏書中所載，有詠懷、有理想，並盼望能得一二知其音者，故以伯牙琴爲書題。此外，或有宋遺民如王應麟（1223～1296），其學問基礎深厚紮實，於宋亡之後義不仕元，寧願退隱自處，並勤於撰述記載，累積了豐富的作品流傳予後代，蓋能成爲中華文獻典章之承載體。《宋史・王應麟傳》稱：「九歲通《六經》，……初，應麟登第，言曰：『今之事舉子業者，沽名譽，得則一切委棄，制度典故漫不省，非國家所望於通儒。』於是閉門發憤，誓以博學宏辭科自見，假館閣書讀之。寶祐四年中是科。」〔註71〕迨及蒙元滅宋，朝廷詔命召爲翰林學士，王應麟力辭不就，爾後二十多年，勤勉於撰著，

〔註68〕清・焦循，《易餘籥錄》（臺北：文海出版社，1968 年 2 月），卷 9，頁 206～207。

〔註69〕馬敍倫，《天馬山房文稿・讀書小記》卷 1，頁 20～21。引自林慶彰編，《民國文集叢刊》〔第一編〕（臺中：文听閣圖書公司，2008 年 12 月），117 冊，頁 40～41。

〔註70〕宋・鄧牧，〈伯牙琴後序〉，《伯牙琴》，頁 1。引自《叢書集選》（臺北：新文豐出版公司，1984 年 6 月），525 冊。

〔註71〕元・脫脫等撰，《宋史》，卷 438〈王應麟傳〉，頁 12987～12988。

如《困學紀聞》、《玉海》等書，質量皆有可觀之處。〔註 72〕另據宋遺民熊禾
（1247～1312）〈送胡庭芳後序〉以及宋遺民金履祥（1232～1303）〈通鑑前
編序〉之記載如下：

> 秦漢以下天下所以無善治者，儒者無正學也。儒者所以無正學者，《六
> 經》無完書也。……考亭夫子集正學大成，平生精力在《易》、《四
> 書》、《詩》，僅完書開端而未及竟。雖付之門人九峰蔡氏，猶未大暢
> 厥旨。《三禮》惟有通解，缺而未備者尚多，至門人勉齋黃氏、信齋
> 楊氏，粗完《喪》、《祭》二書，而授受損益，精意竟無能續之者。
> 若《春秋》則不過發其大義而已。……惟兵難之餘，學徒解散，文
> 集燼亡，徒抱苦心，力實不逮。蚤歲成《春秋通解》一書，又厄于
> 火，兼以齒髮向衰，抗我滋甚。微君之來此學孤矣，余與君相與講
> 切繹指蓋十有七年矣，《易》、《詩》、《書》僅爾就緒，《春秋》更加
> 重纂，則皇帝王伯之道亦或粗備矣，惟《三禮》乃文公與門人三世
> 未了之書，所關甚重，……當終吾生以畢茲事。〔註73〕

> 履祥按：《竹書紀年》載三代以來事跡，然詭誕不經，今亦不可盡見。
> 《史記》年表起周共和庚申之歲，以上則無記焉。歷世浸遠，其事
> 往往雜見於他書，靡適折衷。邵子《皇極經世》獨紀堯以來，起甲
> 辰爲編年歷，胡氏《皇王大紀》亦紀甲辰以下之年，廣漢張氏因經
> 世之年頗附以事，顧胡過於詳而張失之簡。今本之以子史傳記，附
> 之以經，翼之以諸家之論，且考其繫年之故，解其辭事，辨其疑誤。
> 如東萊呂氏大事記而不敢盡倣其例，起帝堯元載至周威烈王二十三
> 年，接於《資治通鑑》，名曰《通鑑前編》。〔註74〕

總地來說，宋季忠義殉節的烈士固然可敬，其餘宋遺民雖亦有未殉身於國難
者，然彼輩大多退隱不仕，未嘗向蒙元政權卑躬屈膝，不失爲持操守節、俯
仰無愧之節士。他們講學撰著，對維繫華夏文化，承傳儒學思想等方面仍然

〔註72〕王氏其餘著作，可參見《宋史・王應麟傳》、《宋元學案・深寧學案》。見元・
　　　脫脫等撰，《宋史》，卷 438〈王應麟傳〉，頁 12991。清・黃宗羲，清・全祖
　　　望，《宋元學案》，卷 22〈深寧學案〉，頁 3。

〔註73〕宋・熊禾，〈送胡庭芳後序〉，《勿軒集》卷 1，頁 18～19。引自清・永瑢，紀
　　　昀等編，《景印文淵閣四庫全書》，1188 冊，頁 771。

〔註74〕宋・金履祥〈通鑑前編序〉，《仁山文集》卷 3，頁 23。引自清・永瑢，紀昀
　　　等編，《景印文淵閣四庫全書》，1189 冊，頁 815。

具有莫大的功勞，彼等雖未能殉節成仁，然亦能在立言範疇上有所建樹，在新舊政權交替的時代中行使發言權。如王應麟、熊禾、金履祥一類的宋遺民，就道德人品而言，他們遁隱山林，拒絕仕元爲官，既能捨棄榮華富貴地安貧樂道，於氣節蓋是無所虧損。就學術承傳而論，他們勤於撰著與講學，孜孜不倦，苦心立言以流傳予後代，對於華夏文化的維繫，實有莫大之裨益與貢獻，彼輩的歷史評價亦絕非負面。然相較於存活的宋遺民，另外那些殉節而死之義士的行爲與動機，未嘗不是耐人尋味的思想議題。宋季士儒殉節赴死、守節不屈的思想生成與其行爲體現，其背後蓋有更深層的精神依存〔註 75〕，下列專就此類精神內涵加以探論。

三、殉節與守節的思想憑據

（一）忠義氣節

探究人物思想的方式，一者從其著述的言語取材，二者由其行爲舉止著手，更妥當者應以上述二者並重兼涉。蓋人物、言語、事件之間本就存有相當程度的因果律，人先有意識動機，爾後有具體的行動或言語，而在確切施爲、激昂言語的背地裡，往往具備著極爲篤定的意向與思想，因爲在思想領導下的言語裡頭，最具其號召的動力；在思想指引出的行爲當中，最能持之以恆地貫徹其始終。殉節殉國的仁人義士自身常提出忠義、氣節等概念，儼然憑藉此番意義對自身的殉節舉動做出完整的解釋與闡發，換句話說，亦是以外顯的行爲表明其內蘊的意志。其實「忠義」二字在史書當中不難被發現，例如：《晉書》即標舉出〈忠義傳〉，《舊唐書》、《新唐書》皆設置〈忠義傳〉，《宋史》對此體例加以延續，亦設有〈忠義傳〉。《宋史・忠義傳序》指明撰著凡例，並以此表彰宋儒忠義之行跡，其贊曰：「靖康之變，志士投袂，起而勤王，臨難不屈，所在有之。及宋之亡，忠節相望，班班可書，匡直輔翼之功，蓋非一日之積也。」〔註 76〕考究其字義之本義，「忠」字，東漢許慎（約58〜約 147）《說文解字》釋曰：「忠，敬也」清代段玉裁（1735〜1815）注曰：「敬者，肅也。未有盡心而不敬者。」〔註 77〕「義」字，《說文解字》釋曰：

〔註 75〕　林本先生稱：「依存（Dependency）這是表示概念之互相的控制或憑依。」詳見氏著，《理則學導　論》〔第四版〕（臺北：臺灣開明書店，1982 年 11 月），頁 21。

〔註 76〕　元・脫脫等撰，《宋史》，卷 446〈忠義傳序〉，頁 13149。

〔註 77〕　東漢・許慎著，清・段玉裁注，《說文解字注》（臺北：萬卷樓圖書公司，2000年 9 月），頁 507。

「義，己之威儀。」段玉裁注曰：「今仁義字用儀者，度也。今威儀字用之誼者，人所宜也。」〔註78〕韓愈（768～824）稱：「博愛之謂仁，行而宜之之謂義。」〔註79〕是以「忠義」二字連用的涵義，意指一種「敬肅的行爲」，「義」若作「宜」解，那麼就有應該、應當、適宜、理所當然等意義，意謂「適宜的行動」。忠之爲德，據慣性的理解，似乎相當側重於政治場域，指的是人臣對待君主的忠誠與服從，事實上，「忠」所包含的意義非啻指政治環境中人臣對君主應有的態度，如劉紀曜先生就曾有以下的論述：

> 一般人對所謂「忠」的內涵都有一想當然耳的認識，那就是：對君主的個人服從。當然，對君主的個人服從是忠的倫理內涵之一，然而絕不是唯一或充分的內涵。事實上，忠的此一涵義還是後起的，其最早的涵義並非對君主的服從或奉獻，而是「公而無私」之意。〔註80〕

> 在春秋時代，「忠」意指應對進退時內在的一種適當或適度的心理狀態或態度。這種涵義具有普遍性與中立性，可適用於一個人的任何行爲，並不特指政治行爲，亦即並不具有特殊的政治性。……這種具有普遍性而抽象的「忠」的倫理內涵，其適用對象並非特定的，而是人人──上自君主、下至臣民──都應具備的美德。〔註81〕

> 「忠」的倫理內涵具有一種很深的社稷意識，亦即在倫理規範上，社稷共同體的利益是高於任何特定的個人──不管是國君或貴族──利益。換言之，「忠」的倫理判準是社稷利益，而非君臣之間的個人關係。……如此，君臣關係是雙向而相對的，雙方均有「忠」──忠於社稷民人──的職責。〔註82〕

據劉氏的論述，知悉人臣盡忠的對象並不侷限於君主一人，而是可以有更爲寬廣的格局，或者忠於社稷，或者忠於國族，甚至可以是忠於自己的信念與理想。例如《宋史‧李庭芝傳》記載：「宋亡，謝太后及瀛國公爲詔諭之降，

〔註78〕同前注，頁639。

〔註79〕唐‧韓愈，〈原道〉，見氏著，清‧馬其昶校注，馬茂元編次，《韓昌黎文集校注》（臺北：頂淵　文化，2005年11月），卷1，頁7。

〔註80〕劉紀曜，〈公與私──忠的倫理內涵〉，引自黃俊傑主編，《天道與人道》（臺北：聯經出版公司，1982年11月），頁173。

〔註81〕同前注，頁176～177。

〔註82〕同前注，頁180～181。

庭芝登城曰：『奉詔守城，未聞有詔諭降也。』已而兩宮入朝，至瓜洲，復詔
庭芝曰：『此詔卿納款，日久未報，豈未悉吾意，尚欲固圉邪？今吾與嗣君既
已臣伏，卿尚為誰守之？』庭芝不答，命發弩射使者，斃一人，餘皆退去。」
〔註 83〕據是可見宋殉節忠臣李庭芝（1219～1276）生前拼死堅守城池的忠義
之舉，然當時宋君及謝太后皆已降元，並詔命李庭芝一併投降，那麼李庭芝
為何違抗詔命而不從，如此豈不是有違忠德？實則庭芝於忠德絲毫無損，因
為他盡忠的對象是國族社稷，以及忠於不屈之信念與理想。降元的瀛國公
（1217～？）既然已經放棄了宋朝，蓋在庭芝的眼裡，瀛國公非是「宋君」，
所以瀛國公的詔命也就不具備實質的效應。反之，李庭芝未放棄宋朝，未肯
屈服於蒙元，是故仍為趙宋之大臣，他自認仍然有義務承擔起挽救宋朝的責
任，李庭芝這樣的「忠德」除了是一種極其卓越的精神層次，其內涵似乎也
擴充的更加廣泛，已不是單純政治屬性的「忠君思想」、「君臣倫理」便足以
概括。能夠秉持忠義精神而殉節者，或許不純粹是專對君主的盡忠與追隨，
擬推其間亦融入對民族、國族、社稷的某種由衷喜好，某種宿命般的向心力
與歸屬感，以及某種休戚與共的緊密聯結。〔註 84〕

　　「忠」作為儒家思想中重要德目之一，在中國傳統君臣共治天下的帝
制政治體系裡頭，雖然有著「臣事君以忠」〔註 85〕的政治涵義，然而「忠
德」之存在又超越了純粹的政治屬性，而具備其他更廣義的義理內涵。至
於「義」的概念為何？「義」不離「仁」，由仁愛而為義舉，如此的「義」
亦不脫離道德的層面。根據《論語・學而》記載，曾子（505BC～435BC）

〔註 83〕元・脫脫等撰，《宋史》，卷 421〈李庭芝傳〉，頁 12602。

〔註 84〕（愛爾蘭）班納迪克・安德森（Benedick Anderson）稱：「我們提醒自己民族
　　　　能激發起愛，而且通常激發起深刻的自我犧牲之愛，……民族主義的文化產
　　　　物——詩歌、散文體小說、音樂、雕塑——以數以千計的不同形式和風格清
　　　　楚地顯示了這樣的愛。」「在所有『自然的』事物之中總是存在著某些不容
　　　　選擇的東西。因此，民族的屬性就被融入膚色、性別、出身、出生的時代等
　　　　——所有那些我們沒有選擇不得不然的事物之中。而且在這些『自然的連帶
　　　　關係』中我們感受到了也許可以稱之為『有機的共同體之美』（the beauty of
　　　　gemeinschaft）的東西。換個方式說，正因為這種連帶關係是不容選擇的，他
　　　　們因此就戴上了一種公正無私的光圈。」班納迪克・安德森（Benedick
　　　　Anderson）並且認為人們為民族、國族而犧牲的行為（類似殉國、殉節），能
　　　　帶出一種「難以匹敵的道德崇高性」。引自氏著，吳叡人譯，《想像的共同體：
　　　　民族主義的起源與散佈》（臺北：時報文化出版公司，2000 年 3 月），頁 155
　　　　～157。

〔註 85〕《論語》卷 2〈八佾〉，宋・朱熹，《四書章句集注》，頁 66。

曰：「爲人謀而不忠乎？」朱熹釋「忠」字曰：「盡己之謂忠」〔註86〕有子（518BC～？）曰：「信近於義」，朱熹釋「義」字曰：「義者，事之宜也。」〔註87〕《論語・里仁》記載，孔子曰：「君子喻於義」，朱熹釋曰：「義者，天理之所宜。」〔註88〕《論語・述而》稱：「子以四教：文，行，忠，信。」朱熹依程子之語說道：「教人以學文修行而存忠信也。」〔註89〕是以「忠」德誠爲孔門教育宗旨之一。《論語・八佾》記載，孔子曰：「君使臣以禮，臣事君以忠。」朱熹引尹焞（1061～1132）之語釋曰：「君臣以義合宜也。故君使臣以禮，則臣事君以忠。」〔註90〕蓋臣事君以忠爲義，以忠爲宜，此段亦可視爲忠義連用的援例。從外顯的行爲來講，臣事君是以忠與敬作爲該有的態度舉止；從內省的動機而言，可以由「盡己」的方向理解，那麼對君主的盡忠，實則亦可當成人臣對自身的道德期許以及道德實踐。《宋史》對宋季殉節者的行誼，往往也以忠、義等字贊之，其言云：「宋之亡徵，已非一日。……宋之遺臣，區區奉二王爲海上之謀，可謂不知天命也已。然人臣忠於所事而至於斯，其亦可悲也夫！」〔註91〕「自古志士，欲信大義於天下者，不以成敗利鈍動其心，君子命之曰『仁』，以其合天理之正，即人心之安爾。」〔註92〕忠君殉節的義舉，史書以「仁」讚之，足見中國歷史對盡忠殉節之士的正面評價。如同《道德經・第十八章》所稱：「國家昏亂，有忠臣」〔註93〕，即是語中癥結地點出孤臣孽子處在國家存亡興廢的時刻裡，所嶄露出的耿耿忠心。殉節犧牲的行爲蓋也是忠臣在國家昏亂之時，所表現出來的高尚情操。盡忠愛國的臣子，有於國危之時挺身護國者，甚至有在國亡之後以身殉國者，此如宋末丞相文天祥的行誼。《宋史・文天祥傳》有如下的記載：

> 德祐初，江上報急，詔天下勤王。天祥捧詔涕泣，使陳繼周發郡中豪傑，……使方興召吉州兵，諸豪傑皆應，有眾萬人。……其友止之，曰：「今大兵三道鼓行，破郊畿，薄內地，君以烏合萬餘赴之，

〔註86〕《論語》卷1〈學而〉，宋・朱熹，《四書章句集注》，頁48。
〔註87〕同前注，頁52。
〔註88〕《論語》卷2〈里仁〉，宋・朱熹，《四書章句集注》，頁73。
〔註89〕《論語》卷4〈述而〉，宋・朱熹，《四書章句集注》，頁99。
〔註90〕同注85。
〔註91〕元・脫脫等撰，《宋史》，卷47〈瀛國公本紀〉，頁946。
〔註92〕元・脫脫等撰，《宋史》，卷418〈文天祥傳〉，頁12540。
〔註93〕魏・王弼，《老子註・第十八章》（臺北：藝文印書館，2001年5月），頁36。

是何異驅羣羊而搏猛虎。」天祥曰：「吾亦知其然也。第國家養育臣庶三百餘年，一旦有急，徵天下兵，無一人一騎入關者，吾深恨於此。故自不量力，而以身徇之，庶天下忠臣將有聞風而起者。義勝者謀立，人眾者功濟，如此則社稷猶可保也。」〔註94〕

「忠義」是一份堅決的心志、一種高超的意念。既是身居官職者，對國族所抱持的休戚與共的自律原則，同時也是身為人臣者，對國君所展現出共相患難的操行與姿態。南宋抗元末期，國土淪喪泰半，雖奉二王為君奮力抵抗，然國勢已頹，單憑寥寥寸土、區區文臣，實無法招架蒙元的雄兵鐵騎，是故掃蕩賊寇之事難成，彼宋季遺民縱然有無限憤恨、萬般難耐，亡國的事實終究是彼等不得不俯首面對的現實情勢。若以事功論，宋末眾多忠心耿耿的文臣武將，彼等保住趙宋國祚的願望已全然付之一炬，徒留現實欺凌理想的無奈與遺憾。然而趙宋江山可奪、孤臣性命易取，惟獨忠義氣節根源於心、載錄於史，最是難以移易分毫，最是無法被撼動與抹煞。狀元丞相文天祥，以殉節表其心，以著作明其志，是立德、立言兼備的指標性人物，觀其言語文章，時見慷慨激昂、忠義奮起之語。厓山兵敗，宋軍幾乎盡數覆滅，陸秀夫、張世傑（？～1279）等忠臣義士的拼死頑抗，雖然仍舊以失敗告終，然終究無愧於忠義之美名，而與文天祥同為令後人景仰的宋末三傑。

文天祥於厓山之役的前後期間，寫下諸多血淚交織的詩歌，其言云：「兵家勝負常不一，紛紛干戈何時畢。必有天吏將明威，不嗜殺人能一之。我生之初尚無疚，我生之後遭陽九。厥角稽首併二州，正氣掃地山河羞。身為大臣義當死，城下師盟愧牛耳。」〔註95〕〈過零丁洋〉云：「辛苦遭逢起一經，干戈落落四周星；山河破碎風飄絮，身世飄搖雨打萍。惶恐灘頭說惶恐，零丁洋裏歎零丁；人生自古誰無死，留取丹心照汗青。」〔註96〕〈懷趙清逸〉云：「厓海真何地，驅來坐戰場；家人半分合，國事決存亡。一死不足道，百

〔註94〕　元・脫脫等撰，《宋史》，卷418〈文天祥傳〉，頁12534。文　天祥其人其事，除《宋史》本傳之外，亦見清・萬斯同，《宋季忠義錄》，卷3〈文天祥傳〉，頁4～16。

〔註95〕　茲摘錄片段，非全詩全貌。蓋此詩無題，惟詩前題詞云：「二月六日，海上大戰，國事不濟。　孤臣天祥，坐北舟中，向南慟哭，為之詩曰。」此詩全貌見於宋・文天祥，《指南後錄》，《文文山全集》，卷14，頁349。

〔註96〕　宋・文天祥，〈過零丁洋〉，《指南後錄》，見氏著，《文文山全集》，卷14，頁349。

憂何可當；故人髯似戟，起舞爲君傷。」〔註97〕上述詩句透露出文天祥在厓山亡國之後的悲痛情懷。文天祥本就以天下爲己任，加諸其身擔丞相要職，律己異常嚴格，故而將趙宋亡國的責任歸屬攬於自身，直欲與國族共相存亡，因而以「身爲大臣義當死，城下師盟愧牛耳」、「一死不足道，百憂何可當」、「人生自古誰無死，留取丹心照汗青」、「一死皎然無復恨，忠魂多少暗荒丘」〔註98〕、「留滯一老翁，蓋棺事則已」〔註99〕等詩句透露其決意殉節的想法及動機。此外，文天祥撰《指南錄‧後序》這麼說道：「生無以救國難，死猶爲厲鬼以擊賊，義也。……所謂誓不與賊俱生，所謂鞠躬盡力，死而後已，亦義也。嗟夫！若予者，將無往而不得死所矣！向也使予委骨於草莽，予雖浩然無所愧怍。」〔註100〕一則表述其無懼赴死的壯志，二則對自身所奉行的「義」做出詳實的定義與闡發，文天祥之「大義」誠在於明知不可而爲之，意圖力挽狂瀾，必救國族於存亡之際，不問事功的成敗，但求己心之無愧，一朝欲貫徹忠義，便以性命伴隨，己身毅然與國族同生共存，國族已殞滅，此生何足眷戀難捨？赴死又有何惴慄恐懼？此如宋儒何夢桂所云：「生而不屈者，氣也；死而不泯者，心也。氣之不屈者，忠義而已，心之不泯者，亦忠義而已。忠義之道塞天地，冠日月，亙古今，通生死而一之者也。」〔註101〕對文天祥的忠肝義膽，鄭思肖贊之曰：「我所思兮文丞相，英風凜凜照穹壤。失身匍匐草莽間，屢迫以死彌忠壯。」〔註102〕清儒王夫之（1619～1692）亦贊曰：「文信國之言曰：『父母病，知不可起，無不下藥之理。』悲哉！身履其時，爲其事，同其無成，而後知其言之切也。……夫忠臣於君國之危亡，致命以與天爭興廢，亦如是焉而已。」〔註103〕文天祥從容就義、殺身成仁的忠義精神，著實讓人涕泣感佩，因此後代多有人以撰寫挽詩的方式追悼文天祥，抒發出欽慕與讚嘆的思古情懷。明代陶宗儀（1329～1410）《輟耕錄》有如下的記錄：

〔註97〕宋‧文天祥，〈懷趙清逸〉，《指南後錄》，見氏著，《文文山全集》，卷14，頁349。

〔註98〕宋，文天祥，〈有感〉，《吟嘯集》，見氏著，《文文山全集》，卷15，頁393。

〔註99〕宋，文天祥，〈同府之敗第七十三〉，《集杜詩》，見氏著，《文文山全集》，卷16，頁415。

〔註100〕宋‧文天祥，《指南錄‧後序》，見氏著，《文文山全集》，卷13，頁313。

〔註101〕宋‧何夢桂，〈文天祥詩序〉，《潛齋集》，卷5，頁8。

〔註102〕宋‧鄭思肖，〈和文丞相六歌‧其五〉，《心史‧中興集》，氏著，陳福康校點，《鄭思肖集》，頁65。

〔註103〕清‧王夫之著，舒士彥點校，《宋論》（北京：中華書局，1964年4月），卷15〈恭宗瑞宗祥興帝〉，頁258～259。

宋丞相文公（天祥），其事載在史冊，雖使三尺之童，亦能言其忠
義。……徐威卿先生（世隆）有詩挽之曰：「大元不殺文丞相，君義
臣忠兩得之；義似漢王封齒日，忠如蜀將斫顏時。乾坤日月華夷見，
嶺海風霜草木知；只恐史官編不盡，老夫和淚寫新詩。」虞伯先生
（集）亦有詩曰：「徒把金戈挽落暉，南冠無奈北風吹；子房本爲韓
仇出，諸葛安知漢祚移。雲暗鼎湖龍去遠，月明華表鶴歸遲。何須
更上新亭飲，大不如前灑淚時。」讀此二詩而不泣下者希。〔註104〕

宋季名聞遐邇的殉節義士，謝枋得〔註105〕與文天祥齊名並稱，文天祥受囚遭
刑戮而死，謝枋得則是絕食而死。謝氏有詩自云：「從今何必餐松柏，但吸日
月吐月華」「我今半月忍渴飢，求死不死更無術。精神常與天往來，不知飲食
爲何物？」〔註106〕這些詩句如實地描寫出謝氏絕食求死的殉節歷程。又據《宋
史・謝枋得傳》所記載：「（枋得）爲人豪爽。每觀書，五行俱下，一覽終身
不忘。性好直言，一與人論古今治亂國家事，必掀髯抵几，跳躍自奮，以忠
義自任。」〔註107〕及蒙元滅宋，謝枋得居閩中，當時元朝求才於江南，使者
屢屢奉旨徵召，枋得皆拒絕而不就，然而魏天祐卻強迫他北上，至京師、遷
居憫忠寺，枋得遂以絕食的方式自絕其性命，以表明其不事二朝的忠義精神。
其事見《宋史・謝枋得傳》所述：「天下既定，遂居閩中。……二十五年，福
建行省參政管如德將旨江南求人材，尙書留夢炎以枋得薦，枋得遺書夢炎曰：
『江南無人材，……今吾年六十餘矣，所欠一死耳，豈復有它志哉！』終不
行。……福建行省參政魏天祐見時方以求材爲急，欲薦枋得爲功，……（枋
得）及見天祐，又傲岸不爲禮，與之言，坐而不對。天祐怒，強之而北。……
二十六年四月，至京師，……已而病，遷憫忠寺，見壁間曹娥碑，泣曰：『小
女子猶爾，吾豈不汝若哉！』留夢炎使醫持藥雜米飲進之，枋得怒曰：『吾欲
死，汝乃欲生我邪？』棄之於地，終不食而死。」〔註108〕謝枋得效法伯夷、
叔齊餓於首陽的崇高節操，絕食而死，因此成就殉節的美名。謝氏殉節明志

〔註104〕明・陶宗儀，〈挽文丞相詩〉，《輟耕錄》（北京：京華出版社，1998年10月），
卷4，頁1162。

〔註105〕詳見元・脫脫等撰，《宋史》，卷425〈謝枋得傳〉，頁12687～12690。另見清・
萬斯同，《宋季忠義錄》，卷6〈謝枋得傳〉，頁19～22。

〔註106〕宋・謝枋得，〈絕粒偶書二首・其一〉，《疊山集》，卷1，頁5。同書，卷3〈崇
眞院絕粒偶書付兒熙之、定之，并呈張蒼峰、劉洞齋華甫〉，頁7～8。

〔註107〕元・脫脫等撰，《宋史》，卷425〈謝枋得傳〉，頁12687。

〔註108〕同前註，頁12688～12690。

的經過，以及門人對他的品評與褒揚，亦可參見陶宗儀《輟耕錄》之記載：

謝君直（枋得）先生，號疊山，……天兵南下，郡城潰，棄家入閩。至元二十三年，御史程文海，承旨留夢炎等交薦，累召不赴。二十六年春正月，福建行省參知政事魏天祐復被詔旨。集守令戍將，迫蹙上道。臨行，以詩別常所往來者曰：「雪中松柏愈青青，扶植綱常在此行；天下豈無龔勝節，人間何獨伯夷清。義高便覺生堪捨，禮重方知死甚輕；南八男兒終不屈，皇天上帝眼分明。」夏四月，至京師，不食死，……門人謀而題曰：「文節先生謝公墓。嗟乎！伯夷叔齊，在周雖爲頑民，而在商則爲義士。孰謂數千載後，有商義士之風者，復見先生焉。」〔註109〕

詩中提及的「伯夷」爲殷商遺民，入周後因不食周粟餓於首陽而死，全其節義。龔勝（68BC～11BC），漢哀帝（25BC～1BC）時爲諫大夫，光祿大夫，及王莽（45BC～23）篡位，屢遣使者奉詔徵之，龔勝一概予以拒絕。《漢書‧龔勝傳》如此記載：「（龔勝）謂（高）暉等：『吾受漢家厚恩，無以報，今年老矣，且暮入地，誼豈以一身事二姓，下見故主哉？』勝因敕以棺斂喪事：『衣周於身，棺周於衣。勿隨俗動吾塚，種柏，作祠堂。』語畢，遂不復開口飲食，積十四日死。」〔註110〕龔勝不仕二姓的氣節實與伯夷相似，謝枋得詩中援引伯夷、龔勝等先聖先賢之事例，意欲效尤彼輩的意向頗爲鮮明。至於「南八」是指安史之亂中與張巡（709～757）、許遠（709～757）一同死守睢陽，最終殉節而死的南霽雲（？～757），據《新唐書‧忠義傳》記載：「（尹子琦）乃以刀脅降，巡不屈。又降霽雲，未應。巡呼曰：『南八！男兒死爾，不可爲不義屈！』霽雲笑曰：『欲將有爲也，公知我者，敢不死！』亦不肯降，乃與姚誾、雷萬春等三十六人遇害。」〔註111〕其人梗概亦可見於韓愈所撰〈張中丞傳後敘〉。〔註112〕謝枋得以絕食方式殉節，自云「義高便覺生堪捨」，而門人贊曰「有商義士之風」，又發揚伯夷、龔勝等人忠臣不事二主的觀點，提出

〔註109〕明‧陶宗儀，《輟耕錄》，卷2〈不食死〉，頁1131～1132。文中謝氏所撰之詩題名是〈初到建寧賦詩一首〉，可參見宋‧謝枋得，《疊山集》，卷2，頁5。

〔註110〕東漢‧班固撰，唐‧顏師古注，《漢書》〔百衲本二十四史〕（臺北：臺灣商務印書館，1996年12月），卷72〈龔勝傳〉，頁899。

〔註111〕宋‧歐陽修，宋‧宋祁等撰，《新唐書》（臺北：鼎文書局，1976年10月），卷192〈忠義中‧張巡傳〉，頁5540。

〔註112〕唐‧韓愈撰，〈張中丞傳後敘〉，引自氏著，清‧馬其昶校注，馬茂元編次，《韓昌黎文集校注》，卷2，頁42～45。

南霽雲義所當爲何懼於死的史蹟，謝氏抱持的忠義精神沛然躍於紙筆之間，寧死以全其忠義，在在透露出慷慨激昂的豪壯與傲骨，亦爲後人所讚佩信服。謝枋得忠於宋室，其盡忠不二之心屢屢表露於詩文之中，如其〈與參政魏容齋書〉所云：「某雖至愚極蒙，……所以寧爲民，不爲官者，忠臣不仕二君，烈女不事二夫，此天地間常道也。……惟願速死，與周夷齊、漢龔勝同垂青史，可以愧天下萬世爲臣不忠者。」〔註113〕烈女況且能不事二夫，爲人臣者豈能不從一而終地忠於故朝，謝氏以文自勉，絕不願淪爲不忠忘義之人。

此外，宋遺民鄭思肖亦於宋季撰著出諸多鼓舞人心的文章詩歌，既藉以表彰忠義精神，亦企盼趙宋王室之中興，鄭氏說道：「我〈大義略敍〉實又不容不作。〈略敍〉之作，主乎大義大體，有所不知，不求備載。我紀庶事，雖不該博於眾人，惟主正理，實可標準於後世。將身行討賊之舉，先筆定誅逆之法。天理明白，一死不惜。」〔註114〕鄭思肖所說的大義大體，即是把反元討賊的意志作爲人生的宗旨，撰寫〈略敍〉的意圖是彰顯天理公道，義所當行故而奮不顧身，雖冒死亡之風險亦不足爲惜。又以詩云：「顧影無其儔，一呼四壁動；抱茲忠義心，慚與猿鶴共。」〔註115〕「醉後愛歌諸葛表，生來恥讀李陵詩；喜吾筋力猶強健，願爲朝廷理亂絲。」〔註116〕「長夜漫漫發浩歌，生民塗炭果如何；中興車馬修攖在，變雅君臣廢缺多。赤幟開明新日月，青氈恢拓舊山河；誓崇忠義誅姦逆，田海雖遷志不磨。」〔註117〕「天生忠義性，習俗豈能移；道在國常在，我知人不知。」〔註118〕其《心史·久久書》亦說道：「古今忠臣義士，英壯激烈，高風凜然。吾亦人也，獨不能爲之乎？」〔註119〕忠義精神是穩固中國傳統政治倫理的寶貴品德，盡忠於人君，盡忠於朝廷，是人臣的份所當爲，是義士所當仁不讓。忠義精神內化於心性便能意志堅決，同時亦能高風凜然地無所畏懼。使忠義精神根植於心，消極而言可

〔註113〕 宋·謝枋得，〈與參政魏容齋書〉，《疊山集》，卷4，頁12～13。
〔註114〕 宋·鄭思肖，《心史·大義略敍》，氏著，陳福康校點，《鄭思肖集》，頁191。
〔註115〕 宋·鄭思肖，〈寄蕭梅初二首·其一〉，《心史·咸淳集》，見氏著，陳福康校點，《鄭思肖集》，頁15。
〔註116〕 宋·鄭思肖，〈鴈足〉，《心史·大義集》，見氏著，陳福康校點，《鄭思肖集》，頁32。
〔註117〕 宋·鄭思肖，〈自題大義集後〉，《心史·中興集》，見氏著，陳福康校點，《鄭思肖集》，頁45～46。
〔註118〕 宋·鄭思肖，〈七礪〉，《心史·中興集》，見氏著，陳福康校點，《鄭思肖集》，頁76。
〔註119〕 宋·鄭思肖，《心史·久久書》，見氏著，陳福康校點，《鄭思肖集》，頁106。

以固守節操，絕不屈服於外侮，絕不一味趨利避害地倖免於國難。然而鄭氏所訴求卻不僅只如此，褒忠揚義的積極目標甚至當坐落在「誅姦逆」、「恢拓舊山河」等面向上頭，作爲爾後中興復國的號召與引導。

「氣節」的概念是「氣」與「節」的結合，以中國史書來講，《北史》設有〈節義傳〉，《新五代史》設有〈死節傳〉，「氣節」或「節操」等觀念之屬性實爲一致。「氣」字初寫做「气」字，東漢許愼《說文解字》稱：「气，雲气」清段玉裁注曰：「气、氣古今字。自以氣爲雲气字。」〔註120〕「節」字，據《說文解字》稱：「節，竹約也」段玉裁注曰：「約，纏束也。竹節如纏束之狀。……引伸爲節省、節制、節義字。」〔註121〕根據《論語・泰伯》記載，曾子嘗稱：「臨大節而不可奪也」，朱熹說道：「其節至於死生之際而不可奪，可謂君子矣。……程子曰：『節操如是，可謂君子矣。』」〔註122〕朱熹又稱：「世治無可行之道，世亂無能守之節，碌碌庸人，不足以爲士矣，可恥之甚也。」〔註123〕是以「節」解釋成「節義」、「節操」等意義，是堅定不可奪的道德原則。接著談論「氣」的原始涵義，起初「氣」僅是用來指涉一種自然狀態，自然界與現象界的物質大抵分成三種形態，固態、液態、氣態，其中就屬氣態物質最難以捉摸，也最具抽象感，如許愼所謂的雲氣即是一例，「氣」的特徵是具備流動性卻無固定的形貌，時而存在、時而幻滅。例如道家的宇宙論便有氣化創生的相關概念，至於儒家思想也有其專屬的「氣論」，儒家人物如孟子、張載（1020～1077）、朱熹、文天祥、黃宗羲都曾詳談過氣，其中或有把氣當成本體根源處者（張載、黃宗羲）、或有把「氣」當成「理」之下的作用處者（朱熹），至於孟子、文天祥二儒則提出「氣」有「義」或是「正」等特質，同時具備了活動性與道德義，這樣的學說進路比起道家思想，更多了一層人文道德的涵義。關於中國傳統儒家與道家的「氣論」思想，學說體系誠然博大精深，將列於本論文第五章第二節之中一併闡論，故於此不再多加贅言。

「氣」與「節」的連用是朝道德義的方向作爲釋義，意指志氣與節操。《論語・泰伯》所謂「臨大節而不可奪也。君子人與？君子人也。」〔註124〕《史

〔註120〕東漢・許愼著，清・段玉裁注，《說文解字注》，頁20。
〔註121〕同前注，頁191。
〔註122〕《論語》卷4〈泰伯〉，宋・朱熹，《四書章句集注》，頁104。
〔註123〕同前注，頁106。
〔註124〕同註122。

記・汲鄭列傳》嘗記載：「（汲黯）好學游俠，任氣節，用行修絜，好直諫。」
〔註125〕尋求此句語意，「氣節」蓋有發越氣魄、堅守原則等深層意蘊。「節」
者，亦若段玉裁所云可引伸作「節義」的意思。蜀漢諸葛亮（181～234）〈出
師表〉這麼說道：「侍中、尚書、長史、參軍，此悉貞亮死節之臣，願陛下親
之、信之，則漢室之隆，可計日而待也。」〔註126〕又如唐代李德裕（787～849）
〈夷齊論〉贊曰：「昔夷、齊不食周粟，餓于首陽之下，仲尼稱其仁，孟軻美
其德，蓋以取其節而激貪也。」〔註127〕諸如上述，節、貞亮死節、貞節、氣
節等概念大略無異，氣節、死節等語彙通常用來描述人臣對國朝與君主的忠
誠姿態，其效忠朝廷與君主之目的非是圖謀一己私利，而是真切地關懷著世
道治亂與國朝的安危，是故氣節之特性所伴隨而來的，是一種對道德原則的
申明以及與朝廷共存亡的一體感，人臣若具備氣節，甚至不惜為國朝犧牲自
己的生命，其政治立場想當然耳絕不會因政權的替換而有所改變。「氣」、「節」
二字的連用饒富思想意義，「氣節」猶須透過人們的具體行為加以體現與驗
證，方能生成其真實面貌，否則難免有抽象虛空之感。或也可這麼說，節操
與節義雖是內蘊於人類生命個體的某種道德特質，然這種特質卻非無中生
有，它可藉由平日的教育與修養加以催化，使其塑成與完備。例如，北宋朝
范仲淹（989～1052）孜孜不倦地興辦學校、獎掖後進，砥礪士節〔註128〕，遂
有助於培養士大夫的道德節操。周敦頤（1017～1073）、張載、程顥（1032～
1085）、程頤、朱熹等宋代理學家對理學的建構與闡揚，無疑更是把道德的重
要性，推向一處無與倫比的至高點，彼輩對士節的砥礪與育成皆可謂不遺餘
力。另外，書院的建立與勃興，適切地提供了儒生涵養品德與砥礪學問的優
渥場域，亦有助於儒者培育其剛正不屈的高貴氣節，養成以天下為己任的使
命感。有宋以來，朝廷獎掖拔擢、理學昌明興盛、書院蓬勃發展影響所及，

〔註125〕漢・司馬遷撰，（日本）瀧川龜太郎考證，《史記會注考證》（臺北：大安出版
　　　　社，1998 年 9 月），卷 120〈汲鄭列傳〉，頁 1248。

〔註126〕晉・陳壽撰，晉・裴松之注，《三國志》〔百衲本二十四史〕（臺北：臺灣商務
　　　　印書館，2005 年 5 月），《蜀志》卷 5〈諸葛亮傳〉，頁 456。

〔註127〕唐・李德裕，〈夷齊論〉，引自氏著，《李文饒文集》（臺北：臺灣商務印書館，
　　　　1965 年 8 月），《外集》卷 1，頁 169。

〔註128〕《宋史・范仲淹傳》稱：「仲淹汎通《六經》，長於《易》，學者多從質問，為
　　　　執經講解，亡所倦。嘗推其奉以食四方遊士，……每感激論天下事，奮不顧
　　　　身，一時士大夫矯厲尚風節，自仲淹倡之。」引自元・脫脫等撰，《宋史》，
　　　　卷 314〈范仲淹傳〉，頁 10267～10268。

部分儒者誠然能相率表彰氣節，遵循義理、抱道守貞，慨然與古道遺風遙遙相望。《河南程氏遺書》、《朱子語類》有以下的記載：

> 秦以暴虐、焚《詩》、《書》而亡。漢興，鑑其弊，必尚寬德崇經術之士，故儒者多。儒者多，雖未知聖人之學，然宗經師古，識義理者眾，故王莽之亂，多守節之士。世祖繼起，不得不襃尚名節，故東漢之士多名節。……當時名節之士，有視死如歸者。苦節既極，故魏、晉之士變而爲曠蕩，尚浮虛而亡禮法。禮法既亡，與夷狄無異，故五胡亂華。〔註129〕

> 因言：「今世人多道東漢名節無補於事。某謂三代而下，惟東漢人才，大義根於心，不顧利害，生死不變其節，自是可保。……今士大夫顧惜畏懼，何望其如此！平居暇日琢磨淬厲，緩急之際，尚不免於退縮。況游談聚議，習爲軟熟，卒然有警，何以得其仗節死義乎！

> 大抵不顧義理，只計較利害，皆奴婢之態，殊可鄙厭！」〔註130〕

如程頤所云：「餓死事極小，失節事極大。」〔註131〕饑餓飽餐關乎性命，乃生死情勢之利害；氣節貞操則關乎道德，乃遵循義理之必然。義理專論道德原則，情勢則是顧及利害得失，人們倘若一味地在乎己利，遂容易趨利避害、臨難苟免，甚至是隨波逐流地因利忘義，最終難免淪喪道德。然而身爲人臣，是否能固守義理，心繫國族安危，掛念天下蒼生，忠於君主朝廷，僅憑口說畢竟是難以徵驗。但如果身處危急存亡之際則是忠奸立判，孰忠孰佞便是絲毫無從隱藏。節士忠烈殉國、仗節死義，其氣節最激進的發顯方式，是以犧牲自身性命作爲體現，故而人品之卓絕不證自明。小人則反是，往往不顧義理，不惜通敵以求僥倖，枉費聖賢教化、愧乎綱常倫理，其鄙薄的行跡亦將見載於史書而難所遁形。就此觀之，氣節平時雖不易外顯，但在遭逢朝代存亡的關鍵時刻裡，「板蕩識誠臣」〔註132〕、「時窮節乃見」〔註133〕等情形卻

〔註129〕詳見宋・程顥，宋・程頤著，《河南程氏遺書》卷18〈伊川先生語四〉，引自氏等著，王孝魚點校，《二程集》（北京：中華書局，1981年7月），頁236。

〔註130〕宋・朱熹，〈論語十七・泰伯篇〉，宋・黎靖德編；王星賢點校：《朱子語類》，卷35，頁923。

〔註131〕詳見宋・程顥，宋・程頤著，《河南程氏遺書》卷22下〈伊川先生語八下〉，引自氏等著，王孝魚點校，《二程集》，頁301。

〔註132〕引自唐太宗〈贈蕭瑀〉：「疾風知勁草，板蕩識誠臣。勇夫安識義，智者必懷仁。」引自清・彭定求等編，《全唐詩》（延邊：人民出版者，1999年4月），卷1，頁10。

又常是歷歷在目的歷史實況。因此「氣節」最終極的展現，乃是殉節、殉國等具體行爲。宋季殉節者或是故宋遺民於其文章詩歌當中，屢屢提及氣節、貞節等概念，如文天祥所稱：「哲人處明夷，致命以遂志；但令守吾貞，死生浩無愧。」〔註134〕又如《宋史・謝枋得傳》贊曰：「謝枋得嶔崎以全臣節」〔註135〕，謝枋得亦嘗自云：「忠臣論事，必識大體。君子取人，先觀大節。」「宋室逋臣，只欠一死，上天降才，其生也有日，其死也有時，願一死全節久矣。」〔註136〕「人力終有窮，天道終有定，壯老堅一節，終始持一心。」〔註137〕諸如上述文、謝之語，在在充分彰顯出他們抱持氣節、寧死不屈的堅決意念，因此文、謝二人最後終究是殉國赴死以全其貞節，遺留下珍貴的情操與不朽的典範供後人追慕及瞻仰。鄭思肖有詩云：「凌空獨立挺精神，節操森森骨不塵」、「心貞寧受歲寒變，氣老常涵古意新」，〔註138〕一方面是讚頌殉節者勇赴國難，寧死不屈的崇高節操，另一方面亦是以此自我砥礪，勉勵自己在改朝換代之際，勿使耿耿忠心泯滅，必抱道而守貞，固守氣節，是以寧可退隱避世，亦不屑和蒙元政權有絲毫瓜葛。

持節、守節之說屢屢爲宋遺民所提倡，例如王應麟《困學紀聞・易》嘗曰：「致命遂志，命可致而志不可奪。」〔註139〕，而《困學紀聞・攷史》這麼說道：「與其屈辱而生，不若守節而死。」「唐太宗贈堯君素蒲州刺史詔曰：雖桀犬吠堯，乖倒戈之志，而疾風勁草，表歲寒之心。我藝祖贈韓通中書令制曰：易姓受命，王者所以徇至公。臨難不苟，人臣所以明大節。大哉王言，表忠義以厲臣節，英主之識遠矣。」「歐陽子書唐六臣於唐亡之後，貶其惡也。朱子書晉處士於晉亡之後，表其節也。一字之懲勸深矣。」〔註140〕王

〔註133〕宋・文天祥，〈正氣歌〉，《指南後錄》，見氏著，《文文山全集》，卷14，頁375。

〔註134〕宋・文天祥，〈有感呈景山校書諸丈〉，《指南錄》，見氏著，《文文山全集》，卷13，頁346。

〔註135〕元・脫脫等撰，《宋史》，卷425〈謝枋得傳〉，頁12690。

〔註136〕宋・謝枋得，〈上程雪樓御史書〉，《疊山集》，卷4，頁3。氏著，〈與參政魏容齋書〉，同書，卷4，頁11～12。

〔註137〕宋・謝枋得，〈與李養吾書〉，《疊山集》卷5，頁2。

〔註138〕宋・鄭思肖，〈南山老松〉，《心史・咸淳集》，氏著，陳福康校點，《鄭思肖集》，頁11。

〔註139〕宋・王應麟撰，〈易〉，見氏著，清・翁元圻注，《翁注困學紀聞》（臺北：世界書局，1974年6月），卷1，頁11。

〔註140〕宋・王應麟撰，〈攷史〉，見氏著，清・翁元圻注，《翁注困學紀聞》，卷14，頁736、頁744～745、頁777。

氏上述諸語皆正面地彰顯氣節、志節的重要性，人若能守節即爲善舉，人若是失節則無異於惡行。王應麟又曾強調人之「廉恥」足以牽連國家命脈之存亡興廢，其言云：「廉恥，國之脈也。廉恥泯，則國從之。……利之覆邦，可畏哉。」〔註141〕宋儒力矯五代陋習，特重氣節廉恥，如歐陽修（1007～1072）撰《新五代史・馮道傳》時嘗曰：「《傳》曰：『禮義廉恥，國之四維；四維不張，國乃滅亡。』善乎，管生之能言也！禮義，治人之大法；廉恥，立人之大節。蓋不廉，則無所不取；不恥，則無所不爲。人而如此，則禍亂敗亡，亦無所不至，況爲大臣而無所不取，無所不爲，則天下其有不亂，國家其有不亡者乎！」〔註142〕宋儒浸潤於儒家義理，祖述孔孟，遵循聖賢教化，獎掖氣節、崇尚廉恥。「恥」的觀念由來已久，亦是儒家所闡揚的品德項目，孔子說道：「行己有恥」〔註143〕，孟子亦嘗謂：「人不可以無恥。無恥之恥，無恥矣。」「恥之於人大矣。爲機變之巧者，無所用恥焉。不恥不若人，何若人。」〔註144〕在在強調「恥」德關係到人的立身原則，人如果無恥，便失去身爲人的高貴價值，只淪爲機變用巧的小人。

士大夫是政事之樞紐，對朝廷甚至是對天下的影響層面極爲廣泛，因此士大夫的人品操守尤其緊要，國族興亡莫不與士大夫的廉恥氣節有所牽繫。清儒顧炎武（1613～1682）《日知錄・廉恥條》稱：「人之不廉而至於悖禮犯義，其原皆生於無恥也。故士大夫之無恥，是謂國恥。吾觀三代以下，世衰道微，棄禮義捐廉恥，非一朝一夕之故，然而松柏後凋於歲寒，雞鳴不已於風雨，彼眾昏之日，固未嘗無獨醒之人也。……彼閹然媚於世者，能無愧哉？」〔註145〕人一旦無廉則莫不貪得無厭，一旦無恥則惡形惡狀，士大夫爲國族社稷的中流砥柱，理應爲道德文化的承載，更須以身作則，垂教於後世，故士大夫之無恥，尤其可憎。士人之無恥始於悖禮犯義、貪取無厭，乃至於苟活畏死、謀祿好利，終究使得國朝覆滅，世衰道微。顧炎武爲明末遺老，語重心長，痛斥士大夫之無恥是謂國恥，蓋源自其切膚之痛矣。錢穆先生（1895～1990）這麼說道：「自戰國直到清代末年，中國社會都由少數的士來領導，

〔註141〕同注139，卷1，頁25～26。
〔註142〕宋・歐陽修，《新五代史》〔百衲本二十四史〕（臺北：臺灣商務印書館，1973年12月），卷54〈雜傳・馮道傳〉，頁18810。
〔註143〕《論語》卷7〈子路〉，宋・朱熹，《四書章句集注》，頁146。
〔註144〕《孟子》卷13〈盡心上〉，宋・朱熹，《四書章句集注》，頁350～351。
〔註145〕清・顧炎武，〈廉恥〉，《日知錄》（蘭州：甘肅民族出版社，1997年11月），卷13，頁605～606。

來教化。他們不事生產，不講究私人的家庭經濟。……士應該志於道，就是從事於文化造產，再不顧慮到他私人及其家庭的物質生活。」〔註146〕故以古為鑒，儒家義理講究的是「公義」，而不是「私利」，士人對精神生活的重視必須遠勝於對財富物質的追求，這是義利之分，也是君子、小人的區別。君子所崇尚的目標大抵坐落於精神與文化層面，氣節與廉恥都歸屬於精神層面。氣節生於廉恥，人若無廉恥，即無所不貪；人若無廉恥，亦無所不為，貪取妄為的人著實難以保住氣節操守。或可謂廉恥與氣節互為表裡，宛如唇齒之相依，固守氣節者不因榮華利誘而有所移易，不貪不取，故能不屈不撓，其心志堅忍篤定，則外力未可奪之。失節者往往先喪其廉恥，是以見利忘義，但知趨利避禍、臨難苟免。好利圖利之人，甚者不惜賣主以求榮、叛國以謀利，如斯之人廉恥既已淪喪，氣節又將於何處萌發？故而人若無廉恥，於國族危難之際，其進不能殉國以盡忠，退亦不能潔身以守節，是故恥之於人大矣。鄭思肖即以「忘恥」二字諷刺失節喪義的叛將降臣，其有詩曰：「滔滔流波瀾，百川俱頹靡；競羨呂望貴，獨欠伯夷死。小恩尚思報，大義反忘恥；國家三百年，果何負於爾？」〔註147〕據是可見廉恥與氣節是相互呼應的概念，無恥之人只曉得隨波逐流及見風轉舵，如此又豈能見利思義地持貞守節。

　　宋季殉節義士的人格操行備受當代與後世的尊敬，「節」字雖僅是一字之褒，但卻足以憑此德性流芳百代。反之，失節者必難逃口誅筆伐之貶，得到的只會是負面的歷史評價，彼輩雖能苟延一時之性命，貪取一時之榮寵，換得的卻是遺臭萬年的罵名。王應麟屢屢藉由史事以譏諷宋末失節的叛臣與降將，貶抑的意味已是昭然若揭。其《困學紀聞‧左氏》載曰：「公山不狃曰：『君子違不適讎國，所託也則隱。斯言也，蓋有聞於君子矣。背君父以覆宗國者，不狃之罪人也。』」王氏所援此段，清儒全祖望（1705～1755）注曰：「斯言也，為呂文煥、劉整、范文虎諸人言之。」清代翁元圻（1751～1825）引張天如〈書宋史紀事本末文謝之死後〉曰：「景定以來，劉整以瀘州叛，呂文煥以襄陽叛，陳奕以貴州叛，呂師夔以江州叛，范文虎以安慶叛。數人者，皆宋大將，賈似道所親厚也。金城湯池，社稷所寄，一朝反戈，魚羊食人，入寇招叛，為虜前驅。呂文福、昝萬壽，紛起效尤，亂莫制矣。」

〔註146〕錢穆，《從中國歷史來看中國民族性及中國文化》（臺北：聯經出版公司，1979年8月），頁133。

〔註147〕宋‧鄭思肖，〈苦懷六首‧其二〉，《心史‧中興集》，見氏著，陳福康校點，《鄭思肖集》，頁48。

〔註 148〕王應麟雖託公山不狃之語，然所謂背君父以覆宗國者，頗有指桑罵槐的用意，其意蓋在指責宋末叛國降敵的諸將領，而王氏所疾呼「叛臣要利者，猶犬彘也。」〔註 149〕更是明白地顯露出他對降敵倒戈者的深惡痛絕。彼叛臣失節屈膝以降敵，乃不惜背君覆國、爲虜前驅，終使宗室蒙難投海，百姓流離失所，其罪責罄竹難書，難以寬赦。

　　另如林景曦嘗藉由歷史人物與歷史典故，闡述氣節操守的傳統淵源，發揚其千古不滅的價值地位，其〈孤竹齋記〉云：「夷齊二子之節，流被至今，其俗質直而好義。」〔註 150〕乃盛讚伯夷、叔齊質直好義，能懷抱不屈之氣節，德耀古今。景曦又作〈秦吉了〉、〈孫供奉〉兩首詩〔註 151〕，這兩首詩誠可視爲褒揚殉節、守節之人，以及貶抑失節之人的代表作品。〈秦吉了〉詩曰：「爾禽畜於人，性巧作人語。家貧售千金，寧死不離主。桓桓李將軍，甘作單于鬼。」〔註 152〕又有〈孫供奉〉詩曰：「緋衣受天恩，日瞻唐殿駕。朱三爾何爲，欲使兩膝下。皤皤長樂老，閱代如傳舍。」〔註 153〕關於這兩首詩，元代章祖程注曰：「詩意以爲秦吉了、孫供奉二物特禽獸耳，尙知服節死義，不忍事非其主，而李馮二公以堂堂將相，一則偷生異域，一則濫祿累朝，是誠何心哉？」〔註 154〕詩中所述的李陵、馮道（882～954）皆爲貳臣，二人於氣節操守頗有損害，故而爲後人所詬病。李陵本爲漢朝討伐匈奴的將領，其兵敗之後投降匈奴，臣服於貳朝。〔註 155〕馮道則是用事於五代時期，五代時期政權輪替相

〔註 148〕宋・王應麟撰，清・翁元圻注，〈左氏〉，《翁注困學紀聞》，卷 6，頁 399。
〔註 149〕宋・王應麟撰，清・翁元圻注，〈攷史〉，《翁注困學紀聞》，卷 13，頁 736。
〔註 150〕宋・林景曦，〈孤竹齋記〉，《霽山文集》卷 4〈白石藁一〉，頁 15。引自清・永瑢，紀昀等編，《景印文淵閣四庫全書》，1188 冊，頁 741。
〔註 151〕元・章祖程注曰：「《邵氏見聞錄》：『瀘南有畜秦吉了者，能人語，夷酋欲以錢十萬買之，其人告以貧欲賣之。秦吉了曰：我漢禽也，不願入蠻夷山，不食而死。』《幕府宴聞錄》：『唐昭宗播遷，隨駕伎藝止有美人猴，猴頗馴，能隨班起居，昭宗賜之緋袍，號孫供奉。朱溫篡位，取此猴殿下起居，猴望殿陛見溫，徑趨其所奮擊，溫令左右殺之。』」引自宋・林景曦，《霽山文集》卷 1《白石樵唱一》，頁 2。引自清・永瑢，紀昀等編，《景印文淵閣四庫全書》，1188 冊，頁 692。
〔註 152〕宋・林景曦，〈秦吉了〉，《霽山文集》卷 1〈白石樵唱一〉，頁 2。引自清・永瑢，紀昀等編，《景印文淵閣四庫全書》，1188 冊，頁 692。
〔註 153〕宋・林景曦，〈孫供奉〉，《霽山文集》卷 1〈白石樵唱一〉，頁 2。引自清・永瑢，紀昀等編，《景印文淵閣四庫全書》，1188 冊，頁 692。
〔註 154〕同前注。
〔註 155〕李陵其人其事，見於漢・班固撰，唐・顏師古注，《漢書》，卷 54〈李陵傳〉，頁 684～687。

當頻繁，但無論朝代如何移易，馮道依舊能位居朝廷要職，他既甘心身為貳臣，更事多君，甚至能以事奉貳朝為樂，自號長樂老。〔註156〕林景曦這兩首詩乃藉由史事諷刺事奉貳朝而喪失氣節的人，痛斥彼輩或苟且偷生，或貪圖榮華富貴，誠然已不如秦吉了、孫供奉這般懂得服節死義的飛禽走獸。換言之，這兩首詩的旨意無非也是譏諷那些事奉元朝的故宋人臣，彼等忘恩負義、賣國求榮，比之禽獸猶嫌不如，著實枉為人也。林景曦〈摧梅〉云：「參橫月落幾相思，第一春風向此期；乘興竹節霜後路，寄聲籬落水邊枝。禁中鼓絕花奴老，海上宮深鳥使遲；獨抱素心誰是伴，羅浮仙夢隔天涯。」〔註157〕詩中以海為宮、以鳥為使，直呼相思，真摯地流露出對故宋朝廷的思念情感，惜乎國朝已然不復存在，僅能藉物詠嘆。詩中所云「霜後路」，蓋比喻改朝換代後的艱難情勢，宛如歷經霜寒，其後乃以竹節為喻，並直言「獨抱素心」，全詩主要的寄寓便是勉人懷抱素心與節操，憑此渡過國朝覆滅後的困窘與煎熬。

宋遺民金履祥〔註158〕於宋亡之後不仕，而以撰著講學為事，亦嘗撰寫〈廣箕子操〉以贊箕子節操，表彰氣節的立意昭然無隱。其云：「炎方之將，大地之洋，波湯湯翠華重省方，獨立回天天無光。此志未就，死矣死南荒。不作田橫，橫來者王；不學幼安，歸死其鄉。欲作孔明，無地空翱翔；惟餘箕子，仁賢之意留蒼茫。穹壤無窮此恨長，千世萬世聞者徒悲傷。」〔註159〕金履祥言及炎方、南荒，蓋緬懷南宋國土，寧可死於南方而不願北往，足見其對故宋的深篤情誼。所謂「不作田橫」，田橫（？～202BC）與劉邦（256BC～195BC）敵對，劉邦得天下而召見田橫，欲封為王候，田橫因恥於屈膝，最後竟自刎身亡，然期間仍一度受詔前往。〔註160〕所謂「不學幼安」，幼安即是管寧（158～241），管寧於東漢末年時遠遁遼東，以不貪圖祿位聞名，然其後仍回歸鄉里。〔註161〕上述關於田橫、管寧等人，其人品行止已是萬中選一，金履祥卻

〔註156〕馮道其人其事，見於宋・歐陽修，《新五代史》，卷 54〈雜傳・馮道傳〉，頁18810～18812。

〔註157〕引自宋・林景曦，《霽山文集》卷 3〈白石樵唱三〉，頁 22。引自清・永瑢，紀昀等編，《景印文淵閣四庫全書》，1188 冊，頁 730。

〔註158〕詳見清・萬斯同，《宋季忠義錄》，卷 12〈金履祥傳〉，頁 6～9。

〔註159〕宋・金履祥，〈廣箕子操〉，《仁山文集》卷 2，頁 10。引自清・永瑢，紀昀等編，《景印文淵閣四庫全書》，1189 冊，頁 799。

〔註160〕田橫之事，見於漢・司馬遷撰，（日本）瀧川龜太郎考證，《史記會注考證》，卷 94〈田儋列傳〉，頁 1053～1055。

〔註161〕管寧之事，見於晉・陳壽撰，晉・裴松之注，《三國志》，《魏志》卷 11〈管寧傳〉，頁 170～171。

認爲猶不足以全其節操。履祥云「欲作孔明」，但不同的是孔明爲蜀漢丞相，尚能憑藉一席之地，誓師北伐〔註162〕，然而南宋國土卻已經全盤淪陷，欲求彈丸之地猶不可得，遑論能成就與敵抗戰之事功，此番心境，正是金履祥所謂「獨立回天天無光」，充滿著無力回天的無奈感。金氏所謂箕子之仁賢，可據《論語·微子》所記載：「微子去之，箕子爲之奴，比干諫而死。孔子曰：『殷有三仁焉。』」〔註163〕殷商雖行至窮途末路，箕子仍意圖力挽狂瀾，直諫紂王，乃至蒙難受辱，足見箕子對殷朝的忠貞不二、堅定不移，故能得仁賢之美名。金氏讚譽箕子的節操，亦是表明自身忠於故宋的心志，以及不屈身於異姓朝廷的氣節操守。

（二）聖賢典範

「聖賢」是中國傳統文化界域當中最爲崇高、最爲理想之人格代表與象徵，而且具備了德尊於位的超越性。大體來講，君主掌握了管理天下的政治權柄，當最爲尊貴，然而在儒者的眼裡卻不必然。《論語·子罕》記載：「大宰問於子貢曰：『夫子聖者與？何其多能也？』子貢曰：『固天縱之將聖，又多能也。』」〔註164〕《孟子·公孫丑上》記載：「子貢曰：『學不厭，智也；教不倦，仁也。仁且智，夫子既聖矣！』」〔註165〕子貢（520BC～？）稱：「自有生民以來，未有孔子也。」宰我（522BC～458BC）曰：「以予觀於夫子，賢於堯舜遠矣。」〔註166〕堯舜是政治場域裡的理想君主，亦即聖王典範；孔孟是文化或儒家領域裡的理想模範，稱作聖人。有德有位者稱爲聖王，有德無位者稱作聖人、賢人。聖人尊貴之處雖不在威勢權柄，而在於文化、品德、知識，然而倘若拋卻了文化、品德、知識，整個民族社會的文明恐將毫無高度可言，是故，聖賢的崇高性與超越性，在儒家體系當中是不容被移易與動搖的。〔註167〕孟子嘗稱：「天下有達尊三：爵一，齒一，德一。朝廷莫如爵，鄉黨莫如齒，輔

〔註162〕孔明之事，見於晉·陳壽撰，晉·裴松之注，《三國志》，《蜀志》卷5〈諸葛亮傳〉，頁452～463。

〔註163〕《論語》卷9〈微子〉，宋·朱熹，《四書章句集注》，頁182～183。

〔註164〕《論語》卷5〈子罕〉，宋·朱熹，《四書章句集注》，頁110。

〔註165〕《孟子》卷3〈公孫丑上〉，宋·朱熹，《四書章句集注》，頁233。

〔註166〕同前注，頁234。

〔註167〕黃俊傑先生稱：「『希聖』問題爲吾國儒學史之根本問題，『如何建立人類之道德自我（Moral Self）』此一問題實爲吾國歷代大儒『終極關切』（Ultimate Concern）之所在。」見氏著，《史學方法論叢》（臺北：臺灣學生書局，1977年8月），頁165。

世長民莫如德。」〔註168〕「說大人，則藐之，勿視其巍巍然。……在彼者，皆我所不爲也；在我者，皆古之制也，吾何畏彼哉？」〔註169〕由是可知，德性的尊貴與價值未必亞於君主或是王侯將相，而聖賢便是德性的最佳示現與典範。

　　孔子稱：「聖人，吾不得而見之矣；得見君子者，斯可矣。」〔註170〕又稱：「若聖與仁，則吾豈敢？」〔註171〕孔子品德高尚、博學多識，況且謙稱未達聖與仁的境界，足見聖人的地位何其崇高與理想。孟子稱：「聖人，人倫之至也。欲爲君盡君道，欲爲臣盡臣道，二者皆法堯舜而已矣。」〔註172〕如上所述，「聖人」的境界不須臾離乎「道」的概念，一旦落實於政治場域，更強調的是人倫綱常的穩健，以及君臣關係和諧而安治天下的清明政局。君之爲君，必須依王道而爲政，以不忍人之心在政局當中力求實現堯舜美政的契機。臣之爲臣，亦必須憑據道德輔翼綱紀，治亂扶傾、移風易俗、安頓百姓。再者，如陳弱水先生所稱：「儒家人生哲學所追求的最終理想是充分體現人底眞實本性的人格（仁人、大丈夫或聖人）。」〔註173〕聖與仁的境界，自有孔孟學說以來，即成爲儒家思想的最高指導原則，也因此成爲後世士儒進德修業、自我勉勵之理想標的，士儒朝著聖與仁的方向前進，義無反顧地追隨先聖先賢的教化，意欲爲君子之儒，不屑爲小人之儒。仁義之所在，雖千萬人吾往矣。本分之所在，即使犧牲生命亦是在所不辭。觀忠臣義士之中的殉節者，無非也是憑藉著如此堅決的意志和信念，方能視死如歸地慷慨犧牲。

　　儒家體系對儒家人物的定位，有其次序與評價，最難能可貴者莫過於「聖」，其次曰「哲」，其次曰「賢」，其次曰「先儒」。欲知儒家體系中的聖賢哲人，史書所記載入祀孔廟的情況可資參照。孔廟祀典是中華傳統社會的一大殊勝，崇祀儒家先聖先賢的立意在於樹立不朽的道德典範，其意義概括了政治、文化、教育等多元領域。〔註174〕孔廟從祀的情況，亦伴隨

〔註168〕《孟子》卷4〈公孫丑下〉，宋・朱熹，《四書章句集注》，頁242。
〔註169〕《孟子》卷14〈盡心下〉，宋・朱熹，《四書章句集注》，頁373。
〔註170〕《論語》卷4〈述而〉，宋・朱熹，《四書章句集注》，頁99。
〔註171〕同前注，頁101。
〔註172〕《孟子》卷7〈離婁上〉，宋・朱熹，《四書章句集注》，頁277。
〔註173〕陳弱水，〈追求完美的夢——儒家政治思想的烏托邦性格〉，引自黃俊傑編，《理想與現實》（臺北：聯經出版公司，1982年10月），頁211。
〔註174〕黃進興先生稱：「在帝制中國，孔廟作爲官方祭祀制度，恰是傳統社會裡政治與文化兩股力量最耀眼的交點。」見氏著，《優入聖域：權力、信仰與正當性》（臺北：允晨文化，1994年8月），頁218。

著儒學內部的發展、變遷、轉型，其重要性可見一斑。〔註 175〕孔廟祀典主
祀「至聖先師孔子」，孔子以下有四聖配享：復聖顏子（521BC～490BC）、
宗聖曾子、述聖子思子（515BC～？）、亞聖孟子，「四配」亦為聖人。「四
配」以下則有「十哲」：閔子損（536BC～？）、冉子雍（522BC～？）、端
木子賜、仲子由（542BC～408BC）、卜子商（507BC～？）、冉子耕（544BC
～？）、宰子予、冉子求（522BC～？）、言子偃（506BC～？）、顓孫子師
（503BC～？），此為哲人。十哲以下凡及門弟子，皆稱為「先賢」，即是
賢人。先賢以降從祀者，皆稱為「先儒」。〔註 176〕對從祀孔廟的歷代先賢
先儒，明代程敏政嘗曰：「古聖王之治天下，必以祀典為重，所以崇德報功，
而垂世教，淑人心也。……先師孔子有功德於天下，於萬世，天下祀之，
萬世祀之，則其廟庭之間侑食之人，豈可苟焉而已。必得文與行兼，名與
實副，有功於聖門，而無疵於公議者。」〔註 177〕由是可知，堪稱「聖」、「賢」、
「哲」、「儒」的歷史人物，皆為出類拔萃的社會精英，倘若以尊德性而言，
其身份是仁人君子，如果以道問學而言，其身份是高知識階層，是儒術經
學的承載。因此，要進入聖賢領域，符合聖、賢、哲、儒的崇高標準，就

〔註 175〕歷代先儒入祀孔廟的概況，從唐·杜佑《通典·孔子祠》所記載：「（貞觀）
二十一年，制：以左丘明、卜子夏、公羊高、穀梁赤、伏勝、高堂生、戴聖、
毛萇、孔安國、劉向、鄭眾、杜子春、馬融、盧植、鄭玄、服虔、何休、王
肅、王弼、杜元凱、范甯、賈逵，總二十二人。」大抵是注解經書的經學家，
至明代（嘉靖年間）入祀孔廟之先儒已有「韓愈、司馬光、歐陽修」等政治
家，以及「周敦頤、張載、程顥、程頤、邵雍、朱熹、陸九淵、真德秀」等
倡言理氣心性議題的宋代理學家，而隆慶年間再有「陳獻章、胡居仁、王守
仁」等明代理學家從祀。清末（道光、咸豐年間）入祀孔廟之先儒又有「文
天祥、陸秀夫、劉宗周、黃道周」等宋元之際與明清之際的殉節士儒，同治
年間又有「諸葛亮、范仲淹」等經世之儒入祀侑饗。上述詳見唐·杜佑，《通
典》〔上冊〕（長沙：岳麓書社，1995 年 11 月），卷 53，頁 773。清·張廷玉，
《明史》（臺北：鼎文書局，1975 年 6 月），卷 50〈志·禮四〉，頁 1301。趙
爾巽，《清史稿》（臺北：鼎文書局，1981 年 9 月），卷 84〈志·禮三〉，頁
2533～2537。從入祀孔廟之先儒人選，觀察儒學思想的發展梗概，至少已可
列出以下幾種：其一、漢唐時期經傳注疏的經學思想。其二、宋明時期的理
學思想。其三、士大夫經世致用的政教思想。其四、宋元與明清改朝換代之
際，殉節士儒所闡發的忠義氣節思想。

〔註 176〕清·張廷玉，《明史》（臺北：鼎文書局，1975 年 6 月），卷 50〈志·吉禮四〉，
頁 1299～1300。

〔註 177〕明·程敏政，《篁墩文集》卷 10，頁 3。引自清·永瑢，紀昀等編，《景印文
淵閣四庫全書》，1252 冊，頁 170。

必先跨越極其嚴格的門檻。換言之，能夠入祀孔廟的賢儒，蓋是後代對彼輩生前之德業功績、人格操守給予極高的肯定與讚賞，也等同是賦與其至高無上的歷史評價。宋季殉節士儒文天祥、陸秀夫二人，先後於清朝道光（1821～1850）、咸豐（1831～1861）年間入祀孔廟〔註178〕，這無非是莫大的美譽，亦是舉世所共仰的尊榮。聖賢入祀孔廟，象徵的是一種屹立不搖的「道德典範」，後人研讀聖經賢傳，亦是以效法聖賢作爲對自我的期許，並且藉由聖賢的言行思想，作爲自身立命行事的指標。至於「典範」的確立及其有效性，必須基於某種共信的價值觀與認同感，是故得以在特定的文化圈裡頭，形成一種「被肯定的行事作風」，或是足以構成一些「必然的是非標準」。「典範」的概念，茲引（美）孔恩（Thomas S Kuhn，1922～1996）之語進行闡釋與理解，如下所述：

> 一個團體有了共同的典範之後，他們那一門科學的研究，就更爲專業化，更難爲外行人所了解，……典範比與之競爭的理論更能成功地解決一些問題，而這些問題是研究者認爲最緊要的，這就是典範之所以是典範的原因。〔註179〕

> 在典範還很成功的時期，該學界能解決許多問題。而若不是該學界之成員對典範的忠誠信仰及孜孜遵循，這些問題不可能被想出來，更不可能被研究。這一階段中所獲致的學術成就，至少有一部分會有永久的價值。〔註180〕

中國傳統士儒祀奉孔門先聖先賢的立意，蓋非崇拜儒家人物的外在形貌，而在於尊崇儒家人物生前所發顯的行誼典範，以及彼輩所創建的德業功績。設祠供奉儒家聖賢的最終目標仍是坐落於承傳道統與體現仁義。熊禾嘗曰：「隆道統，而設其祠。……尊道有祠，爲道統設也。古者建學立師，教學爲先，而其所學則以道德功言爲重，而『道』，其總名也。」〔註181〕明儒程徐（？～1370）謂：「孔子以道設教，天下祀之，非祀其人，祀其教也，祀其道也。」

〔註178〕趙爾巽，《清史稿》（臺北：鼎文書局，1981 年 9 月），卷 84〈志・禮三〉，頁 2536～2537。

〔註179〕（美）孔恩（Thomas S. Kuhn）著，王道還等譯，《科學革命的結構》（臺北：遠流出版公司，1994 年 7 月），頁 67～68。

〔註180〕同前注，頁 69。

〔註181〕宋・熊禾，〈三山郡泮五賢祠記〉，《勿軒集》卷 2，頁 6～8。引自清・永瑢，紀昀等編，《景印文淵閣四庫全書》，1188 冊，頁 780～781。

〔註182〕是以知崇祀孔子的宗旨，乃是坐落於信奉其「道」，而士儒遵循聖賢典範最具體的方式，就是透過聖賢言教與身教的引導，學習並加以效法，進而貫徹儒家的道德義理，從最初的聞其道，到後來的知其道，最終必得要行其道、成其道。儒家思想既是義理，也是教化作育。儒家的教化有教育者，亦有受教育者，構成一種雙向互動的關係，對受教的一方而言，孔子所說的「見賢思齊焉，見不賢而內自省也」〔註183〕，即適宜援做一種良好的學習心態，藉著向聖賢看齊效尤的方式，進以督促自我的行為與操守。宋儒程頤嘗稱：「『惟聖人然後踐形』，言聖人盡得人道也。人得天地之正氣而生，與萬物不同。既為人，須盡得人理。眾人有之而不知，賢人踐之而未盡，能踐形者，唯聖人也。」〔註184〕朱熹亦云：「書只是明得道理，卻要人做出書中所說聖賢工夫來。」〔註185〕這便指出了讀書的第一要義，其實是坐落在習得聖賢工夫。聖賢既是一種崇高偉大的人格展現，其言行足以作為後世效法的準則，學習聖賢人格的媒介便是聖賢所遺留下的典籍，後人研讀聖經賢傳的最終目標，便是學習聖賢的處世態度與言行思想。例如金履祥在對其亡兄的贊語當中有此一說：「讀聖人之經，常欲體諸躬行之實。凡一舉動，輒引經為據而後為之，非止為口耳之資，詞藻之計而已也。」〔註186〕聖賢撰著的文章詞藻貴在載道，而道必須在躬行當中證其實體，否則便僅是流於形式的歌功頌德，甚至是給人一種虛無抽象之感。因此，聖賢的意義也必得在人的作為當中具體呈現，惟獨透過聖賢的舉措施為，方可證成道德義理的實際存在。

然而因應迥異的時代變局與文化承擔，其間的表現方式便不盡相同，如聖之清者、聖之任者、聖之和者、聖之時者等等，雖風格行誼殊異，卻同為聖人典範。對宋季儒者而言，聖賢實然是彼輩立身處世的楷模以及企慕景仰的對象。就儒家體系觀之，至聖孔子以及亞聖孟子，二者並為百世尊崇之聖人，同時亦是儒家核心思想的創造者。觀南宋朝在獎掖學術、發揚理學、設立書院各方面皆是孜孜矻矻、不遺餘力地祖述孔孟，而歷經儒家思想的薰陶

〔註182〕清‧張廷玉，《明史》，卷139〈錢唐程徐傳〉，頁3982。

〔註183〕《論語》卷2〈里仁〉，宋‧朱熹，《四書章句集注》，頁73。

〔註184〕宋‧程顥，宋‧程頤著，《河南程氏遺書》卷18〈伊川先生語四〉，詳見氏著，王孝魚點校，《二程集》，頁211～212。

〔註185〕宋‧朱熹，〈大學一‧綱領〉，宋‧黎靖德編，王星賢點校，《朱子語類》，卷14，頁249。

〔註186〕宋‧金履祥，〈亡兄桐陽仲子與瞻甫行狀〉，《仁山文集》卷4，頁20。引自清‧永瑢，紀昀等編，《景印文淵閣四庫全書》，1189冊，頁828。

過後，無論是宋季殉節成仁的義士或是隱遁山林的遺民，彼輩對儒家思想的領略誠可謂深刻熟稔，對儒門聖賢虔敬與效法的情況亦是班班可考。舉例來講，文天祥臨刑時衣帶中藏有贊語曰：「孔曰成仁，孟曰取義，惟其義盡，所以仁至。讀聖賢書，所學何事？而今而後，庶幾無愧。」〔註187〕其於〈正氣歌〉稱：「風簷展書讀，古道照顏色」〔註188〕，又稱：「幼蒙家庭之訓，每欲行其本心，長讀聖賢之書。」〔註189〕上述諸語已揭櫫出文氏對於孔孟聖賢的敬重與仰慕。又例如鄧牧所云：「古有聖人，作君作師，憂民之溺，由己之溺。憂民之飢，由己之飢。……其德澤所浸，如時雨之化。其功用所及，如春陽之熙。」〔註190〕又云：「顧孟子以為友天下善士未足，又尚論古之人者，竊有慕焉。……取聖經賢傳讀之，於是皋夔稷契伊傅周召孔孟大聖大賢，與吾神交意接於唐虞三代之上，於是悲焉喜焉，手舞足蹈，而不知焉，是之謂友古。」〔註191〕意欲考究儒家對聖賢的定位，從孔子與孟子景仰的對象蓋可窺知其崖略，若以人君而論，則首推堯、舜、禹、湯、文、武、周公等聖王，此乃專指政治場域中身為人君的表率與楷模。然在政治場域中相對於君上的另一種職份，即身為臣下者。身為人臣者，伯夷、叔齊當可作為指標性的人物，孔孟嘗盛讚伯夷、叔齊不隨俗從眾的自我堅持〔註192〕，《論語》、《孟子》裡頭有以下的敘述：

> 冉有曰：「夫子為衛君乎？」子貢曰：「諾。吾將問之。」入，曰：「伯夷、叔齊何人也？」曰：「古賢人也。」曰：「怨乎？」曰：「求仁得仁，又何怨？」出，曰：「夫子不為也。」〔註193〕

> 齊景公有馬千駟，死之日，民無德而稱焉。伯夷叔齊餓於首陽之下，民到于今稱之。〔註194〕

> 逸民：伯夷、叔齊、虞仲、夷逸、朱張、柳下惠、少連。子曰：「不降其志，不辱其身，伯夷、叔齊與！」謂：「柳下惠、少連，降志辱

〔註187〕宋・文天祥，〈自贊〉，《文集》，見氏著，《文文山全集》，卷10，頁251。
〔註188〕宋・文天祥，〈正氣歌〉，《指南後錄》，見氏著，《文文山全集》，卷14，頁376。
〔註189〕宋・文天祥，〈謝丞相〉，《文集》，見氏著，《文文山全集》，卷7，頁164。
〔註190〕宋・鄧牧，〈見堯賦〉，《伯牙琴》，頁1。
〔註191〕宋・鄧牧，〈友古齋記〉，《伯牙琴》，頁11～12。
〔註192〕朱子稱：「武王伐紂，夷、齊扣馬而諫。武王滅商，夷、齊恥食周粟，去隱于首陽山，遂餓而死。」引自宋・朱熹，《四書章句集注》，頁96～97。
〔註193〕《論語》卷4〈述而〉，宋・朱熹，《四書章句集注》，頁96。
〔註194〕《論語》卷8〈季氏〉，宋・朱熹，《四書章句集注》，頁173。

身矣。言中倫，行中慮，其斯而已矣。」謂：「虞仲、夷逸，隱居放言。身中清，廢中權。」我則異於是，無可無不可。〔註195〕

伯夷，目不視惡色，耳不聽惡聲。非其君不事，非其民不使。治則進，亂則退。橫政之所出，橫民之所止，不忍居也。思與鄉人處，如以朝衣朝冠坐於塗炭也。當紂之時，居北海之濱，以待天下之清也。故聞伯夷之風者，頑夫廉，懦夫有立志。〔註196〕

居下位，不以賢事不肖者，伯夷也；五就湯，五就桀者，伊尹也；不惡汙君，不辭小官者，柳下惠也。三子者不同道，其趨一也。一者何也？曰：仁也。〔註197〕

伯夷、叔齊的行跡之所以被崇尚敬重者，誠在於彼等之「忠」、「節」，他們的忠不單指忠於商朝，最珍貴處是坐落在忠於自己內心的想法與決定，最獨特的地方是在於彼輩能義無反顧地逆勢而爲，臨死而無所怨悔，伯夷、叔齊憑藉著一股內在的精神信念，此信念的強韌度支撐著軀體進而發起無聲的宣誓，宣誓出彼等對自我信念的貫徹與篤定。據上所述，齊景公的千駟之馬是屬於物質財貨，物質財貨終將腐朽蕩然，它只是一種附加的外物，與人生、性命既無太大關係，亦無法與精神層面的不朽性分庭抗禮，所以若從儒家的視域觀之，其存在遂顯得可有可無。反觀人的精神意念則大異其趣，觀《論語》嘗有如此的記載：「廄焚。子退朝，曰：『傷人乎？』不問馬。」〔註198〕馬在古時候是被當作坐騎的交通工具，其重要性無法與人相提並論。孔子重視人種勝過物種，重視精神勝過物質。蓋「人」與「他物」最大的差別處在於人具備強韌的精神力量以及自由意志，精神未發則寂然不動，精神已發而成爲意識與行動，意識與行動既是人類生命狀態的積極表現，亦是造就經驗與歷史的重要元素，這些經驗與歷史含蘊著特有的文化意義以及深刻的教育內涵。伯夷之聖，必須從其人格特質加以察識，孟子所謂的「伯夷，聖之清者也」〔註199〕即是其一。夷、齊二人非其君則不事，遇亂世則退隱，清高自處、篤志廉潔。其忠於商朝，始終如一，未肯隨朝代之遞嬗而加以改變，觀其風乃可使「頑夫廉」、「懦夫有立志」。對

〔註195〕 《論語》卷9〈微子〉，宋・朱熹，《四書章句集注》，頁185～186。
〔註196〕 《孟子》卷10〈萬章下〉，宋・朱熹，《四書章句集注》，頁314。
〔註197〕 《孟子》卷12〈告子下〉，宋・朱熹，《四書章句集注》，頁342。
〔註198〕 《論語》卷5〈鄉黨〉，宋・朱熹，《四書章句集注》，頁121。
〔註199〕 《孟子》卷10〈萬章下〉，宋・朱熹，《四書章句集注》，頁315。

伯夷的典故，錢穆先生亦有以下的稱述：

> 周武王、周公興兵伐商紂。……而當時竟有、叔齊兄弟兩人出來反
> 對，……周朝得了天下，伯夷、叔齊恥食周粟，隱於首陽山，采薇
> 而食，終於餓死。……孔子最看重一「仁」字，說伯夷求仁而得仁，
> 這可見在孔子心中伯夷的地位了。……伯夷、叔齊崇讓不崇爭，孔
> 子則稱之為求仁得仁了。〔註200〕

> 孟子，他極端推崇孔子，推崇周公，但他又另舉出伊尹、伯夷、柳
> 下惠為古代三聖人，稱伯夷為聖之清者。下邊到了漢朝，司馬遷作
> 《史記》，七十列傳第一篇就是伯夷。……以後到唐朝，韓昌黎特別
> 寫了一篇〈伯夷頌〉，稱讚伯夷說：「特立獨行，窮天地，亙萬世，
> 非之而不顧。」〔註201〕

除此之外，黃俊傑，吳光明先生嘗稱：「伯夷、叔齊選擇餓死於首陽山的方
式，來彰顯他們所信持的價值觀。伯夷、叔齊的偉大，正在於他們以死亡
來實踐他們的價值觀。他們的死亡，是對滔滔奔利的世界所提出的永恆的
抗議。」〔註202〕伯夷、叔齊身為殷商故朝之臣子，因為忠於故朝、不食周
粟而死，儼然是改朝換代之際殉節人物的鼻祖。夷、齊二人之守道而死，
除了是義利之辨下的積極表現，他們的死亡所突顯出的張力，尚伴隨著一
股不屈的意志和抗爭的精神。宋季殉節烈士、故宋遺民們展現其不仕二朝
的決心之時，經常以伯夷、叔齊作為榜樣，期許自己能如伯夷、叔齊這般
廉潔清高，求仁得仁，雖死而無所怨悔。亦是勉勵自己像伯夷、叔齊這般
一本初衷地篤定其精神意志。〔註203〕宋遺民仰慕古聖先賢的人格節操，效
法遵循其遺風典範。如文天祥〈黃金市〉云：「巡遠應無兒女態，夷齊肯作

〔註200〕錢穆，《從中國歷史來看中國民族性及中國文化》，頁2～3。

〔註201〕同前注，頁3。

〔註202〕詳見黃俊傑，吳光明著，〈古代中國人的價值觀：價值取向的衝突及其解消〉，
引自沈清松主編，《中國人的價值觀：人文學觀點》（臺北：桂冠圖書公司，
1994年8月），頁19。

〔註203〕伯夷、叔齊在儒家思想體系裡頭固然佔有崇高的典範地位，然孔子曰：「我則
異於是，無可無不可。」（《論語·微子》）孟子雖讚譽伯夷為「聖之清者」，
除此之外，亦有「聖之任者」的伊尹，「聖之和者」的柳下惠，「聖之時者」
的孔子（《孟子·萬章下》）。由此觀之，儒家體系中的聖人典範不單侷限於伯
夷、叔齊兩人，後人意欲效法聖人典範，也有「任者」、「和者」、「時者」等
選項，上述諸例呈現出一種希聖慕賢的開放性。

稻梁謀」〔註204〕，〈睡起〉云：「平生管鮑成何事，千古夷齊在一時」〔註205〕，
又如謝枋得之門人贊其曰：「文節先生謝公墓。嗟乎！伯夷叔齊，在周雖爲
頑民，而在商則爲義士。孰謂數千載後，有商義士之風者，復見先生焉。」
〔註206〕觀謝枋得之文章，如〈東山書院記〉所云：「學孔孟者，必自讀《四
書》始。」〔註207〕又如〈平山先生毋制機墓銘〉所云：「眾人與聖人皆可爲
堯舜，知覺有先後，眾人豈後於聖人哉？古之君子，學足以見天地聖人之大
全。」〔註208〕是以知悉謝氏思想之中存有企慕聖賢的成份，他正面地肯定
人能成爲聖賢的可塑性，勉人讀聖賢書、學做聖賢事。

　　謝枋得動輒以伯夷、叔齊、龔勝、南霽雲、顧少連等先聖前賢自我砥礪，
意欲追步其風範行跡，如其〈與參政魏容齋書〉所云：「惟願速死，與周夷齊、
漢龔勝同垂青史，可以愧天下萬世爲臣不忠者。」〔註209〕其〈初到建寧賦詩
一首〉云：「天下久無龔勝潔，人間何獨伯夷清」，「南八男兒終不屈，皇天上
帝眼分明」〔註210〕，其〈辭洞齋華父二劉兄惠寒衣〉云：「平生愛讀龔勝傳，
進退存亡斷得明」〔註211〕，又如〈和曹東谷韻〉所云：「不爲蘇武即龔勝，萬
一因行拜杜鵑」〔註212〕，〈和毛靜可韻〉所云：「此生何恨爲龔勝，來世誰能
知少連」〔註213〕，及其絕食以求一死，又有詩云：「西漢有臣龔勝卒，閉口不
食十四日。我今半月忍渴飢，求死不死更無術。精神常與天往來，不知飲食
爲何物。」〔註214〕除了殉節義士對夷、齊的景仰之外，隱遁山林的遺民亦嘗
稱頌伯夷、叔齊的節行，例如林景曦便這麼說道：「予束髮讀書，竊慕首陽高
風，迥若天人，雖閱術百世，隔數千里，猶使人興起。」〔註215〕讀聖賢書，
乃進一步地仰慕聖賢風範，心志因之發越興起，最終是爲了效尤聖賢行跡，

〔註204〕宋・文天祥，〈黃金市〉，《指南後錄》，見氏著，《文文山全集》，卷14，頁353。
〔註205〕宋・文天祥，〈睡起〉，《指南後錄》，見氏著，《文文山全集》，卷14，頁355。
〔註206〕明・陶宗儀，〈不食死〉，《輟耕錄》，卷2，頁1131～1132。
〔註207〕宋・謝枋得，〈東山書院記〉，《疊山集》，卷7，頁5。
〔註208〕宋・謝枋得，〈平山先生毋制機墓銘〉，《疊山集》，卷8，頁1。
〔註209〕宋・謝枋得，〈與參政魏容齋書〉，《疊山集》，卷4，頁13。
〔註210〕宋・謝枋得，〈初到建寧賦詩一首〉，《疊山集》，卷2，頁5。
〔註211〕宋・謝枋得，〈辭洞齋華父二劉兄惠寒衣〉，《疊山集》，卷2，頁6。
〔註212〕宋・謝枋得，〈和曹東谷韻〉，《疊山集》，卷2，頁3。
〔註213〕宋・謝枋得，〈和毛靜可韻〉，《疊山集》，卷2，頁4。
〔註214〕宋・謝枋得，〈崇眞院絕粒偶書付兒熙之、定之，并呈張蒼峰、劉洞齋華甫〉，
　　　　《疊山集》，卷3，頁7～8。
〔註215〕宋・林景曦，〈孤竹齋記〉，《霽山文集》卷4〈白石藁一〉，頁15。引自清・
　　　　永瑢，紀昀等編，《景印文淵閣四庫全書》，1188冊，頁741。

承傳其精神意念。氣節是一種精神意念凝成的抽象存在，這股精神先由上古
聖賢所發揚及流傳，待後人予以接續與繼承，薪火相傳以後，便能歷久彌新
地長存而不朽，是以能突破時空的隔閡與限制。鄭思肖亦把聖賢君子當成效
尤的對象，故以詩云：「伯夷聖人遠，雙瞳空晶晶；悲風吹語斷，天闊青山橫。」
〔註216〕「居屋雖不大，終日心閑閑；口誦聖人書，立身仁義間。俯仰無愧怍，
茲道誠爲難；君子常進德，小人偷自安。」〔註217〕其《心史·久久書》則謂：
「吾觀吾之身，天地之身，父母之身，中國之身。讀聖賢書，學聖賢事，是
與聖賢爲徒，奚敢化爲賊，而忘吾君、吾父、吾母也！」〔註218〕鄭氏詩旨意
欲以仁義立身、以進德自勉，既聞伯夷之風，不應似小人般苟且偷安，但願
如君子般俯仰無愧。讀聖賢書冊，頌揚聖賢的盛德，最終仍在於體現聖賢之
道，是以萬不該悖逆聖賢教化而泯滅仁義，萬不該忘却君父而與賊爲伍。

　　宋遺民除了欽慕聖賢的典範，亦以君子作爲自我期許的標竿。遺民詩人
嘗以詩言志、藉物詠懷，以「花」、「木」等植物作爲描寫的題材，採擷當中
饒富君子盛德「意象」〔註219〕者，與己身的情志相互呼應，遺民詩人藉物吟

〔註216〕宋·鄭思肖，〈苦懷六首·其五〉，《心史·中興集》，氏著，陳福康校點，《鄭
　　　　思肖集》，頁49。
〔註217〕宋·鄭思肖，〈詠懷三首·其二〉，《心史·咸淳集》，氏著，陳福康校點，《鄭
　　　　思肖集》，頁14。
〔註218〕宋·鄭思肖，《心史·久久書》，氏著，陳福康校點，《鄭思肖集》，頁104。
〔註219〕古典詩人擅長借用山、水、花、木、鳥、獸、宮闕、樓臺等「形象」入詩，
　　　　葉嘉瑩稱：「『形象』之涵義，則是相當廣泛的，無論其爲眞、爲幻，無論其
　　　　爲古、爲今，也無論其爲視覺、爲聽覺，或爲任何感官之所能感受者，……
　　　　可以使人在感覺中產生一種眞切鮮明之感受者，便可視之爲一種『形象』之
　　　　表達。」但除卻「形象」，詩歌之中更有一種「寄形出意」的「意象」。關於
　　　　「意象」的定義。張雙英稱：「『意』就是心中的意思，也可以擴充解釋爲心
　　　　中的一切活動，因此包括了：思想、情感、想像等。至於『象』則指的是一
　　　　切的外物形貌。『意』因在心靈之中，所以是抽象的，無形可見的；而『象』
　　　　因有外形可見，所以是具體的。……藉著『意象』來表達方式，雖然其呈現
　　　　到外在的『象』是具體的，但由於『它』所含有的內容是變動不拘的『心靈
　　　　的活動』。」張瑞君稱：「意象是詩歌創作中，通過一定的組合關係，表達詩
　　　　人特定的意旨而讓讀者得到言外的語言形象。意象是詩歌藝術的重要組成部
　　　　分，……意象運用的特徵也折射著作家的詩歌審美觀和思維方式。」蓋「意
　　　　象」運用之效益，一方面蘊含詩人之情志，另一方面也能增進詩歌本身的藝
　　　　術美感。引自葉嘉瑩，《迦陵談詩二集》（臺北：東大圖書公司，1985年2月），
　　　　頁132～133。張雙英，《文學概論》（臺北：文史哲出版社，2002年10月），
　　　　頁117～118。張瑞君，《大氣恢宏——李白與盛唐詩新探》（太原：山西古籍
　　　　出版社，1997年7月），頁19。

詠、藉景抒懷，乃是以君子儒的風範自我砥礪。在眾多宋季遺民詩篇裡頭，實不難看見詩人以「梅」、「竹」、「蘭」、「菊」作爲讚頌之對象者。

其一、關於「詠梅」之詩。如文天祥〈梅〉所云：「梅花耐寒白如玉，干涉春風紅更黃；若爲司花示薄罰，到底不能磨滅香。」〔註220〕謝翱〈梅花二首·其二〉云：「吹老單于月一痕，江南知是幾黃昏；水仙冷落瓊花死，祇有南枝尚返魂。」〔註221〕林景曦〈摧梅〉亦曰：「參橫月落幾相思，第一春風向此期；乘興竹節霜後路，寄聲籬落水邊枝。禁中鼓絕花奴老，海上宮深鳥使遲；獨抱素心誰是伴，羅浮仙夢隔天涯。」〔註222〕詠梅之詩，詠其懷抱素心以耐霜寒，梅花暗香飄逸，不爲凜冽氣候所侵吞，亦不爲歲寒所磨滅。

其二、關於「詠竹」之詩。如文天祥〈竹花〉所稱：「黃家紫家鬥魏姚，夷齊玉立青蕭蕭；便是人間小天地，不特水上作萍荸。」〔註223〕謝枋得〈竹〉稱：「新篁娟娟如綠玉，瀟然出塵澹無欲；清風明月誰主張，留得此君在空谷。」〔註224〕鄭思肖〈愛竹歌〉亦稱：「此君氣節極偉特，令人愛之捨不得；徧造山水有竹處，不問主人識不識。朝朝暮暮看不足，感得碧光透雙目；一旦心空忽歸去，挺身特立化爲玉。」〔註225〕據東漢許慎《說文解字》曰：「竹，冬生草也。」清代段玉裁注曰：「冬生者謂竹，胎生於冬，且枝葉不凋也。」〔註226〕詩人詠竹用意，取其能歷經冬寒而不凋不謝之形象，乃是以竹的不凋謝於嚴寒，比喻君子之不屈膝於形勢。亦如鄭思肖以〈愛竹歌〉，言竹之氣節偉特，蓋勉人效尤君子風範，於情勢動盪之時，猶知持節以守貞。

其三、關於「詠蘭」之詩。鄭思肖〈墨蘭〉有云：「鍾得至清氣，精神欲照人；抱香懷古意，戀國憶前身。空色微開曉，晴光淡弄春。淒涼如怨望，今日有遺民。」〔註227〕君子之出、處、默、語，如蘭花的幽香徐徐，尊貴高

〔註220〕宋·文天祥，〈梅〉，《文集》，見氏著，《文文山全集》，卷1，頁4。

〔註221〕宋·謝翱，〈梅花二首·其二〉，《晞髮遺集》卷上，頁5。引自清·永瑢，紀昀等編，《景印文淵閣四庫全書》，1188冊，頁332。

〔註222〕宋·林景曦，〈摧梅〉，《霽山文集》卷3，頁22。引自清·永瑢，紀昀等編，《景印文淵閣四庫全書》，1188冊，頁730。

〔註223〕宋·文天祥，〈竹花〉，《文集》，見氏著，《文文山全集》，卷2，頁22。

〔註224〕宋·謝枋得，〈竹〉，《疊山集》卷1，頁4。

〔註225〕宋·鄭思肖，〈愛竹歌〉，《心史·中興集》，氏著，陳福康校點，《鄭思肖集》，頁73。

〔註226〕東漢·許慎撰，清·段玉裁注，《說文解字》，頁191。

〔註227〕宋·鄭思肖，〈墨蘭〉，《心史·大義集》，氏著，陳福康校點，《鄭思肖集》，頁26～27。

雅，不流於俗、不落於豔。《周易》〈繫辭上傳・第八章〉嘗謂：「君子之道，或出或處，或默或語。二人同心，其利斷金，同心之言，其臭如蘭。」〔註228〕唐代韓愈亦以〈猗蘭操〉謂：「蘭之猗猗，揚揚其香。不採而佩，於蘭何傷。」〔註229〕諸如此類，即是把蘭花的芳香比喻成君子之道，雅士之愛蘭、詠蘭，其來有自矣。

其四、關於「詠菊」之詩。如謝枋得〈菊〉稱：「淵明豈但隱逸人，淵明素懷諸葛志；清香不獨占秋天，菊潭一滴三千歲。」〔註230〕鄭思肖〈菊花歌〉有云：「太極之髓日之精，生出天地秋風身；萬木搖落百草死，正色與秋爭光明。背時獨立抱寂寞，心香貞烈透寥廓；至死不變英氣多，舉頭南山高嵯峨。」〔註231〕謝翱〈十日菊〉亦稱：「今日非昨日，尚覺秋英好；明日異今日，秋英詎云早。所以惜芳人，采擷常貴少；而彼千載士，憐爾獨皎皎。晞霜敷朝榮，零露抱夕槁；千載且復然，一夕寧恨老。」〔註232〕菊，詩人詠其高潔貞烈，皎然獨立，儼然與隱逸者的特徵相似。晉代陶淵明（？～427）〈飲酒・其五〉云：「採菊東籬下，悠然見南山。」〔註233〕菊花素有隱逸、高節等涵蘊。標榜著君子「進」若不能竟其事功於此，反須卑躬屈膝於彼，還不如「退」而卓然隱逸於田野山林，抱道守貞以全氣節持操。

明代黃鳳池〈梅竹蘭菊四譜小引〉嘗稱：「文房清供，獨取梅、竹、蘭、菊四君者無他，則以幽芳逸致，偏能滌人之穢腸，而澄瑩其神骨。」〔註234〕故知文士於眾多花木之中，對「梅、竹、蘭、菊」這四種植物誠可謂愛不釋手，因讚賞其幽芳，乃置之於文房，任其香氣飄散四溢。「梅、竹、蘭、菊」四者亦成為文人雅士入詩、入畫時候，所鍾愛的選擇。宋遺民詩人以「梅」、

〔註228〕魏・王弼，晉・韓康伯注，唐・孔穎達疏，《周易正義》〔清・阮元校勘，《十三經注疏》第1冊〕（臺北：藝文印書館，2007年8月），卷7〈繫辭上傳・第八章〉，頁151。

〔註229〕唐・韓愈，〈猗蘭操〉，詳見屈守元，常思春等編，《韓愈全集校注》（成都：四川大學出版社，1996），頁797。

〔註230〕宋・謝枋得，〈菊〉，《疊山集》卷1，頁4。

〔註231〕宋・鄭思肖，〈菊花歌〉，《心史・中興集》，氏著，陳福康校點，《鄭思肖集》，頁72。

〔註232〕宋・謝翱，〈十日菊〉，《晞髮集》卷5，頁4。引自清・永瑢，紀昀等編，《景印文淵閣四庫全書》，1188冊，頁300。

〔註233〕晉・陶潛，〈飲酒・其五〉，《靖節先生集》（臺北：華正書局，1975年5月），卷3，頁27。

〔註234〕明・黃鳳池，〈梅竹蘭菊四譜小引〉，氏著《唐詩畫譜》（臺北：廣文書局，1972年4月），頁713。

「竹」、「蘭」、「菊」四君為喻，象徵君子的守死善道，見危致命，不因困頓顛沛而有絲毫移易，如同孔子勉人當「君子儒」，不當「小人儒」。〔註235〕士儒承接聖人教化，以「君子」作為立身的目標，意味著必須行事端正、堅決篤實，臨難絕不苟且避免。君子以志道據德為己任，以殺身成仁、舍生取義諸語自勉，故能以身殉道，不惜犧牲此生性命，進以樹立崇高的道德價值，創造出遺世獨立的不朽風範。

（三）人倫綱常

道德的存心與信念，就生命個體而言，是一種可以自足自得的存在，至於人倫或者綱常者，它更強調的是人與人之間的關係，身分與身分之間的互動，這樣的關聯定然牽涉到另一方，絕非獨立的生命個體所能淋漓盡致地表現出來，此時身分、角色的定位便顯得極為重要。〔註236〕舉個例子，以家庭的倫常關係來講，合父子雙方才能構成「父子倫」，合夫妻雙方才能構成「夫婦倫」。以政治的倫常關係來講，合君臣雙方才能構成「君臣倫」。若如本節第一小節所論及的「忠義」觀之，雖也講究人臣對人君或是對國朝盡忠的態度，看似所指涉的亦屬君臣彼此，然而曾子嘗謂：「夫子之道，忠恕而已矣。」朱熹注解曰：「盡己之謂忠」〔註237〕，是故，「忠義」或亦可視為生命個體「盡己」的品德。況且國已亡，君已歿，人臣便失去了盡忠的客體對象。換句話說，這時候已無任何外在的強制力量驅使或要求人臣必須盡忠故君與舊朝，是以「忠義」的概念側重於發自內心的道德自覺，換言之，忠義亦可視為人的內在德性，至於「倫常」似乎較側重在彼此（君與臣、父與子）之間的外在關聯，也就是說，人倫、倫常往往更為突顯雙向的互動性。〔註238〕

〔註235〕《論語》卷3〈雍也〉，宋·朱熹，《四書章句集注》，頁88。
〔註236〕楊中芳先生稱：「中國人喜歡用『角色』及自己對『角色』扮演的好壞來評價自己。說明中國人在看自己時，不一定將注意力集中在自身人格、感受的特性上，而是可能將注意力放在人際關係及自己在社會中所擔任的『角色』義務。」見氏著，〈回顧港、臺「自我」研究：反省與展望〉，引自楊中芳，高尚仁合編，《中國人、中國心：人格與社會篇》（臺北：遠流出版公司，1991年5月），頁31。
〔註237〕《論語》卷2〈里仁〉，宋·朱熹，《四書章句集注》，頁72。
〔註238〕錢穆先生稱：「中國人講人，不重在講個別的個人，而更重在講人倫。人倫是人與人相處有一共同關係的。要能人與人相處，纔各成其為人。若人與人過份分別了，便就無人倫。人倫是要人與人互相配搭而成的。」見氏著，〈中國人的性格〉，《從中國歷史來看中國民族性及中國文化》，頁23。

再論及「綱常」，「綱常」如同規範，但此規範乃源自人們自發性地貫徹德義，進而將道德顯揚於相應的人倫關係之中，綱常雖說與規範相類似，但絕非受他律的逼使，它完全出於人們自律性地主動意願，其目標在於維繫人倫關係的和諧與穩健。人倫關係之所以不容忽視，誠然在於它鞏固著人際的和諧性，人際先須和諧，禮義規範方能奏效。正如《易經》〈序卦傳・下篇〉所稱：「有天地，然後有萬物；有萬物，然後有男女；有男女，然後有夫婦；有夫婦，然後有父子；有父子，然後有君臣；有君臣，然後有上下；有上下，然後禮義有所錯。」〔註239〕由此蓋能探知人倫關係的穩健，對人類文化與社群結構而言，確實是不容或缺的關鍵因素。再就殉節議題論之，忠義、氣節雖說都是顯而易見的核心思想，但是人倫、綱常等觀念卻也是不容小覷的幕後推手。文天祥所說的「三綱實係命，道義爲之根」〔註240〕，便是把綱常的重要性與生命的意義價值同等看待，由此便不難推知宋季士儒深受人倫綱常觀念的影響是何其根深蒂固。

若從字義、語源探之，「人倫」者，或云「倫理」、「倫常」。「倫」字之義，東漢許慎《說文解字》稱：「倫，輩也。一曰道也。」清代段玉裁注曰：「〈小雅〉有倫有脊，《傳》曰：『倫道脊理也。』《論語》言中倫，包注：『倫，道也、理也。按粗言之曰道，精言之曰理。凡注家訓倫爲理者，皆與訓道者無二。』」〔註241〕「常」字之義，《說文解字》釋曰：「下帬也」段玉裁注曰：「引申爲經常字。」〔註242〕「理」字之義，《說文解字》釋曰：「治玉也」段玉裁注曰：「凡天下一事一物，必推其情至於無憾而後即安，是之謂天理，是之謂善治。此引伸之義也。」〔註243〕綜上所述，人倫者，便是人之道、人之理。人若捨棄是道是理，恐將光怪陸離、荒謬怪誕，最終亦恐將與人不類矣。人倫觀念始終爲儒家思想所關切及推崇，其中亦有就政治場域中的君臣關係加以談論或闡發之處，如下列之陳述：

> 子夏曰：「賢賢易色，事父母能竭其力，事君能致其身，與朋友交言而有信。雖曰未學，吾必謂之學矣。」〔註244〕

〔註239〕魏・王弼，晉・韓康伯注，唐・孔穎達疏，《周易正義》，卷9〈序卦傳・下篇〉，頁187～188。

〔註240〕宋・文天祥，〈正氣歌〉，《指南後錄》，見氏著，《文文山全集》，卷14，頁375。

〔註241〕東漢・許慎撰，清・段玉裁注，《說文解字》，頁376。

〔註242〕同前注，頁362。

〔註243〕同前注，頁15。

〔註244〕《論語》卷1〈學而〉，宋・朱熹，《四書章句集注》，頁50。

定公問：「君使臣，臣事君，如之何？」孔子對曰：「君使臣以禮，
臣事君以忠。」〔註245〕

齊景公問政於孔子。孔子對曰：「君君，臣臣，父父，子子。」公曰：
「善哉！信如君不君，臣不臣，父不父，子不子，雖有粟，吾得而
食諸？」〔註246〕

子路問事君。子曰：「勿欺也，而犯之。」〔註247〕

子曰：「事君，敬其事而後其食。」〔註248〕

子路曰：「不仕無義。長幼之節，不可廢也；君臣之義，如之何其廢
之？」〔註249〕

孔子認爲鞏固君臣關係，使之穩健和諧，此乃政治範疇中的重要項目，孔門
弟子承傳其教誨，故亦嘗申明恪遵君臣之義的重要性。對君臣父子之間，如
朱熹云：「此人道之大經，政事之根本也。」〔註250〕倫常關係從小者觀之，則
切關家庭氛圍；自大者審視之，則與國朝興廢攸關，著實不可不審愼看待，
故朱子之言亦屬中肯。中國傳統思想之中常聽聞的「綱常倫理」，「倫理」是
一種人與人之間和諧互益的相處模式。「綱常」則以「三綱」最爲彰顯，「三
綱」的稱謂盛行於漢代，較之「人倫」則略爲晚出。先秦儒家對人倫關係已
然有詳盡的闡發，據孟子所云：「人之有道也，飽食、煖衣、逸居而無教，則
近於禽獸。聖人有憂之，使契爲司徒，教以人倫：父子有親，君臣有義，夫
婦有別，長幼有序，朋友有信。」〔註251〕《中庸》稱：「君臣也，父子也，夫
婦也，昆弟也，朋友之交也：五者天下之達道也。」〔註252〕父子、君臣、夫
婦、長幼、朋友便是五倫，五倫關係裡頭的「君臣」、「父子」、「夫婦」等關
係即被漢儒界定爲三綱，且謂臣須以君爲綱，子須以父爲綱、妻須以夫爲綱。
三綱觀念是中國傳統思想中的一大核心，涉及家庭與政治等社群領域，尤其
又與儒家講究的人倫關係相互鎔鑄，對士儒立身處世之方針，存有不容小覷

〔註245〕《論語》卷2〈八佾〉，宋・朱熹，《四書章句集注》，頁66。
〔註246〕《論語》卷6〈顏淵〉，宋・朱熹，《四書章句集注》，頁136。
〔註247〕《論語》卷7〈憲問〉，宋・朱熹，《四書章句集注》，頁155。
〔註248〕《論語》卷8〈衛靈公〉，宋・朱熹，《四書章句集注》，頁168。
〔註249〕《論語》卷9〈微子〉，宋・朱熹，《四書章句集注》，頁185。
〔註250〕《論語》卷6〈顏淵〉，宋・朱熹，《四書章句集注》，頁136。
〔註251〕《孟子》卷5〈滕文公上〉，宋・朱熹，《四書章句集注》，頁259。
〔註252〕《中庸・二十章》，宋・朱熹，《四書章句集注》，頁28。

的引導作用。劉學智先生如此說道：「『三綱五常』一直被視爲在中國歷史上有重大持續影響的政治倫理原則和價值觀念，……『三綱五常』在歷史上有一個發生、發展和演變的過程，秦漢之際是其孕育和形成時期，宋元明是其強化、提升和高漲時期。」〔註253〕三綱觀念狹義地說並非是先秦儒家的原初義理，「三綱」被明確提出的時間點，蓋是肇因於漢儒董仲舒（179BC～104BC），而追溯「綱」之字義，《說文解字》釋曰：「綱，网紘也。」段玉裁注曰：「引申之爲凡維系之偁。」〔註254〕是以綱有維繫之意，維繫人倫以鞏固社群，此概念亦與儒家義理無所背離。但如果以儒家原始體系而言，「三綱」這樣的稱謂相較於孟子所提舉出的「人倫」，已然屬於晚出的語詞。

　　從先秦到漢代，三綱觀念的來源與演進誠然有跡可尋，如《荀子‧天論》所云：「若夫君臣之義，父子之親，夫婦之別，則日切瑳而不舍也。」〔註255〕《韓非子‧忠孝》嘗稱：「臣事君，子事父，妻事夫，三者順則天下治，三者逆則天下亂。此天下之常道也，明王賢臣而弗易也。」〔註256〕從荀子（約313BC～約238BC）到韓非子（約281BC～233BC）的闡述，君臣、父子、夫婦的關係，蓋已從「職份定位」演變成「主從關係」，稍稍可見其法家化的傾向。漢儒董仲舒，乃直接地稱君臣、父子、夫婦的倫常關係爲「三綱」，其間更融入陰陽家的思想，在貴陽賤陰的前提下〔註257〕，使「君臣」、「父子」、「夫婦」裡頭的主從關係得到進一步地強化。例如《春秋繁露‧深察名號》謂：「循三綱五紀，通八端之理」〔註258〕，《春秋繁露‧基義》曰：「陽兼於陰，陰兼於陽，夫兼於妻，妻兼於夫，父兼於子，子兼於父，君兼於臣，臣兼於君。君臣、父子、夫婦之義，皆取諸陰陽之道。」〔註259〕「天爲君而覆露之，地爲

〔註253〕劉學智，〈「三綱五常」的歷史地位及其作用重估〉，《孔子研究》第124期，2011，頁19。

〔註254〕東漢‧許慎撰，清‧段玉裁注，《說文解字》，頁662。

〔註255〕清‧王先謙撰，沈嘯寰，王星賢點校，《荀子集解》（北京：中華書局，1988年9月），卷11〈天論〉，頁316。

〔註256〕清‧王先慎撰，鍾哲點校，《韓非子集解》（北京：中華書局，1998年7月），卷20〈忠孝〉，頁466。

〔註257〕漢‧董仲舒稱：「陽氣出於東北，入於西北，發於孟春，畢於孟冬，而物莫不應是。陽始出，物亦始出；陽方盛，物亦方盛；陽初衰，物亦初衰。物隨陽而出入，數隨陽而終始，三王之正隨陽而更起。以此見之，貴陽而賤陰也。」語見氏著，清‧蘇輿撰，鍾哲點校，《春秋繁露義證》（北京：中華書局，1992年12月），卷11〈陽尊陰卑〉，頁324。

〔註258〕清‧蘇輿撰，鍾哲點校，《春秋繁露義證》，卷10〈深察名號〉，頁303～304。

〔註259〕清‧蘇輿撰，鍾哲點校，《春秋繁露義證》，卷12〈基義〉，頁350。

臣而持載之；陽爲夫而生之，陰爲婦而助之；春爲父而生之，夏爲子而養之；秋爲死而棺之，冬爲痛而喪之。王道之三綱，可求於天。」〔註260〕另外，《白虎通・三綱六紀》則這樣記載道：「三綱者，何謂也？謂君臣、父子、夫婦也。……故〈含文嘉〉（《禮緯・含文嘉》）曰：『君爲臣綱，父爲子綱，夫爲妻綱。』」〔註261〕三綱觀念的定型源自漢代，其中「君爲臣綱」的思想，配合大一統帝國的延續與中央集權政體的成形，儼然成爲中國傳統士儒所當依循的政治倫理，這同時也爲「君臣倫」訂定道德規範，確立了君爲主、臣爲從的普遍標準。好比張立文先生就將「三綱五常」稱爲「宗法社會最基本的倫理道德，也是維護宗法等級秩序的重要支柱。」〔註262〕宗法是一種社群組織，小從家庭、大至家族，其間同時存有政治導向以及階層區分等特質，在如此縝密複雜的社群結構裡面，綱常倫理之於人際間的協調，往往扮演著舉足輕重的角色。此外，劉學智先生亦有以下的稱述：

> 漢代儒學有兩個顯著的特點，一是儒學被經學化，而經學化後的一個重要表現就是通過解釋經典的所謂「微言大義」而使儒學政治化；二是儒學與陰陽、道、法、名諸家思想相結合，這種結合導致的直接後果，這是使儒學更趨於實用。政治化與趨於實用之集中表現，就在於「三綱五常」這一政治倫理原則的提出。〔註263〕

> 三綱五常概念的形成，說明漢儒把自孔孟以來內容複雜、歧義雜出的儒家人倫道德觀念，逐漸凝煉、昇華爲一個核心價值觀念，這既抓住了漢儒政治倫理的實質，又便於實施和記憶，人們亦常將此稱爲「綱常名教」，並且也在社會生活中實際地發生了作用。〔註264〕

政治場域中的兩種重要身份，一則爲天子，也就是君；一則爲公卿、大夫、士階層等百官職屬，也就是臣。《荀子・禮論》稱：「郊止乎天子，而社止於諸侯，道及士大夫」〔註265〕正是點明了朝廷裡頭的核心職份。雖說在君主專制政權底下，天下是一家一姓所擁有，但單憑君主一己之力或是同姓宗族之

〔註260〕同前注，頁351。
〔註261〕清・陳立撰，吳則虞點校，《白虎通疏證》（北京：中華書局，1994年8月），卷8〈三綱六紀〉，頁373～374。
〔註262〕張立文，《朱熹評傳》（南京：南京大學出版社，1998年12月），頁487。
〔註263〕劉學智，〈「三綱五常」的歷史地位及其作用重估〉，頁19。
〔註264〕同前注，頁22。
〔註265〕清・王先謙撰，沈嘯寰，王星賢點校，《荀子集解》，卷13〈禮論〉，頁350。

力，蓋無法好整以暇地治理天下，是故需要臣子替君主分憂解勞，讓士階層與國君共治天下。先秦時期的儒家思想強調，士階層「仕」之目的與重心非只是爲君主服務，其背後仍有「道尊於勢」、「從道不從君」的前提。然而先秦以降的大一統政權中，士儒對君主的態度卻不完全如此，大體而言臣子心目中確實有理想的「道」，並且時常勇於以此提點與勸勉國君，但是至少在態度上大多以恭敬溫順爲原則，如《荀子・君道》記載：「請問爲人臣？曰：『以禮待君，忠順而不懈。』」〔註266〕這樣的君臣相處方式是中國古代政壇上的主流，如孟子所說：「說大人，則藐之，勿視其巍巍然。」〔註267〕的情況相對而言，其實算不上是多見。以南宋末年視之更是如此，宋理宗（1205～1264）當政的時候，朝政敗壞，屢爲姦佞群小把持。蒙元雄師連連侵略，而宋軍卻只能節節敗退，眼見國將不國，覆滅就在頃刻之間。縱使勢已至此，然在「君使臣以禮，臣事君以忠」〔註268〕的既定情況之中，或是受「主憂臣勞，主辱臣死」〔註269〕這類忠君思想的影響，彼忠臣賢士等，雖上疏進諫者眾多，而忤逆抗旨、觸犯聖顏者卻鮮少。宋代君臣大致能和諧相處的一部分原因，應該歸功於宋朝君主對儒臣的禮遇與尊重，另一部分原因蓋與「君爲臣綱」這樣的忠君思想脫離不了關係。

「三綱」或「五常」等觀念頗受宋儒重視與提倡，加諸理學家竭力發揚儒家義理，以及書院蓬勃發展等因素的影響所及，所以「人倫綱常」的價值地位，便能夠獲取絕佳的重建契機。綱常觀念雖完備於漢代，然卻幾經歷史劇變的襲捲，或飽受外族入侵的侵擾，也曾一度湮沒晦暗，直至宋代才重現光明。〔註270〕程頤嘗稱：「君不君，臣不臣，故藩鎮不賓，權臣跋扈，陵夷有

〔註266〕清・王先謙撰，沈嘯寰，王星賢點校，《荀子集解》，卷8〈君道〉，頁232。

〔註267〕《孟子》卷14〈盡心下〉，宋・朱熹，《四書章句集注》，頁373。

〔註268〕《論語》卷2〈八佾〉，宋・朱熹，《四書章句集注》，頁66。

〔註269〕先秦・左丘明撰，吳・韋昭注，《國語》〔下冊〕（上海：上海古籍出版社，1988年3月），卷21〈越語下〉，頁658。另見漢・司馬遷撰，（日本）瀧川龜太郎考證，《史記會注考證》，卷41〈越王句踐世家〉，頁657。

〔註270〕劉學智先生稱：「經過魏晉隋唐時期的低迷，隨著社會矛盾的激化，到五代時期，社會動亂，禮樂崩壞，於是人們對『三綱五常』的價值有了新的認識，對其社會作用有了較爲迫切的期待，所以由此時起以迄宋代，講『三綱五常』者便逐漸多起來。……由於理學家的極力推崇和在理論上的進一步提升，『三綱五常』的命運有了很大的變化，成爲封建社會後期人倫道德的基本原則和維繫社會穩定的政治倫理綱領。」語見氏著，〈「三綱五常」的歷史地位及其作用重估〉，頁27。

五代之亂。」〔註271〕便是強調人倫綱常的不容或缺。南宋大儒朱熹之於「三綱五常」思想亦多有闡發，《論語・爲政》記載：「子張問：『十世可知也？』子曰：『殷因於夏禮，所損益，可知也；周因於殷禮，所損益，可知也；其或繼周者，雖百世可知也。』」朱熹對此段注曰：「馬氏（融）曰：『所因，謂三綱五常。所損益，謂文質三統。』愚按：三綱，謂：君爲臣綱，父爲子綱，夫爲妻綱。五常，謂：仁、義、禮、智、信。……三綱五常，禮之大體，三代相繼，皆因之而不能變。」〔註272〕又稱：「三綱、五常，亘古亘今不可易。」「所因之禮，是天做底，萬世不可易。」「所因，謂大體；所損益，謂文爲制度，那大體是變不得底。雖如秦之絕滅先王禮法，然依舊有君臣，有父子，有夫婦，依舊廢這箇不得。」〔註273〕家庭以父子夫婦爲成員，若無此人倫關係則未足以成爲家庭，而父子夫婦間若不知和睦共處，家庭結構恐將破碎動搖。朝廷則是以君臣爲主軸，君臣若不能和諧地共治天下，政治勢必難以運作，政策亦必難以暢行。君臣、父子、夫婦謂之人倫，人倫關係必須憑藉綱常加以維繫和鞏固，所以「三綱五常」的觀念相應產出，宛如絲蘿附於喬木，捨棄綱常則人倫恐將無所倚仗。朱熹認爲「三綱五常」實乃「因之而不能變」、「萬世不可易」之大體，誠然是殫精竭慮地切中其旨。

忠君思想、君爲臣綱等概念的強化以及趨於絕對性，這在宋季儒臣的殉節行爲之中是得以被觀察出來的現象，舉宋季殉節義士袁鏞〔註274〕（？～1276）所言爲例，其言云：「所貴乎士者，以有義焉耳。天下之勢，殊未可遏。夫生爲宋臣，死則宋鬼，顧吾寸兵尺地，不能捍衛以固社稷，得仗義執言，從常山睢陽于地下，不失爲宋臣足矣！」〔註275〕君臣關係是政治場域裡的人倫關係，這樣的人倫關係之中必然牽涉到彼此的分際與職分，換言之，凡處在群體關係與階層管理等場域，本固需要以職分、本分來作爲彼此間的行爲準則。《荀子・富國》嘗曰：「救患除禍，則莫若明分使羣矣。」「無分者，人之大害也；有分者，天下之本利也。」「兼足天下之道

〔註271〕宋・程顥，宋・程頤著，《河南程氏遺書》卷18〈伊川先生語四〉，引自氏等著，王孝魚點校，《二程集》，頁236。

〔註272〕《論語》卷1〈爲政〉，宋・朱熹，《四書章句集注》，頁59。

〔註273〕宋・朱熹，〈論語六・爲政篇下・子張問十世可知章〉，宋・黎靖德編，王星賢點校，《朱子語類》，卷24，頁595。

〔註274〕詳見清・萬斯同，《宋季忠義錄》，卷8〈袁鏞傳〉，頁9。

〔註275〕清・陸心源，《宋史翼》卷32〈袁鏞傳〉，頁3。引自《宋代傳記資料叢刊》，20冊，頁289。

在明分」〔註276〕《荀子・君道》亦稱：「明分達治而保萬世」〔註277〕觀袁
鏞「生爲宋臣，死則宋鬼」、「從常山睢陽于地下，不失爲宋臣足矣」等語
何其壯烈。王應麟對袁鏞亦有「袁公烈丈夫，獨立東南方」、「忠烈動天地，
游魂爲國殤」〔註278〕等贊語。就袁鏞的觀點來析論，他無非已把忠義視爲
人臣的職分，並且認定人臣既承蒙君恩，領受朝廷慶賞與俸給，國之猶存，
人臣就該當鞠躬盡瘁，死而後已。國朝倘若覆滅，人臣也應當仗義守節，
不事二主。

　　宋遺民對人倫綱常的看重亦可在其詩歌文章當中探知，如鄭思肖〈早年
遊學泮官記〉稱道：「子曰：『吾志在《春秋》，行在《孝經》。』《春秋》尊王
之經，《孝經》事君親之書，此二者明人倫之大法，獨吾夫子化而大之，所以
爲大聖人。」〔註279〕〈苦懷六首・其五〉云：「我命而爲人，形異禽獸生；所
以異者何？不越綱常行。」〔註280〕〈勵志二首〉云：「後有董狐筆，當嚴於載
記；爰以明人倫，永使勿顚墜。」「大哉天地經，森然不可踰；聖人治天下，
綱常安厥居。」〔註281〕〈五忠詠・制置李公芾〉云；「舉家自殺盡忠臣，面仰
青天哭斷聲；聽得北人歌裏唱，潭州城是鐵州城。」〔註282〕〈六礪三首・其
三〉云：「操得南音類楚囚，早期戮力復神州；須知鐵鑄忠臣骨，縱作微塵亦
不休。」〔註283〕《心史・久久書》則謂：「『忠孝乃本分事，一毫悖謬，爲大
惡人』，父授我語也。吾父立節剛潔，見理極明，苟在，逆知必死於此賊。又
母氏教以『唯學父爲法』，極拳拳，深望中興事，期我大有爲當世。若不殄逆
類，炳炎圖，是違父母遺訓，爲不孝子，詎不大逆！生爲吾大宋之民，生爲

〔註276〕清・王先謙撰，沈嘯寰，王星賢點校，《荀子集解》，卷6〈富國〉，頁176、
　　　　頁179、頁183。
〔註277〕清・王先謙撰，沈嘯寰，王星賢點校，《荀子集解》，卷8〈君道〉，頁238。
〔註278〕宋・王應麟，〈悼袁進士鏞詩〉，見氏著，清・翁元圻注，《翁注困學紀聞》〔附
　　　　錄〕，卷5，頁47。
〔註279〕宋・鄭思肖，〈早年遊學泮宮記〉（一名〈儒家大義〉），《鄭所南先生文集》，
　　　　見氏著，陳福康校點，《鄭思肖集》，頁278。
〔註280〕宋・鄭思肖，〈苦懷六首・其五〉，《心史・中興集》，見氏著，陳福康校點，《鄭
　　　　思肖集》，頁49。
〔註281〕宋・鄭思肖，〈勵志二首・其一〉、〈勵志二首・其二〉，《心史・中興集》，見
　　　　氏著，陳福康校點，《鄭思肖集》，頁58～59。
〔註282〕宋・鄭思肖，〈五忠詠・制置李公芾〉，《心史・大義集》，見氏著，陳福康校
　　　　點，《鄭思肖集》，頁38～39。
〔註283〕宋・鄭思肖，〈六礪三首・其三〉，《心史・中興集》，見氏著，陳福康校點，《鄭
　　　　思肖集》，頁75。

吾父母之子，實一世良遇也。倏遭潰洞，腥汗社稷，淚盡心破，安敢有生！當與賊大決一勝，終其為人臣人子之道。」〔註284〕鄭氏認為人臣理應恪遵倫理、篤守綱常，以盡忠愛國為自家本分，責無旁貸，務必使得耿耿忠心堅不可摧，宛若鐵鑄之骨。並且以實踐父母遺訓自勉，篤定中興滅賊的決心意念，希冀善盡為人臣、為人子的忠孝之道。

另外，龔開曾這麼說道：「數關天地人何預，分在君臣理可無。」〔註285〕蓋天地造化萬物的功效如此宏偉奧妙，人類居處於天地之間，將何以能與天地相提並論？龔氏認為人臣若能謹守君臣分位、恪遵綱常義理，那麼便無愧於與天地共處，人遂能與天地同列為三才。熊禾嘗稱：「周東遷而夫子出，宋南渡而文公生。世運升降之會，天必擬大聖大賢以當之者，三綱五常之道所寄也。」〔註286〕熊氏既以「三綱五常」為聖賢傳授的至德要道，足見綱常義理之於人倫秩序的不可或缺。再觀宋遺民王應麟，乃以《易》之卦象闡述君臣分際，其言云：「古者君臣之際，分嚴而情通。上天下澤，履，其分嚴也。山上有澤，咸，其情通也。不嚴，則為未濟之三陽失位。不通，則為否之天下無邦。」〔註287〕又稱：「臣無二心，天之制也。此天下名言，萬世為臣之大法。」〔註288〕諸如上述，人臣盡忠乃是義所當趨，同時也是份所當為，因而人臣對人君絕不可懷有二心。「分嚴」乃就認知面論述，王應麟以「履卦」釋其義，據《周易》〈履卦・象辭〉所載：「上天下澤，履；君子以辯上下，定民志。」〔註289〕這意味著君臣倫理所具備的尊卑從屬關係，人臣對君主必須盡忠，未可逾越本分或是貳心叛離。「情通」乃就情感面論述，王應麟以「咸卦」釋其義，《周易》〈咸卦・象辭〉載曰：「山上有澤，咸；君子以虛受人。」〔註290〕這意味著君臣之間懷抱虛心以

〔註284〕宋・鄭思肖，《心史・久久書》，見氏著，陳福康校點，《鄭思肖集》，頁106～107。

〔註285〕宋・龔開，〈悼陸君實〉，引自明・程敏政，《宋遺民錄》卷10〈悼陸君實〉，頁17。參照《宋代傳記資料叢刊》，27冊，頁656。

〔註286〕宋・熊禾，〈考亭書院記〉，《勿軒集》卷3，頁1。引自清・永瑢，紀昀等編，《景印文淵閣四庫全書》，1188冊，頁777。

〔註287〕宋・王應麟撰，〈易〉，見氏著，清・翁元圻注，《翁注困學紀聞》，卷1，頁5。

〔註288〕宋・王應麟撰，〈左氏〉，見氏著，清・翁元圻注，《翁注困學紀聞》，卷6，頁373。

〔註289〕魏・王弼，晉・韓康伯注，唐・孔穎達疏，《周易正義》，卷2〈履卦・象辭〉，頁40。

〔註290〕魏・王弼，晉・韓康伯注，唐・孔穎達疏，《周易正義》，卷4〈咸卦・象辭〉，頁82。

相互感通，情感和諧而無所隔閡。宋季殉節身亡的人臣，就他們的想法來看，遭逢朝廷危急之際，則臨危受命，不求苟免於難。社稷一旦不保，人臣果敢地與國朝相始終，與君主共存亡，寧可仗義殉節以表明意向，亦不願降敵反叛以求苟活，這便是人臣所當明之「分嚴」，而此「分嚴」發顯的背後或許也融入了君臣之間的情感，如此便難以與「情通」斷然二分。「分嚴」、「情通」等概念既協調了君臣關係，同時也為人倫綱常的穩健，奠定了堅不可摧的基石。

　　文天祥《指南錄‧後序》嘗云：「嗚呼！予之生也幸，而幸生也何所為？求乎為臣，主辱臣死有餘僇。」〔註291〕而其〈揚子江〉云：「幾日隨風北海游，回從揚子大江頭；臣心一片磁針石，不指南方不肯休。」〔註292〕其於〈謝丞相〉中稱：「偶遭際於聖明，獲僥倖於科第。君恩天大，若為報稱之圖。流俗波頹，常有激昂之志。當前年之赴闕，適強寇之臨江。親見主憂之時，不勝臣辱之義。」〔註293〕〈正氣歌〉有云：「三綱實係命，道義為之根。」〔註294〕〈題蘇武忠節圖‧其一〉云：「生平愛覽忠臣傳，不為吾身亦陷車。」〈題蘇武忠節圖‧其三〉云：「鐵石心存無鏡變，君臣義重與天期。」〔註295〕據上所述，知悉文天祥恪遵君臣之義，從入仕、勤王、授命，直到兵敗、囚處、殉節，無論處在何種艱困的境地，他始終不忘將忠義落實於君臣分際裡頭。君主倘能賞識臣子，於國朝臨危之時託付以重責大任，那麼為人臣者便致身效命以回報君主禮敬之恩德。換言之，君與臣雙方，若君待臣以禮敬，則臣事君以忠義，為人臣者甚至願意犧牲性命，進以體現「君為臣綱」的實質意義，人臣無懼於死亡，只惟恐辜負君主的厚望。觀文天祥的政治生涯便是這般刻骨銘心的歷史印證，文天祥畢生篤信忠義、固守綱常，慷慨赴死而無怨悔，雖身受殺戮地死於非命，卻遺留下卓越崇高的精神象徵、忠義貞節的風骨典範，同時也樹立起明朗無瑕的道德人品。以文天祥殉節的事例觀之，吾人或可做以下的設想：那就是若從宋季仁人志士的視域來進行理解，彼輩蓋認為君臣之間確實存在著一種從屬關係，也因此大略贊同「主憂臣勞，主辱臣死」

〔註291〕宋‧文天祥，《指南錄‧後序》，見氏著，《文文山全集》，卷13，頁313。
〔註292〕宋‧文天祥，〈揚子江〉，《指南錄》，見氏著，《文文山全集》，卷13，頁343。
〔註293〕宋‧文天祥，〈謝丞相〉，《文集》，見氏著，《文文山全集》，卷7，頁164。
〔註294〕宋‧文天祥，〈正氣歌〉，《指南後錄》，見氏著，《文文山全集》，卷14，頁375。
〔註295〕宋‧文天祥，〈題蘇武忠節圖‧其一〉，《指南錄》，見氏著，《文文山全集》，卷13，頁347。同書，〈題蘇武忠節圖‧其三〉，頁347。

〔註296〕這樣的忠君觀念，然其間的緣故擬推與宋朝禮敬士大夫的態度存有莫大的聯結性。此外，謝枋得嘗曰：「三綱四維一旦斷絕，此生靈所以爲肉爲血，宋之所以暴亡不可救也，豈非後車之明鑒乎！忠臣論事，必識大體；君子取人，先觀大節。」〔註297〕足見謝氏對綱常倫理的重視，此外，謝氏又有詩云：「萬古綱常擔上肩，脊梁鐵硬對皇天」「雪中松柏愈青青，扶植綱常在此行」〔註298〕，有文曰：「爲人臣，止於忠。」「君臣之義，不可廢也。」「忠臣不仕二君，……謝某不失臣節，視死如歸也。」〔註299〕謝枋得曾著述說明自己願意不食而求死的動機，除卻效尤前賢的氣節操守之外，其目的亦在「可以愧天下萬世爲臣不忠者」〔註300〕。我們不妨作此設想，如果說「仕」是中國古代知識份子的權利的話，那麼相對而言，「忠」就是身爲人臣所當盡的義務，是以必須篤守君臣之義，遭逢改朝換代之際，也能夠表現出不仕二君、不失臣節的堅決立場。這般想法與所謂「守死善道」〔註301〕「忠臣死忠，孝子死孝，正是自然之理」〔註302〕的概念亦屬一致。

就文、謝之疇等宋季殉節者的角度看來，人臣盡忠乃是份所當爲，人臣盡忠義、守氣節，則雖死亦是心安理得；人臣事二主、得祿位，則雖活猶然難辭其咎。殉節義士不廢綱常義理，不惜以身殉道，以死節的行動固守君臣倫理，彼等行誼於史籍文獻當中班班可考。此外，宋遺民們對於綱常觀念，亦有諸多的稱述與讚頌，王應麟嘗謂：「彼黍離離，故家與國升降。雖然，義理在人心，萬古不磨；綱常在宇宙，億世不泯。……言良貴者不以人爵，言不朽者不以世祿，修其在我而已。」〔註303〕人爵、世祿終有窮盡的時候，即使富甲天下、權傾一時，但終究無法長存不滅。人倫綱常則

〔註296〕宋・王應麟亦嘗援引晉簡文帝〈詠庾闡詩〉云：「志士痛朝危，忠臣憂主辱」以闡明「主憂臣勞，主辱臣死」這類的忠君思想。詳見氏著，〈攷史〉，引自氏著，清・翁元圻注，《翁注困學紀聞》，卷13，頁723。

〔註297〕宋・謝枋得，〈上程雪樓御史書〉，《疊山集》，卷4，頁3。

〔註298〕宋・謝枋得，〈和曹東谷韻〉，《疊山集》，卷2，頁3。同書，卷2〈初到建寧賦詩一首〉，頁5。

〔註299〕宋・謝枋得，〈上程雪樓御史書〉，《疊山集》，卷4，頁4。同書，卷4〈上丞相留忠齋書〉，頁5。同書，卷4〈與參政魏容齋書〉，頁12。

〔註300〕宋・謝枋得，〈與參政魏容齋書〉，《疊山集》，卷4，頁13。

〔註301〕《論語》卷4〈泰伯〉，宋・朱熹，《四書章句集注》，頁106。

〔註302〕清・陳確，〈答龔化疑問〉，《陳確集》〔上冊〕，卷15，頁373。

〔註303〕宋・王應麟，〈戴氏桃源世譜序〉，《深寧文鈔摭餘編》〔《翁注困學紀聞》附錄〕，卷1，頁37。

不然，綱常義理是中華文化中頗具淵源的道德思想，它更是士儒精神的積極發顯。人倫綱常的存在，不因曲高而不鳴，未因幽微而湮滅，它發端於良知德性，修其在我，不為外力所侵奪。《心史》的作者鄭思肖也這麼說道：「曰《心史》，毋乃僭乎！夫天下治，史在朝廷；天下亂，史寄匹夫。史也者，所以載治亂、辨得失、明正朔、定綱常也。」〔註304〕除此之外，他甚至將三綱五常當成書寫為文時必須遵循的首要宗旨，鄭氏稱：「文者，三綱五常之所寄也，舍是匪人也，又奚文之為哉？」〔註305〕這樣的文學觀與孔子的觀點頗能會通，如《論語・學而》所記載：「子曰：『弟子入則孝，出則弟，謹而信，汎愛眾，而親仁。行有餘力，則學文。』」〔註306〕孔子揭示出「行先於文」的觀點，蓋君子處世立身，首先必須審視自己的行動是否得宜妥善，妥善與否的標準便是以道德綱常作為前導，至於文才、文采等則列居次要地位，故謂行有餘力則可為之。儒家所教人的行動範式，便是孝、弟、仁、愛、信等道德綱領，對故宋殉節者或者遺民而言，亦是彼輩對君臣之義的徹底體現。關於人倫綱常，鄭思肖引其先君子之語所述如下：

> 古未嘗有所謂文也，惟古聖賢心正、身修、德備、行粹，凡見於興居、踐履、揖遜、問答之間，無非至文之文，安事章句乎？……行者，本也；文者，末也。有行而無文，不失為君子；有文而無行，終歸於小人。行者匪他，三綱五常是也。……汝欲為文，必本之《六經》，立身三綱五常之大，……縱觀諸子、諸史、百家之說，養其氣質，老其才智，秉正大之論，揭大經大法弘播天下，一舉斯民，同歸三綱五常之大，始無媿於為文。〔註307〕

宋儒極重視人倫綱常，以綱常規範自身於國朝之中所應恪守的本分，在君主禮敬臣子的情況下，即君為臣綱，是以人臣未當忽略君臣之義，或是於國朝危殆傾覆之時見異思遷，凡違背忠義、事於二主便已不符合綱常之道。明代程敏政稱：「吾嘗見前代亡國之君，暴虐備至，其臣有骿首就戮，甘九死而不悔，……誠以君臣之義截然有定，而秉彝好德之良心不容已也。然亦有以其綱常之身，與其君父之國委而與人，以偷生苟活，倖富貴於一時，

〔註304〕宋・鄭思肖著，《心史・總後敘》，氏著，陳福康校點，《鄭思肖集》，頁196。
〔註305〕宋・鄭思肖著，《心史・自序》，氏著，陳福康校點，《鄭思肖集》，頁3。
〔註306〕《論語》卷1〈學而〉，宋・朱熹，《四書章句集注》，頁49。
〔註307〕同註305。

且自以爲得計者。」〔註308〕人臣恪遵綱常的原因，並非出自外力的制約，而是起源於己身自動自發的意願，平日涵養內化，忠義氣節的精神沛然充斥，日隱而不現、日用而不知，到了緊要關頭的時候，德性良心遂自然而然地表露呈現，於是可知綱常之道誠然無所虛妄也。觀程氏對宋季殉節義士贊曰：「靖康之末，忠臣義士死者接踵，又相與維持立國至於百五十年之久。國亡主執，而猶有如文丞相者，挺然以其綱常之身，百折不屈，就死如歸，以明大義於天下後世。」〔註309〕又對寧願處於貧賤，而義不仕元的故宋遺民贊曰：「方其運去物改之後，徬徨徙倚於殘山剩水間，孤憤激烈，悲鳴長號，若無所容其身者，苟可容力就白刃以不辭。環而視之，非不自知其身滄海之一粟也，而綱常繫焉，故寧爲管寧、陶潛之貧賤而不悔者，誠有見夫天理民彝之不可泯也。」〔註310〕人臣以盡忠爲其職分，重乎人倫、守乎綱常，國朝既亡，不事二主以干祿，不處二朝以求榮，不因一時之富貴而偷生苟活。蓋忠者僅因人臣本分便矢志維繫綱常，義士憑藉人倫規範而徹底踐履道義。忠義之士，彼身坦然無愧於人倫綱常，固可謂綱常之身矣。至於降敵求生，賣主求榮的人，一來既喪其品德、泯其良心，二來亦無視君臣之義與綱常倫理。

然而，對「絕對忠君思想」、「君爲臣綱」這類的觀念，吾人似乎可以再作省思，君臣關係的政治結構雖有其向心層面，同時也具有離心層面。畢竟孔子「君君、臣臣」的說法並無預設的從屬關係，「君使臣以禮，臣事君以忠」揭示出人臣「盡忠」端視君主是否能「循禮」，這是一種「相對」的「忠君思想」，對君主非是絕對與無條件地盡忠與服從。至於孟子所謂：「君之視臣如手足，則臣視君如腹心；君之視臣如犬馬，則臣視君如國人；君之視臣如土芥，則臣視君如寇讎。」〔註311〕亦是一種有條件的忠君思想，其間的君臣的從屬關係不完全是向心的層面，然而「主憂臣勞，主辱臣死」、「君爲臣綱」這樣的觀點，向心的意味卻相當鮮明，甚至昭示著一種無條件的忠君思想。至清儒黃宗羲曰：「小儒規規焉，以君臣之義，無所逃于天地之間」〔註312〕

〔註308〕明・程敏政，《宋遺民錄・序》，頁1。引自《宋代傳記資料叢刊》，27冊，頁376。
〔註309〕同前注，頁377。
〔註310〕同前注，頁377～378。
〔註311〕《孟子》卷8〈離婁下〉，宋・朱熹，《四書章句集注》，頁290。
〔註312〕清・黃宗羲，〈原君〉，《明夷待訪錄》（臺北：臺灣中華書局，1965年11月），頁2。

則展現出君臣關係之間的離心層面，同時也是對「君爲臣綱」這類含有政治取向，以及爲君主服務所建構出的觀念，提出深刻的反思與強烈的批判。

第二節　出仕或隱逸

一、仕與隱的涵義

　　仕與隱的議題始終圍繞在士儒與政權的分合之間，成爲士儒面對政局的兩種截然不同的行動取向，「仕」所代表的是士儒對政治的積極參與，「隱」所象徵的是士儒對政治的迴避與疏離。劉紀曜先生稱：「仕與隱的抉擇或困境，是自春秋時代以來，許多中國知識分子共同面對的一大難題。其中，儒者——以孔子爲典範——懷抱道德與政治理想而出仕經世的努力與挫折，以及懷道遁世的隱者在社會上所受崇高禮敬，是中國政治文化（Political Culture）的兩大特色，亦可謂兩個極端。」〔註 313〕仕是儒者在政治場域裡的進路，儒者有其淑世胸襟，且得以藉由仕途實踐其政治理想，「仕」的訴求因而常與儒者的人生道路相互結合，儼然成爲其生命旅程中的重要選項。子路嘗稱：「不仕無義。長幼之節，不可廢也；君臣之義，如之何其之？欲潔其身，而亂大倫。君子之仕也，行其義也。」〔註 314〕表達了儒者對「仕」的主動意願。子夏則稱：「仕而優則學，學而優則仕」此段朱熹注曰：「仕而學，則所以資其仕者益深；學而仕，則所以驗其學者益廣。」〔註 315〕蓋知「仕」與「學」得以相輔相成。孔子授受弟子，培養道德、嫻熟六藝以「修己」，或者勉勵弟子於學有所成後，步向仕途，爲政以「安百姓」。《論語》有如下的記載：

> 子路、曾晢、冉有、公西華侍坐。子曰：「以吾一日長乎爾，毋吾以也！居則曰：『不吾知也！』如或知爾，則何以哉？」子路率爾而對曰：「千乘之國，攝乎大國之間，加之以師旅，因之以饑饉，由也爲之，比及三年，可使有勇，且知方也。」（求）對曰：「方六七十，如五六十，求也爲之，比及三年，可使足民。如其禮樂，以俟君子。」……（赤）對曰：「非曰能之，願學焉！宗廟之事，如會同，

〔註 313〕劉紀曜，〈仕與隱——傳統中國政治文化的兩極〉，引自黃俊傑編，《理想與現實》，頁 291。

〔註 314〕《論語》卷 9〈微子〉，宋・朱熹，《四書章句集注》，頁 185。

〔註 315〕《論語》卷 10〈子張〉，宋・朱熹，《四書章句集注》，頁 190。

端章甫，願爲小相焉。」……子曰：「宗廟會同，非諸侯而何？赤也

爲之小，孰能爲之大？」〔註316〕

根據上述或可擬推，一者、孔子未見用於當世，遂立教於洙泗，然其對弟子的仕途卻樂觀其成，未持反對的態度，有時甚至勉勵弟子於仕途應有當仁不讓的自信與決心。二者、孔門弟子例如：子路、冉有、公西華（509BC～？）等賢，大抵抱持著政治理想，並且以積極進取的態度看待仕途以及自我砥礪。此見儒家思想特質，除卻尊德問學以外，於政事範疇亦未嘗偏廢。又如清儒王夫之稱：「君子之大事，在仕與隱。仕隱者，君子之生死也。」〔註317〕仕與隱的議題看似僅是二元的單純選項，實則卻是個複合式的困難抉擇，它伴隨著許多的背景因素，例如：儒者對朝代政權正統性的認可與否，君臣關係的緊張性等等。此外，儒者之仕又伴隨著彼輩對自我的要求與期許，對長治久安、聖王美政的企盼，以及對國族蒼生的情懷和民胞物與的精神。綜上所述，儒者浮沉於宦海，或平步青雲、或如履薄冰，有畢生平步於仕途者，有終其一生無意魏闕、退隱江湖者，有身在江湖、心存魏闕者，有應時而仕、因勢而隱者，仕與隱的抉擇情況通常因人而異，未可一概而論。王夫之接著說道：「方仕而隱，伸而必屈也，而唯己自屈，物不能屈焉。方隱而仕，伸其所屈也，而唯己自伸，物不能伸焉。有可以仕，有不可不仕；有可以隱，有不可不隱。持之以大貞而存其義，酌之以時宜而知其幾。……終身守之，俄頃決之，皆存乎一心。」〔註318〕歷史上每位儒者對仕與隱的抉擇方向，就結果而論固然有所差別，然就過程而言，則須以貞義作爲秉持的原則，以斟酌時宜作爲去取之參考，在面對自身深思熟慮過後的選擇，亦須毅然決然地予以貫徹踐履，但求問心無愧以及義無反顧。關於仕與隱的取捨，儒者可資參酌的原則及要點，前賢或先儒已有詳實的探論，誠如以下所述：

陳子曰：「古之君子何如則仕？」孟子曰：「所就三，所去三。迎之致敬以有禮，言將行其言也，則就之；禮貌未衰，言弗行也，則去之。其次，雖未行其言也，迎之致敬以有禮，則就之；禮貌衰，則去之。其下，朝不食，夕不食，飢餓不能出門戶。君聞之曰：『吾大

〔註316〕《論語》卷6〈先進〉，宋・朱熹，《四書章句集注》，頁129～130。

〔註317〕清・王夫之著，舒士彥點校，《宋論》，卷14〈理宗〉，頁245。

〔註318〕同前注。

者不能行其道，又不能從其言也，使飢餓於我土地，吾恥之。』周之，亦可受也，免死而已矣。」〔註319〕

子夏貧，衣若縣鶉。人曰：「子何不仕？」曰：「諸侯之驕我者，吾不為臣；大夫之驕我者，吾不復見。」〔註320〕

夫仰祿之士猶可驕也，正身之士不可驕也。彼正身之士，舍貴而為賤，舍富而為貧，舍佚而為勞，顏色黎黑而不失其所，是以天下之紀不息，文章不廢也。〔註321〕

君子之道，仕者其義也，隱者其常也，知仕則知隱矣。故君子之仕，其道非一，而要皆以可於心者為可於道，則一也。天下待以定，民待以安，君待以正，道誠在己，時不可違，此其不可不仕者也。……其次，則天下已治安矣，出而無以大異於出也，而君以誠求，賢以彙升，治以贊襄而益盛，則義在必仕而時順之，雖可以隱弗隱也。……其次，則治與亂介，而國是未定；賢與姦雜，而流品未清；君子急將伯之呼，小人深測目之妒，可弗仕也。……其下，則君昏而不察，相姦而不容，懷悲憤以愍顛隮，忤權臣而爭邪正，於是斥之、罷之、竄之、逐之，乃至於誣以罪罟，羅以朋黨，而伏屍於都市，此誠不可仕矣。〔註322〕

由上述諸例觀之，君子考量仕與隱的選擇點的時候，顧慮的往往是朝廷內部的情況，所關注的焦點坐落在朝政是否清明，君主是否能明辨忠姦善惡、禮賢下士，其他的朝臣是否能忠純耿介。朝廷內部一旦遭逢君主昏闇，伴隨而來的姦邪當道，逼使忠賢之士退黜，懷才之儒見逐，面臨如此情勢，縱使外患偃旗息鼓而邊防武備穩健，儒者亦寧可隱逸於山林田野之間。反之，朝廷若無嚴重的內憂問題，即便外敵環伺，君子仍可依據個人意願參與政治事務。若成，則挽救國族於傾頹危急之際。若敗，則義無反顧地與國族共赴苦難。這般宏偉的胸襟正如王夫之所云：「志誠貞而憂患誠不能以中輟，則出入於風波之中，而猶可不為之葸退，固志士之自命者然也。……業已在位，無可避之鈇鉞，……而勿為挾全軀保妻子之謀，以引身佚處。仕與死相因，死不可

〔註319〕《孟子》卷12〈告子下〉，宋・朱熹，《四書章句集注》，頁347。
〔註320〕清・王先謙撰，沈嘯寰，王星賢點校，《荀子集解》，卷19〈大略〉，頁513。
〔註321〕清・王先謙撰，沈嘯寰，王星賢點校，《荀子集解》，卷20〈堯問〉，頁551。
〔註322〕清・王夫之著，舒士彥點校，《宋論》，卷14〈理宗〉，頁245。

畏，仕亦不可爲之中沮矣。……不可死，則不可仕。」〔註323〕儒者開啓仕途貴在懷抱與國族同氣連枝、休戚與共的深刻覺悟，必得與國族融爲一種生命共同之整體，假使無法秉持和國族共體時艱、同赴危難的堅決意念，如此則等同於喪失步入仕途的先決條件。

儒者看待政權的方式，就積極面來講便是以「進」、「仕」，就消極面來講便是「仕」的相反概念──「退」、「隱」。雖說「隱」是「仕」的相反概念，但卻不意謂儒家思想不贊同「隱」這樣的行爲，孔子嘗稱：「危邦不入，亂邦不居。天下有道則見，無道則隱。邦有道，貧且賤焉，恥也；邦無道，富且貴焉，恥也。」〔註324〕楬櫫出在邦國無道的情況下，「仕」絕非必然，因此「隱」的選項遂相應而出。〔註325〕論及退隱，暫先撇開晉代陶淵明恬淡自適的隱逸生活，或是唐代蘆藏用（664～713）終南捷徑式的退隱手段，中國歷史裡頭其實尚有另一種隱逸姿態，那便是改朝換代後遺民（逸民）的隱逸文化。遺民抱道隱逸，自是一種崇高不屈的姿態，此姿態並非矯飾可成，亦非沽名釣譽的緣故，因此備受後人的推尊，清儒孫奇逢嘗贊曰：「從來隱逸之士，要皆樸穆自守，不見可欲。……三代之時，若卞隨、務光、伯夷、叔齊，其人之高不在唐、虞諸人下，或者惜其自沉稠廬，餓死首陽，猶有烈士殉名之說。」〔註326〕中國傳統每逢政治變故、江山易手，新政權的建立或許出自弔民伐罪，或許出自恃強興兵，或許出自篡位奪權，無論是以何種姿態來顛覆與取代舊政權，進以躍升爲天下之正統，這時候遭遇到舊政權的亡滅，而遺留在嶄新政權統轄之下的子民，遂被稱爲「遺民」。「遺民」的稱謂由來既久，《左傳》記載：「衛之遺民，男女七百有三十人。」「其有陶唐氏之遺民乎？不然，何憂之遠也。」「其周德之衰乎？猶有先王之遺民焉。」〔註327〕《史記》載：「成王既遷殷遺民」「猶有先王之遺民也」〔註328〕，遺民或別稱餘民、逸民。《史

〔註323〕同前注，頁245～246。

〔註324〕《論語》卷4〈泰伯〉，宋·朱熹，《四書章句集注》，頁106。

〔註325〕劉紀曜稱：「孔子的進退、出處、仕隱的觀點或態度，……其標準是有道與無道。亦即，有行道的可能則出仕，無行道的可能則守道退隱。」見氏著，〈仕與隱──傳統中國政治文化的兩極〉，引自黃俊傑編，《理想與現實》，頁295。

〔註326〕清·孫奇逢，〈讀薛方山高士傳摘論〉，引自氏著，朱茂漢點校，《夏峰先生集》，卷10，頁400～401。

〔註327〕晉·杜預注，《春秋經傳集解》（臺北：七略出版社，1991年9月），卷4〈閔公·傳二年〉，頁86。同書，卷19〈襄公·傳二十九年〉，頁272。

〔註328〕漢·司馬遷撰，（日本）瀧川龜太郎考證，《史記會注考證》，卷4〈周本紀〉，頁67。同書，卷31〈吳太伯世家〉，頁526。

記・周本紀》載:「以微子開代殷後,國於宋。頗收殷餘民。」〔註329〕據《論語・微子》載:「逸民:伯夷、叔齊、虞仲、夷逸、朱張、柳下惠、少連。子曰:『不降其志,不辱其身,伯夷、叔齊與!』謂:『柳下惠、少連,降志辱身矣。言中倫,行中慮,其斯而已矣。』謂:『虞仲、夷逸,隱居放言。身中清,廢中權。』我則異於是,無可無不可。」〔註330〕漢班固(32～92)《漢書・成帝本紀》云:「官無廢事,下無逸民」唐顏師古(581～645)注曰:「逸,遁也。」《漢書・律歷志》云:「周衰官失,孔子陳後王之法,曰:謹權量、審法度、修廢官、舉逸民,四方之政行矣。」顏師古曰:「逸民,謂有德而隱處者。」〔註331〕范曄(398～445)所撰《後漢書》之中設有〈逸民傳〉,用以記載嚴光、周黨等人的事蹟言行。〔註332〕鄭思肖亦稱:「淒涼如怨望,今日有遺民。」〔註333〕清顧炎武〈廣宋遺民錄序〉記載:「滄海橫流,風雨如晦之日。……於此之時,其隨世以就功名者固不足道,而亦豈無一二少知自好之士。」〔註334〕蓋指在改朝換代之際,那些「隨世以就功名」之人微不足道,非屬「遺民」。而「一二少知自好之士」則可視爲「遺民」。諸如上述所云之「遺民」,其指稱的定義是:經歷改朝換代,政權移易以後,那些具有操守、潔身自愛的故朝臣子或子民。某部份的故朝「遺民」對先前政權的忠誠度及認同感遠勝於之後的政權,在這種心理因素的影響之下,彼輩一來極不願意在新政權的統治下開啓「仕途」,二來也爲了迴避新政權的干涉或者詔命,通常寧可選擇「隱逸」於山林田野之間,這般高風亮節的隱逸姿態,已鮮明地描繪出遺民文化的歷史圖像。

二、宋遺民的仕隱抉擇

宋代儒風鼎盛,理學昌明,宋君亦頗知優禮士大夫,在如此時代背景之

〔註329〕漢・司馬遷撰,(日本)瀧川龜太郎考證,《史記會注考證》,卷4〈周本紀〉,頁67。

〔註330〕《論語》卷9〈微子〉,宋・朱熹,《四書章句集注》,頁185～186。

〔註331〕東漢・班固撰,唐・顏師古注,《漢書》,卷10〈成帝本紀〉,頁93。同書,卷21〈律歷志上〉,頁191。

〔註332〕南朝宋・范曄撰,唐・李賢注,《後漢書》〔百衲本二十四史〕(臺北:臺灣商務印書館,2000年8月),卷73〈逸民傳〉,頁1256～1267。

〔註333〕宋・鄭思肖,〈墨蘭〉,《心史・大義集》,引自氏著,陳福康校點,《鄭思肖集》,頁26～27。

〔註334〕清・顧炎武,〈廣宋遺民錄序〉,《亭林文集》卷2,頁9。引自氏著,《亭林詩文集》(臺北:中華書局,1971年)。

中，宋儒的參政意願亦無匱乏。這樣的情況自然還得由學術思想、政治環境諸方條件之相互配合而促成。黃俊傑先生嘗稱：「宋初以降，佛教及道教的勢力漸趨衰微，大有利於儒學的復盛。象徵著這種儒學復興的新時代的來臨的現象就是知識、道德及政治三者間的密切關係在經歷唐末五代之後重新受到宋代學者的重視。北宋立國以來儒者都一致認爲：學術及道德必於政事覓其落實之處所，而政事亦必藉學問及道德爲其基礎，兩者絕不可分爲兩橛。」〔註 335〕儒家人物在「從道」勝於「從君」的原則底下，政權對道德與學術的重視與否，大抵與士儒參與政治的意願呈現高度的正比。正所謂「危邦不入，亂邦不居。天下有道則見，無道則隱。」〔註 336〕因此，朝廷若願意崇尚儒學、優禮士人，讓士儒能實踐其經世濟民之理想訴求，士儒也理當不排斥與君主共治天下。反之，朝廷倘使貶抑儒學、輕慢士人，使士儒外王之施爲左支右絀，使其博施濟眾的理想滯礙難行，那麼彼輩寧可選擇漠視魏闕，隱遁於山林田野。這樣的情況以前者而言，蓋呈現出朝廷與士儒之間的和諧與協調，例如「趙宋」朝廷便可作爲其中的代表。以後者而論，便顯露出朝廷與士儒之間的違和及緊張感，「蒙元」政權可視爲其中代表。觀宋元之際，宋代文治鼎盛的美好光景終究在改朝換代的歷史變遷下灰飛煙滅，而故宋士儒的政治理想終究較有意願訴諸於趙宋朝廷，促使宋朝覆滅的蒙元政權，在君子之儒的眼中僅是禍患與寇讎。蒙元政權統治之下，持操守節的故宋臣民又稱作宋遺民。在亡國之痛的情感當中，在漢賊不兩立的原則底下，宋遺民大致傾向於否認蒙元政權的正統地位，因此願意任職於蒙元朝廷的「仕者」誠然是微乎其微，即使有之，也大多必須承受「小人」、「叛臣」等罵名，若與那些爲趙宋殉節成仁的忠臣義士較之，叛臣、貳臣的歷史評價甚至可說是遺臭萬年。

　　宋遺民的行動作爲常因人而異，有共赴國難、以身殉國者，有隱遁山林、吟詠性情者，有講學著述者，有意圖中興復國者。然而舉凡堪稱之爲「宋遺民」者，仍有其普遍的涵義，此涵義不必然訴諸其因人而異的外顯行爲，反倒是著眼於彼輩所共通的心理狀態。宋遺民雖遭逢宋朝覆滅之時，但他們在心態上卻始終否定蒙元統治華夏的正當性與合理性，換言之，宋遺民即使在

〔註 335〕黃俊傑，〈内聖與外王——儒家傳統中道德政治觀念的形成與發展〉，黃俊傑編，《天道與人道》，頁 264。
〔註 336〕《論語》卷 4〈泰伯〉，宋・朱熹，《四書章句集注》，頁 106。

宋朝覆滅以後，仍舊只願意奉趙宋政權為正統，這即是每位宋遺民的共通之處。關於宋遺民類型之區分，前賢有詳實的統整，周全先生以四種類別舉列如下，第一種類型是「奮赴國難之志士」，其特徵為「當家國瀕危，乃能奮起對抗，萬死不辭。」如文天祥、謝枋得等人。第二種類型是「講學著述之儒士」，其特徵為「大抵宋季有官職於朝，且負學術名望，及鼎移，既未死節，乃消極閉門著述，寓託志意，或講學課徒，以傳播民族文化。」如王應麟、金履祥、何夢桂等人。第三種類型是「嘯咏山林之隱士」，其特徵為「宋末既未出仕，又誓絕異族，於是或絕吟詞社，或遁入空門，或浪跡山林。」如方鳳、鄭思肖、林景曦等人。第四種類型是「流亡海外之遺民」，其特徵為「觀國事已不可為，乃思欲浮海求救，圖謀復興。」如李用、陳宜中等人。〔註337〕至於孫克寬先生乃以「文天祥抗元系列遺民」、「遺民中的講學名儒」、「山林隱逸」、「文人詞客」四類型〔註338〕分殊之。至於本文此處所探討的議題，著重在宋遺民對「仕」與「隱」的抉擇方向，其抉擇背後的心理因素，以及影響其抉擇的思想觀念等等，對宋遺民類型的分類，前賢著作成果誠然豐碩可觀，故於此不再多加贅述。

　　蒙古進犯中國覆滅宋朝，以力稱霸的行為，為儒者所不齒，宋遺民最不願擔任元朝職官，如文天祥被元朝囚處三年仍舊不屈不降，蓋仕敵絕不是仁人志士的選項。誠如孫奇逢所稱：「元何時哉？宋之遺民，甯死不仕者實多。」〔註339〕義不仕敵的故宋遺民，通常有兩種表態方式，一者如文天祥、謝枋得等人，被元代朝廷逼迫擔任職官之時，則奮起抵抗與拒絕，甚至不惜以死明志，最終文天祥被蒙元朝廷誅殺而死，謝枋得則是絕食身亡，皆是求仁得仁，臨難毋免，雖死而無所遺憾。二者如謝翱、鄭思肖、林景曦、王應麟等人，雖未殉節成仁，但仍秉持義不仕敵的原則，於時窮之間隱逸山林，或從事講學撰著，或以詩詞吟誦會友，或於悲憤中意圖恢復，或於哀嘆中懷思故國。何以仕元最不會是宋遺民的選擇，這可從三個方向展開探討，其一、「仕」的行為仍必須以「道」為前提，孔子嘗稱：「天下有道則見，無道則隱。」「邦

〔註337〕詳見周全，《宋遺民志節與文學》（臺北：東吳大學，1991年3月），頁30〜31。

〔註338〕詳見孫克寬，〈元初南宋遺民初述——不和蒙古人合作的南方儒士〉，《東海學報》第15卷（1974年7月），頁15〜22。

〔註339〕清・孫奇逢，〈讀薛方山高士傳摘論〉，引自氏著，朱茂漢點校，《夏峰先生集》，卷10，頁402。

有道，則仕；邦無道，則可卷而懷之。」〔註340〕孟子亦稱：「古之人未嘗不欲
仕也，又惡不由其道。不由其道而往者，與鑽穴隙之類也。」〔註341〕荀子則
謂：「《傳》曰：『從道不從君』」〔註342〕這意味著當「仕」與「道」相互違背
之時，儒者定當以「道」為優先。其二、蒙古人是以血腥暴力、攻城掠地、
強取豪奪的方式取得統治權，宋季士大夫稍有品德者對這樣的政權只有怨恨
與憤怒，頗難產生所謂的政治認同。此外，中國傳統向來有夷夏之防的觀念，
加諸漢族與蒙古族雙方面，無論是在文化禮俗上、生活習慣上，甚至是想法
價值上，皆存有天壤之別般的差異，彼此間亦難產生文化層面的認同。其三、
士大夫深受傳統儒家思想的薰陶，本就有機會培養出殺身成仁、舍生取義的
道德情操。另外，朝廷的禮遇文士，理學的蓬勃發展，潛移默化之間，便不
難拔舉出士儒的忠義氣節以及堅決的道德意念。名為忠臣者，蓋存有不事二
朝的既定觀念，其不願對滅宋之讎敵卑躬屈膝，也是極容易被理解的情況。

　　蒙古滅宋使中原自此淪為異族統治，這不單純是政治勢力上的轉移與變
遷而已，同時還關係到華夷之辨的民族意識議題，以及主流文化與異文化間
的衝突議題。另外，光是就仕與隱的議題來講，也同樣飽受前所未有的衝擊。
宋亡以來，故宋大夫與士儒普遍來講，皆不以仕元作為人生的選項，蓋因其
內心從不認可蒙元政權的正統地位，是以若要「仕」，彼輩只願意擔任趙宋官
職，仕敵之舉，仁人志士不屑為之。隱遁之跡，若非腳踏宋朝國土，君子亦
有千般不願、萬般不忍，宋朝覆滅以來，隱逸者的心情伴隨亡國的苦痛，著
實無法恬淡自適。換言之，仕與隱的抉擇本當專為趙宋政權而發起，然就現
實層面而言，趙宋已亡，治權既為蒙元所把持，在故宋忠臣節士的眼裡，仕
途早已經煙消雲散，彼輩面對蒙元政權所採取的姿態，或者殉節，或者隱遁，
仕敵絕非彼仁人義士之選項，因此「仕」與「隱」的選項就某種程度上而言，
也僅剩餘「隱」的可行性。

　　儒者隱逸風範當如《荀子・非十二子》所云：「古之所謂處士者，德盛者
也，能靜者也，修正者也，知命者也，著是者也。」〔註343〕處士選擇隱遁的
原因，蓋因抱其道、據其德、守其貞。觀宋遺民的隱逸概況，誠如清儒王夫

〔註340〕《論語》卷4〈泰伯〉，宋・朱熹，《四書章句集注》，頁106。同書，卷8〈衛
　　　　靈公〉，頁163。
〔註341〕《孟子》卷6〈滕文公下〉，宋・朱熹，《四書章句集注》，頁267。
〔註342〕清・王先謙撰，沈嘯寰，王星賢點校，《荀子集解》，卷9〈臣道〉，頁250。
〔註343〕清・王先謙撰，沈嘯寰，王星賢點校，《荀子集解》，卷3〈非十二子〉，頁101。

之所稱：「謝皋羽、龔聖予、鄭憶翁……，仕既無君，隱亦無土，欲求一曲之水，一卷之山，散髮行吟，與中原遺黎較晴雨、采橡栗而不可得，然後君子之道果窮。」〔註344〕仕與隱的抉擇議題在君子的心目之中，較容易坐落在宋代政權，而較不存在於蒙元政權。宋朝亡滅以後，中原領土既非宋朝所統轄，然在宋遺民的眼中卻壓根兒不願意承認蒙元政權的正統性，因此在彼輩的心中便存在著王夫之所謂「隱亦無土」的強烈苦痛。蒙元政權的統治下，故宋忠臣節士除卻殉節之外，便僅存隱逸的道路可走。「仕」與「隱」的抉擇在替換成「殉」與「隱」的抉擇以後，「仕與隱」的議題雖無須再縈繞於宋遺民的思緒裡頭，彼輩亦無須再顧慮「遇」與「不遇」的亙古疑難，這本當是愜意逍遙之事，然而宋遺民卻因經歷國破家亡的特殊遭遇，其悲憤之情、哀痛之感自當倍增於尋常，是以何嘗能恬靜自適於物我兩忘之境，其隱遁之路亦是不得已而為也。

　　在宋元之際，大體看來，舊朝遺民義不仕元的堅持頗為一致，無論以殉節的方式以死明志，或者遁隱山林頤養全真，宋遺民反抗元朝逼其任官的作法不外乎此二者。宋遺民就「仕」的對象而論，或可仕於宋朝，但絕不可能仕於元朝，如清儒王夫之曰：「文信國之言曰：『父母病，知不可起，無不下藥之理。』悲哉！身履其時，為其事，同其無成，而後知其言之切也。」〔註345〕宋朝對人民而言是其父母之邦，人民對父母之邦自然懷抱著一定程度的感情，雖知趙宋朝廷遭小人把持，國族的傾覆亦在彈指之間，然如文天祥這般忠義之士，明知其困難亦無不救之理，王夫之所謂「履其時，為其事」，可以理解成「仕宋」的概念，「同其無成」雖是現實面的限制，但義理之說常須以原則論，不該以成敗論，文天祥既仕趙宋，他的想法如其所謂「知不可起，無不下藥之理」，其中的「不可起」便是現實層面的問題，儒者以義理立身，僅自問其該然，不論其成敗利害，故曰：「無不下藥之理」。宋儒仕於父母之邦固可矣，此為「不仕無義」概念之引領，亦是儒者匡濟天下、救亡圖存的必要媒介，是份所當為之義理所該然。惟獨仕敵最不可以是彼輩的選項，論其不仕蒙元的動機，或許是對故國的懷念，或者是為回報宋朝恩澤，或者是不願意降服於仇敵，又或者不甘心屈膝於外族，動機的取向或許因人而異，但拒絕仕元的行為實屬雷同。如《宋史・文天祥》記載：「時世祖皇帝多求才南

〔註344〕清・王夫之著，舒士彥點校，《宋論》，卷14〈理宗〉，頁246。
〔註345〕清・王夫之著，舒士彥點校，《宋論》，卷15〈恭宗瑞宗祥興帝〉，頁258。

官，……天祥曰：『國亡，吾分一死矣。儻緣寬假，得以黃冠歸故鄉，他日以方外備顧問，可也。若遽官之，非直亡國之大夫不可與圖存，舉其平生而盡棄之，將焉用我？』」〔註346〕便表明寧願一死也絕不仕敵的決心。宋亡以後，謝枋得居江南，適逢元朝求才緊迫，留夢炎等人遂薦舉枋得，朝廷亦三番兩次徵召之，然謝枋得卻始終堅決抗拒，數次上書執事，不惜違抗朝廷詔命，大致情形如下所述：

> 某有母之喪，衰絰之服不可入公門；草土之御，不可徹殿陛。……稽之古禮，子有父母之喪，君命三年不過其門，所以教天下之孝也。……某親喪未克葬，持服未三年，若違禮背法從郡縣之令，順執事之意，其爲不孝莫大焉。……某自知不才久矣，亡國之大夫，不可以圖存，李左車猶能言之，況稍知詩書，頗識義理者乎？某之至愚極聞，決不可以辱召命，亦明矣。……爲人子止於孝，爲人臣止於忠。某不能爲忠臣，猶願爲孝子。〔註347〕

> 君臣之義，不可廢也。……斷不敢枉道隨人，以辱大君子知人之明。今年六十三矣，學辟穀養氣已二十載，所欠惟一死耳，豈復有他志。……某爲人臣，自盡爲臣之義也。語曰：「君行令，臣行志。」又曰：「制命在君，制行在臣。」「大臣者，以道事君，不可則止。」孔子嘗告我矣。君臣以義合者也，合則就，不合則去。……司馬子長有言：「人莫不有一死，死或重於太山，或輕於鴻毛。」先民廣其說，曰：「慷慨赴死易，從容就義難。」先生亦可察某之心矣。干冒鈞嚴，不勝恐懼戰慄之至。〔註348〕

> 宋室遺臣，只欠一死，上天降才，其生也有日，其死也有時，願一死全節久矣，所恨時未至耳。……某雖至愚極蒙，豈不知恩，所以寧爲民，不爲官者，忠臣不仕二君，烈女不事二夫，此天地間常道也。某自九月十一日離嘉禾，即不食煙火，今則并勺水一果不入口矣。惟願速死，與周夷齊、漢龔勝同垂青史，可以愧天下萬世爲臣不忠者。〔註349〕

〔註346〕元・脫脫等撰，《宋史》，卷418〈文天祥傳〉，頁12539。

〔註347〕宋・謝枋得，〈上程雪樓御史書〉，《疊山集》，卷4，頁2～4。

〔註348〕宋・謝枋得，〈上丞相留忠齋書〉，《疊山集》，卷4，頁5～11。

〔註349〕宋・謝枋得，〈與參政魏容齋書〉，《疊山集》，卷4，頁11～13。

文、謝等殉節之人，固然能堅持宋臣身分，寧死不屈於蒙元朝廷，在他們的心中誠然不願降敵以招屈辱，最終是以身殉道地成就其忠義氣節。死者如此，生者如何？元初未殉節之故宋遺民，絕大多數仍不願與蒙元朝廷共處，同時也不屑與降元的叛臣共事。鄭思肖即如此說道：「人之生，性於天之清明，形於地之重厚，我主乎其中，天地萬物莫不俯首為賓，是我之所得者甚大也；奚自小之，乃不君其君，外走逆亂之區，盲其主，反臣於賊求活焉？惡俗滔滔，為江為河，不可禁止，傷如之何！我雖無知，實不敢與賊走而俱化。」〔註350〕據上所述，義不仕元、忠臣不事二君等觀點，大致是宋遺民所堅持的立身原則，而真能篤行此道的士儒，其行跡思想見載於史籍，亦多備受後世之推崇。反之，仕敵者的人品節操則是被大打折扣。例如明代柯維騏（1497～1574）《宋史新編》記載：「恭帝即位，文煥引元兵破沙洋城。……伯顏引天祥與同坐，……天祥并斥文煥及師孟謂：『父子兄弟受國厚恩，不能以死報國，乃合族為逆。』文煥大慙恚。」〔註351〕《宋史》既是元人所編撰，若以政治立場而言，呂文煥等人助元攻宋，有功於蒙元，故《宋史・叛臣傳》裡頭未能望見呂文煥等人反叛之蹤跡，然以宋朝立場看待，呂文煥等人指引蒙元覆滅宋朝已是不爭的事實，其行徑作為，便是毋庸置疑的反叛。職是之故，柯維騏另著《宋史新編》，仍將呂文煥等人載入〈叛臣傳〉之中，毫不諱言地揭明這段史實。

　　仁人義士以仕於貳朝為恥辱，何況蒙元是滅宋元兇，宋遺民抱此國仇家恨，實不願意屈膝降敵，文、謝二人被迫擔任元官之時，甚至不惜以死相抗，殉節以明志，顯達了忠義精神，亦樹立崇高的道德典範。宋遺民有以死殉節之儒，亦有隱遁守節之儒。林景曦即是這類的隱逸遺民，其〈青山記〉載云：「惟士大夫，一出一處，皆有道存。苟無居富貴之心，雖廊廟而山林也；苟無厭貧賤之心，雖山林而廊廟也。況山性，仁君忠厚以培之；山體，靜君凝重以鎮之。噓其雲可以澤寰宇，儲其材可以棟明堂。而昆蟲鳥獸之類，亦各遂其性，各安其所，雖處也，而未嘗不出也。」〔註352〕士無恆產而有恆心，

〔註350〕宋・鄭思肖著，《心史・中興集・自序》，見氏著，陳福康校點，《鄭思肖集》，頁43。

〔註351〕明・柯維騏，《宋史新編》（臺北：文海出版社，1974年12月），卷189〈叛臣下・呂文煥傳〉，頁15。

〔註352〕宋・林景曦，〈青山記〉，《霽山文集》卷4《白石樵一》，頁4。引自清・永瑢，紀昀等編，《景印文淵閣四庫全書》，1188冊，頁736。

安於仁而志於道，以天爵爲必修之道，人爵則位居次要，合乎道或可得之，不合道則必須捨棄。蓋士人立身行道，不該以貧富祿利當作衡量貴賤榮辱的指標，所以無處不能自得，安貧樂道、問心無愧，雖處山林亦無異於廟堂。又如家鉉翁（1213～？）亦屬於義不仕元之代表人物，《宋史·家鉉翁傳》記載：「家鉉翁，眉州人。以蔭補官。……大元兵次近郊，丞相吳堅、賈餘慶檄告天下守令以城降，鉉翁獨不署。元帥遣使至，欲加縛，鉉翁曰：『中書省無縛執政之理。』……聞宋亡，旦夕哭泣不食飲者數月。大元以其節高欲尊官之，以示南服。鉉翁義不二君，辭無跪對。……改館河間，乃以《春秋》教授弟子，數爲諸生談宋故事及宋興亡之故，或流涕太息。大元成宗皇帝即位，放還，賜號『處士』，襲賚金幣，皆辭不受。」〔註353〕宋元對戰，宋朝最終雖無力抵擋元軍攻勢，卻屢見宋朝士大夫能在節節敗退的劣勢之中，展現其不屈不撓的意志與骨氣，並無畏脅迫地拒絕向蒙元低首稱臣。元朝國君意圖拉攏士人降服以宣揚其正統地位，然有許多故宋遺臣與遺民始終抱持著「義不二君」的信念，甚至有像家鉉翁這般「辭無跪對」者，此等果敢堅忍的勇氣著實難能可貴。另如《宋季忠義錄》所記載：「宋亡，（王應麟）隱居山中二十餘載，自號深寧老人，日事著述，其紀年但書甲子，以示不臣於元。」〔註354〕「宋亡，（方）鳳自是無仕志。」〔註355〕「（熊禾）入元不仕，築室雲門，從學累百，一時名士若胡庭芳、顏君履皆從之游，州縣咸尊以師禮。」〔註356〕「宋之國事已不可爲，（金）履祥遂絕意進取。」〔註357〕「元初，御史程文海薦之朝，授（何夢桂）江西儒學提舉，以疾辭不赴。築室小有源，不復與世接，著書自娛。」〔註358〕宋遺民受宋代朝廷恩蔭，知恩報恩，心中蓋只承認趙宋王朝的政治合理性，在守節固窮的故宋士儒的眼裡，其實是否認蒙元政權的正統地位，正因爲否認其統治權，斷無向蒙元朝廷卑躬屈膝的道理，宋遺民寧可殉節赴死，也不願苟活受辱，或者是寧可守節固窮，也不願領受蒙元的利祿及賞賜。此如文、謝之殉節而死，又如林景曦、鄭思肖、謝翱、王應麟、方鳳、熊禾、金履祥、何夢桂等人的隱逸山林，不欲與蒙元政體有所交集，更

〔註353〕元·脱脱等撰，《宋史》，卷421〈家鉉翁傳〉，頁12598～12599。
〔註354〕清·萬斯同，《宋季忠義錄》，卷10〈王應麟傳〉，頁9。
〔註355〕清·萬斯同，《宋季忠義錄》，卷11〈方鳳傳〉，頁31。
〔註356〕清·萬斯同，《宋季忠義錄》，卷12〈熊禾傳〉，頁1。
〔註357〕清·萬斯同，《宋季忠義錄》，卷12〈金履祥傳〉，頁7。
〔註358〕清·萬斯同，《宋季忠義錄》，卷13〈何夢桂傳〉，頁8。

有如家鉉翁這般辭退蒙元朝廷的厚賞者。

蒙元滅宋，宋元即是誓不兩立的存在，趙宋雖然覆滅，卻依舊留存在宋遺民的心目當中，蒙元取代了趙宋，就現實層面來講，已是歷史上的新正統，卻始終無法從心理層面征服人心，遑論能使故宋士儒心悅誠服地臣服蒙元朝廷。黃俊傑先生這麼說道：「遺民儒者的生命又是深深地浸潤在群體的共業之中，所以，他們輾轉於『仕』與『隱』的兩難困境之時，父母親情與家族發展仍是他們下定抉擇時的重要考量依據。他們將『政治認同』與『文化認同』合而為一，也是因為他們個人的生命與群體政治生命與文化傳承融為一體。」〔註359〕就族類群體而論，蒙元以侵占殺戮的方式取得政權，攻城掠地、燒殺擄掠，都足堪讓儒者深惡痛絕，實難對蒙元政權產生好感，遑論能有所謂的「政治認同」。蒙古異族在風俗民情上本與華夏大相逕庭，磨合不易，在沒有禮樂衣冠、同文同種的前提下，要產生「文化認同」無疑也是難上加難。另外，就情感層面來論，新政權要和士儒建立起情感，便是一樁從零開始的任務，反觀趙宋王室與宋儒之間，早已存在著數百年的濃郁情感，如此深厚的情感基礎，絕非依恃武力就足以使之動搖，也極難在一時半刻內便能將這種君臣倫理的聯繫全盤瓦解。

宋遺民對故宋朝廷存在著情感上的深刻連結，好比家鉉翁「為諸生談宋故事及宋興亡之故」，之所以會「流涕太息」，就是因為具備了極深刻的情感基礎，根源於此番情感上的羈絆，宋遺民對故宋的感念與緬懷，蓋不是蒙元朝廷能夠輕易抹煞的。就殉節、守節的宋遺民而論，從彼輩看待政權的觀點當中可析解出兩種存在，分別為「現實的存在」以及「精神的存在」。趙宋覆滅雖是無庸置疑的現實，然宋遺民或殉節追隨，或終身追憶，皆顯示出宋朝已永遠刻劃在彼輩的腦海之中，無法輕易地憑藉外力加以拔除，是故，從精神上來講，宋朝仍舊存在著，仍舊存在於宋遺民的意識裡頭。反之，蒙元朝廷根本性地被宋遺民否定，雖說蒙古政權實際地掌握了治統，但從宋遺民寧死不降、義不仕元的態度觀之，意味著在彼等的想法裡，蓋從未承認趙宋的正統地位可以被蒙元政權取而代之。也正是這種心理因素，宋朝仍舊是一種「精神的存在」，而這種「精神的存在」便極難藉由外力予以消滅。

〔註359〕黃俊傑，〈論東亞遺民儒者的兩個兩難式〉，頁78。

宋遺民詩歌裡頭可見以「四皓」〔註360〕為題材者，鄭思肖〈四皓圖〉云：「曄曄紫芝巖石隈，避秦有地似蓬萊；可憐白髮坐不定，又被漢朝呼出來。」〔註361〕謝翱亦撰〈四皓〉詩云：「冷却秦灰髯已翁，紫芝歌罷落花風；若教一出無遺恨，莫入留侯準擬中。」〔註362〕四皓原為秦漢之際的隱逸人士，其名姓不詳。據《漢書·王吉傳》曰：「漢興，有園公、綺里季、夏黃公、角里先生，此四人者，當秦之世，避而入商雒深山，以待天下定也。自高祖聞而召之，不至。其後呂后用留侯計，使皇太子卑辭束帛致禮，安車迎而致之。四人既至，從太子見，高祖客而敬焉，太子得以為重，遂用自安。」〔註363〕余觀上古隱逸之人，有伯夷、叔齊者，夷齊二人與四皓相互對照，實然是更勝一籌，漢代班固嘗說道：「昔武王伐紂，遷九鼎於雒邑。伯夷、叔齊薄之，餓死于首陽，不食其祿，周猶稱盛德焉。然孔子賢此二人，以為『不降其志，不辱其身』也。而孟子亦云：『聞伯夷之風者，貪夫廉，儒夫有立志。』奮乎百世之上，百世之下莫不興起，非賢人而能若是乎！」〔註364〕同樣是遭逢世亂，身處改朝換代之際，伯夷、叔齊隱逸至死，足見其意志堅決，無所動搖，無疑是真正的隱者。再觀四皓，先隱而後出，無法一本初衷，固守原則，蓋不能養素全真，絕非真隱之人，安得望夷、齊之項背。宋遺民詩人特舉「四皓」作為題名的意向，乃指責應蒙元之詔命，出仕任職，改事二朝的人，藉詩譏諷彼輩晚節不保矣。

　　觀宋季士儒之中仍不乏降敵仕元者，例如文天祥之弟文璧（1238～1298）、文璋兩人皆在惠州降元。是以文天祥有〈聞季萬至〉詩云：「去年別我旋出嶺，今年汝來亦至燕；弟兄一囚一乘馬，同父同母不同天。可憐骨肉相聚散，人間不滿五十年；三仁生死各有意，悠悠白日橫蒼煙。」〔註365〕文天祥義不仕元，受囚期間既有殉死的決心，然其弟雖降元仕元而求生存，

<hr />

〔註360〕唐·顏師古（581～645）稱：「四皓稱號，本起於此（園公、綺里季、夏黃公、角里先生），更無姓名可稱，知此蓋隱居之人，匿跡遠害，不自標顯，秘其氏族，故史傳無得而詳。」引自東漢·班固撰，唐·顏師古注，《漢書》，卷72〈王貢兩龔鮑傳〉，頁888。

〔註361〕宋·鄭思肖，〈四皓圖〉，《所南翁一百二十圖詩集》，引自氏著，陳福康校點，《鄭思肖全集》，頁212。

〔註362〕宋·謝翱，〈四皓〉，《晞髮遺集》卷上，頁2。引自清·永瑢，紀昀等編，《景印文淵閣四庫全書》，1188冊，頁330。

〔註363〕同注360。

〔註364〕同前注。

〔註365〕宋·文天祥，〈聞季萬至〉，《吟嘯集》，見氏著，《文文山全集》，卷15，頁393。

文天祥亦不忍斥責，僅以「弟兄一囚一乘馬」襯托出同父同母的骨肉兄弟，彼此卻有著南轅北轍的抉擇與際遇，而「三仁生死各有意」該句則說明了文氏兄弟無論是決定為求生而仕元，或是寧可為故宋殉節而死，皆有其背後所隱藏的動機與意念，是以文天祥雖無懼「殉死」，但他本身對其弟所做出「生」的抉擇，並未加以口誅筆伐。或許文璧等人為保護文氏家族血脈香火的延續，而不走向與元朝對立的衝突立場，彼輩選擇採取「仕元」的姿態與蒙元政權換得和平妥協的契機。縱然如此，後人對文氏兄弟的褒貶卻有著天壤之別，文天祥與文璧所獲得的歷史評價的高低亦屬懸殊。據《厓山集》所錄〈江湖紀聞〉云：「文丞相弟璧者，號文溪，守惠州以城降于元，為臨江總管。至正壬午，有過客以詩謁之云：『江南見說好溪山，兄也難時弟也難；可惜梅花異南北，一枝向暖一枝寒。』噫！為人子弟者，有賢父兄而弗克世濟其美，必貽笑當時，遺臭百世。」〔註 366〕是以知時人藉詩中「向暖之梅」諷刺文璧為降敵求榮之人，反觀文天祥宛如傲立嚴寒當中而不凋謝的「凌霜之梅」。

　　清乾隆皇帝（1711～1799）則以〈御題文山集〉云：「黃冠如願轉難評，莫若從容就義精；子不知終弟受職，應難地下見其兄。」詩後有注語曰：「天祥長子道生沒於進兵惠州時，次子佛生以空阬之敗被虜，不知所終。……（文）璧在宋權戶部侍郎，廣東總領兼知惠州，後降元為臨江路總管兼府尹。……文璧仕宋顯秩，又復靦顏仕元，九泉有知，應愧見其兄也。」〔註 367〕元朝逼迫文天祥擔任元官的當時，文天祥向元世祖（1215～1294）提出或者縱放他歸隱故鄉，不然他寧可殉節而死，亦拒絕擔任元官的臨終訴求。最終在「隱」與「死」這兩個方向上，文天祥只能朝著殉死之路邁進。觀文天祥在「殉死」之前雖也預設了「退隱」的選項，不過在他得知「退隱」的可能性渺茫以後，便能在「仕元」與「殉節」這兩種選項之中坦然地選擇了「殉節」，這樣的決心與抉擇也就成為他日後名留青史與永垂不朽的契機。反觀選擇仕元的文璧，吾人姑且不論其動機與行為是否真嚴重到十惡不赦的地步，但至少就人品高潔這點，蓋已無法與其兄並駕齊驅，而兄弟二人逝世之後所得到的歷史評價也誠然有千里之遙。

〔註 366〕明・佚名，《厓山集》，頁 5。引自《叢書集成續編》，23 冊，頁 491。
〔註 367〕詳見宋・文天祥，《文山集》（附〈御題文山集〉），引自清・永瑢，紀昀等編，
　　　　《景印文淵閣四庫全書》，1184 冊，頁 359～360。

　　另如汪元量（1241～1317），自宋朝覆滅以來，他一方面描繪出蒙元統馭下的社會動亂，另一方面憑藉吟誦呈現出懷思故國之情感，這些作品雖是提供後人研究的寶貴材料，單單就立言的層次來講，自然有其文獻上的價值與貢獻。但是就立德層次而言，汪元量曾在蒙元執政時期擔任翰林院官，其動機如何姑且不議，然而其行爲上已等同於默許了蒙元的正統地位。汪氏嘗身爲故宋臣民，爾後竟任職仕元，其立場之動搖既是鐵錚錚的實情，倘以較嚴謹的道德標準加以衡量，汪氏終不免損害了節操、愧對了舊朝。王國維（1877～1927）對此說道：「汪水雲以宋室小臣，國亡北徙，侍三宮於燕邸，從幼主于龍荒。……然中間亦爲元官，且供奉翰林，其詩具在，不必諱也。《湖山類稿》二，有〈萬安殿夜直〉詩云：『金闕早朝天子聖，玉堂夜直月光寒。』《水雲集》中有〈送初庵傅學士歸田里〉一首云：『燕臺同看雪花天，別後音書雁不傳。紫閣笑談爲職長，彤闈朝謁在班前。』稱嚴爲職長，則汪亦曾爲翰林院官。」〔註368〕正因汪元量嘗以故宋臣子的身份接任元代職官，王國維認爲稱汪氏爲遺民，實乃當之有愧。王國維稱：「水雲在元頗爲貴顯，故得橐留官俸，衣帶御香，即黃冠之請，亦非羈旅小臣所能，後世乃以宋遺民稱之，與謝翱、方鳳等同列，殊爲失實。」〔註369〕周全先生說道：「『宋遺民』連稱，則始見於明程敏政之《宋遺民錄》。……其中稱汪元量爲遺民，似有可議，蓋汪氏德祐以琴師奉三宮北行，入元，嘗供奉翰林。雖其《湖山類稿》紀亡國之戚，去國之苦，間關愁歎之狀，後人多以『詩史』目之，然無論其仕元是否另有苦衷，終究於氣節有虧，實不宜取列。」〔註370〕遺民者，其心態情感上仍於舊朝故國念念不忘，對蒙元滅宋的暴行多存怨憤，即使元朝以高官厚祿予之仍難以拉攏使之臣服。觀汪元量與文、謝等人之行徑著實大有逕庭，就現況來講，蒙元雖以力服人地取得統轄的權柄，此爲外在現實層面的客觀

〔註368〕清・王國維，〈史林十三〉，《觀堂集林》（石家莊：河北教育出版社，2001年11月），卷21，頁657。王氏援引詩句，原見宋・汪元量，〈萬安殿夜直〉云：「鳳銜紫詔下雲端，千載明良際會難；金闕早朝天表近，玉堂夜直月光寒。宮衣屢賜恩榮重，御宴時開禮數寬；卻憶玄都人去後，桃花零落倚闌干。」引自氏著，《湖山類稿》卷2，頁11～12。引自清・永瑢，紀昀等編，《景印文淵閣四庫全書》，1188冊，頁232。同氏著，〈初庵傅學士歸田里〉云：「燕臺同看雪花天，別後音書雁不傳；紫閣笑談爲職長，彤闈朝謁在班前。揮毫屢掃三千字，把酒時呼十四絃；聞已挂冠歸故里，尚方宣賜鈔成船。」同氏著，《水雲集》卷1，頁39。同書，1188冊，頁270。

〔註369〕清・王國維，〈史林十三〉，《觀堂集林》，卷21，頁658。

〔註370〕周全，《宋遺民志節與文學》，頁4。

事實，難以置喙。然而以遺民的心理層面審視，對蒙元的正統地位則大抵不肯苟同，因此，無論是否存有殉節的決心，或者是保全性命地遁隱山林，彼等至少在行為上絕對不能依附蒙元政權，或是領受蒙人給予的薪俸，畢竟一旦擔任元官，便是協助蒙元管轄中國，這無異具體地承認了蒙元的正統地位，如此舉動在氣節操守上已然虧欠，而其動機亦難以不受爭議。據是可知，王國維云汪元量不宜與謝翱、方鳳等同列為宋遺民，周全先生謂汪氏仕元之舉損乎氣節，蓋非無的放矢之言，實乃公道持平之論。

又如叛宋降元的留夢炎（1219～1295），雖官至顯貴，仕途平遂，然《宋史》、《元史》皆不為其立傳，貶意昭然。當文天祥囚處於燕而不願降元之時，據《宋史》記載：「（王）積翁欲合宋官謝昌元等十人請釋天祥為道士，留夢炎不可，曰：『天祥出，復號召江南，置吾十人於何地！』事遂已。」《宋史》又載：「（至元）二十五年，福建行省參政管如德將旨如江南求人材，尚書留夢炎以枋得薦。」然謝枋得嘗遺書留夢炎，而有「江南無人材可見也」、「今吾年六十餘矣，所欠一死耳，豈復有它志哉！」等語。〔註371〕留夢炎仕元以後的行事舉措，時時為蒙元朝廷設想，看似應能獲得蒙元君主的讚賞與青睞，然事實卻非如此。據《元史》記載，元世祖（1215～1294）曾與趙孟頫（1254～1322）談論葉李（1242～1292）、留夢炎二人之優劣，留夢炎是趙孟頫之父執輩，孟頫莫敢非議，遂稱留夢炎優於葉李。然而，元世祖卻對趙孟頫云：「夢炎在宋為狀元，位至丞相，當賈似道誤國罔上，夢炎依阿取容；李布衣，乃伏闕上書，是賢於夢炎也。汝以夢炎父友，不敢斥言其非，可賦詩譏之。」〔註372〕據《樵書》記載：「孔公天胤曰：『兩浙有夢炎，兩浙之羞也。』歷明朝數百年，凡留氏子孫赴考，責令書一結云：『並非留夢炎子孫。』方許入試。」〔註373〕諸如上述，故宋遺臣如文天祥這般「為宋殉死之德」誠然高過於如留夢炎這般「為元馳騁之功」。此外，留夢炎與葉李雖同為元朝職官，元世祖卻對葉李較為讚賞，原因在於留夢炎仕宋時期依附賈似道而搏取顯榮，葉李身為布衣卻勇於上書攻訐。由此觀之，一味地依附政權，阿諛取容，沒有個人

〔註371〕 詳見元・脫脫等撰，《宋史》，卷 418〈文天祥傳〉，頁 12539。同書，卷 425〈謝枋得傳〉，頁 12689。

〔註372〕 明・宋濂等撰，《元史》（臺北：鼎文書局，1977 年 10 月），卷 172〈趙孟頫傳〉，頁 4020～4021。

〔註373〕 詳見丁傳靖輯，《宋人軼事彙編》〔下冊〕（北京：中華書局，2003 年 12 月），卷 19，頁 1038。

超然的立場，未必就能讓上位者視爲腹心。蓋知歷史人物的品德高低，通常不以其生時之富貴窮通來論定，歷史人物德業情操的永恆不朽，待死後自有後人觀顧其畢生作爲，爲之留名青史。反之，失德者也當承受遺臭萬年的罵名。如此一來，是忠臣抑或貳臣，是良吏抑或姦佞，是君子抑或小人，亦將無所隱晦地蓋棺論定。

　　貳臣所獲得的歷史評價，著實難以與爲故朝殉死的忠臣義士並駕齊驅，無須諱言，貳臣當中也確實不乏見風使舵、殘害忠良之人。是以就道德層次而論，貳臣的品德情操難免飽受後人之詬病，然而就安定政治環境的面向觀來，貳臣亦非全然地一無是處，趙孟頫即是此類援例。據《元史》記載：「（趙孟頫）年十四，用父蔭補官，試中吏部銓法，調眞州司戶參軍。宋亡，家居，益自力於學。」及擔任元朝官職，曾爲元朝兵部郎中、集賢直學士、翰林學士、榮祿大夫等等，死後元朝追封爲魏國公，謚號文敏。《元史》稱：「帝（世祖）欲使孟頫與聞中書政事，孟頫固辭，有旨令出入宮門無禁。每見，必從容語及治道，多所裨益。」「帝（仁宗）眷之甚厚，以字呼之而不名。帝嘗與侍臣論文學之士，以孟頫比唐李白、宋蘇子瞻。又嘗稱孟頫操履純正，博學多聞，書畫絕倫，旁通佛、老之旨，皆人所不及。」〔註374〕由此可知，趙孟頫雖爲故宋貳臣，卻與留夢炎這般依阿取容之輩不似，趙孟頫留心治道，不貪圖權力榮貴，嘗辭退參與中書政事的詔命，其言行施爲對朝政多有裨益，世祖與仁宗皆敬重之。蓋仕元的故宋貳臣亦呈現出其截然不同的言行與面貌，似未可一概而論，然就整個歷史的長河觀之，貳臣的歷史地位無法與文天祥、謝枋得等殉死忠臣的崇高性相互比擬，這誠然也是不爭的事實。

　　此外，人臣「事二主」、「仕於二朝」的行爲是否就全然等同於違背忠義？似乎也留有再探討的空間。吾人若以史作爲借鑒，管仲（？～645BC）原先事公子糾（？～685BC），公子糾死後，更事齊桓公（？～643BC）。魏徵（580～643）原先事太子李建成（589～626），建成死於玄武門之變後，乃更事唐太宗李世民（599～649）。但就歷史的評價與是非褒貶的立場而言，管仲、魏徵都沒受到太大的非議，或是得承受不忠不義的罵名。觀其事跡，管仲協助桓公稱霸諸侯、一匡天下，維繫華夏禮樂衣冠。魏徵直言敢諫，協助唐太宗開創出貞觀之治，造福百姓。〔註375〕因此，對公子糾個人而言，管仲或許不

〔註374〕明・宋濂等撰，《元史》，卷172〈趙孟頫傳〉，頁4021～4022。
〔註375〕《史記・管晏列傳》記載：「管仲既用，任政於齊，齊桓公以霸。九合諸侯，

忠，但是對齊國，對天下而言，管仲不可謂之不忠。對太子李建成個人而言，魏徵或許不忠，但是對唐朝，對天下而言，魏徵不可謂之不忠。馮道更事多主、更事多朝的情況，除了貪圖一己之利祿權位以外，對國族社稷、天下蒼生蓋無多大的裨益，歷史評價自然不高，如此亦可謂之不忠不義。經由上述事例，人臣事二主而不違忠義的前提，是必須開創出良好政績或是太平盛世，以無愧於社稷天下。

由宋入元之時，元世祖（1215～1294）的興致似乎坐落在戰爭與武功，在文治或是安頓百姓等方面卻是不甚留心，故宋臣民若意欲仕元，恐無開創良好政績的契機。因此「仕元」便難以成為守節的宋遺民所考量的選項。對宋季士儒而言，宋朝末年的朝廷固然算不上是清明的美政，甚至是充斥著昏君、姦佞、權臣，然而在國族情感、同文同種、道德價值觀的影響之下，「仕宋」優於「仕元」蓋是兩害相權取其輕。趙宋覆滅以降，故宋遺臣面臨「仕元」與「遁隱」的兩種選項，如文天祥、謝枋得等人起初並不排除「遁隱」的抉擇，然而文、謝二人「遁隱」之路皆遭受蒙元政權的強勢阻撓，在剩餘的「仕元」與「殉節」的兩種選項之中，文、謝二人毅然選擇了「殉節赴死」，從彼輩的視域觀之，蓋也是兩害相權取其輕的舉措。

一匡天下，管仲之謀也。……管仲既任政相齊，以區區之齊在海濱，通貨積財，富國彊兵，與俗同好惡。」引自漢・司馬遷撰，（日本）瀧川龜太郎考證，《史記會注考證》，卷 61〈管晏列傳〉，頁 829。《舊唐書・魏徵傳》記載：「太宗新即位，勵精政道，數引徵入臥內，訪以得失。徵雅有經國之才，性又抗直，無所屈撓，太宗與之言，未嘗不欣然納受。徵亦喜逢知己之主，思竭其用，知無不言。太宗嘗勞之曰：『卿所陳諫，前後二百餘事，非卿至誠奉國，何能若是？』其年，遷尚書左丞。」引自後晉・劉昫，《舊唐書》（臺北：鼎文書局，1976 年 10 月），卷 71〈魏徵傳〉，頁 2547。